브라질 · 포르투갈어

첫걸음 II 〈중급〉

1945
문예림

저자 **최 금 좌 – 한국외국어 대학교 브라질학과 겸임교수**

〈약 력〉

- 한국외국어 대학교 포르투갈어과 졸업
- 쌍빠울로 주립대학교(USP)
- 철학·문학·사회과학대학(FFLCH) 역사학과에서 석사학위 취득 (1991)
- 철학·문학·사회과학대학(FFLCH) 기호학 및 일반언어학과에서 박사학위 취득 (1996)
- 쌍빠울로 주립대학교 (USP) 문과대학 한국학 강사(1989–1993)
- 쌍빠울로 한국학교 교사(1986–1997)
- 삼성인력개발원 강사 (1998–2003)

〈주요 논문〉

- "1998년도 노벨문학상 수상자 '공산주의 작가' 주제 사라마구의 '인간애' – 『수도원의 비망록』을 중심으로"(1998),
- "브라질 신화 '루조 트로피칼'의 창조자 질베르투 프레이리에 대한 80년대 이후의 재해석들이 브라질 사회사상사에 주는 의미"(1999),
- "브라질 역사 읽기 : '카누두스의 난'과 『오지에서의 반란』"(2000),
- "카니발을 통해 본 브라질의 문화정체성" (2001),
- "따뜻한 인간미를 포기하지 않은 영화 – 중앙역" (2002),
- "세계화 시대 자유무역과 이민: NAFTA를 중심으로" (2004),
- "신자유주의 시대 재브라질 한인 사회의 성격과 전망" (2007),
- "재 브라질 좌파의 집권은 어떻게 가능하였는가? 노동자당 (PT) 룰라의 대선승리요인을 중심으로" (2007)
- "브라질의 대안사회운동: MST(Movimento Sem Terra)의 자율(autonomia)정치" (2010),
- "브라질 상파울루市의 코리아타운 봉헤찌로(Bom Retiro)" (2011),

〈주요 저서〉

- 『포르투갈어 회화사전』(민중서림, 2000)
- 『브라질 한인이민 50년사』(브라질 한인회, 2011)
- 『브라질·포르투갈어 첫걸음』(문예림, 2012)

이메일 주소: felizchoi@gmail.com

브라질·포르투갈어 첫걸음 II 〈중급〉

초판 인쇄 : 2014년 3월 20일
초판 발행 : 2014년 3월 30일

저 자 : 최 금 좌
펴낸이 : 서 덕 일
펴낸곳 : 도서출판 **문예림**
등 록 : 1962. 7. 12 제2–110호

주소 : 서울특별시 광진구 군자동 1–13 문예하우스 101호
전화 : (02)499–1281~2
팩스 : (02)499–1283
http://www.bookmoon.co.kr
E-mail : book1281@hanmail.net

ISBN 978-89-7482-702-1(13790)

＊잘못된 책이나 파본은 교환해 드립니다.

머리말 ✳

포르투갈어는 로망스어에 속하는 언어로 라틴어가 가장 마지막으로 분화한 언어입니다. 즉 라틴어를 사용하던 옛날 로마군인들이 십자군 전쟁으로 서유럽을 향해 진격하면서 현지 언어와 합쳐져서 탄생한 것이 로망스어인데, 루마니아어 이태리어 프랑스어 스페인어 포르투갈어가 여기에 속합니다. 그런데 이 로망스어의 공통적 특징은 명사의 성과 수가 따로 존재하고 또한 동사의 활용이 주어와 시제에 따라 달라지는 특징이 있습니다. 따라서 본 교재는 포르투갈어에 관심 있는 사람들이 학습초기에 어려움을 느끼지 않고 친숙하게 다가갈 수 있도록, 다음과 같은 점에 유의하여 기획되었습니다

첫째, 포르투갈어를 처음부터 차근차근 기초를 다지고자 하는 모든 사람들이 쉽게 말하고 또한 그것을 뒷받침할 수 있는 기본문법을 익힐 수 있도록 기획되었습니다. 따라서 브라질에서 외국인을 위한 포르투갈어 교재 중, 필자가 한국인들에게 가장 적합하다고 판단하는, Emma E.O.F Lima와 Samira A. Lunes의 *Falando…Lendo…Escrevendo… Português: Um curso para estrangeiros*(초판 1981, 개정판 2010)를 기본으로 엮었습니다.

둘째, 제시한 모든 문장에 한국말 해석을 붙여 놓았습니다. 그 이유는 포르투갈어를 학습하고자 하는 사람들이 꾸준한 흥미를 갖고 혼자서도 포르투갈어를 학습할 수 있도록 일종의 "전과" 혹은 "자습서"의 역할을 할 수 있도록 하기 위해서입니다.

셋째, 모든 문장에 해석을 붙여 놓기는 하되, 그것이 너무나도 뻔하고 획일적인 것이 아닌, 즉 같은 문장이라 하더라도 여러 해석이 가능하다는 것을 제시하고자 했습니다. 그것의

근본 이유는 그 동안 필자가 고학년 학생들을 가르치면서 안타깝게 느낀 점들을 개선하고자 한 것입니다. 즉 저학년부터 문장을 해석하는 능력이 배양되어야 한다고 판단했기 때문입니다.

넷째, 원본에서 쓰인 표현 외에도, 우리가 좀 더 쉽게 그리고 자주 쓸 수 있는 표현들이나, 혹은 내용상 좀 더 자연스럽다고 생각되는 표현들을 곁들여 놓았습니다.

다섯째, 학생들의 편의와 흥미를 꾸준히 유도하기 위해 포르투갈어에서 가장 힘든 부분이라 할 수 있는 동사의 법을 기준으로 본 교재를 우선 두 권으로 – 즉 제1권은 일상생활의 회화를 할 수 있는 직설법을 중심으로, 그리고 제2권은 고급회화를 할 수 있는 접속법을 중심으로 – 나누었습니다. 그런데, 너무나 많은 문법적 설명으로 학생들의 혼란을 피하기 위해서, 원본에서 쓰인 표현들만을 중심으로 설명했습니다.

『브라질 포르투갈어 첫걸음 (중급)』의 출판이 예정보다 지연된 점을 사과 드립니다. 여기에는 편집과정에서 여러 예상치 못한 문제가 일어나기도 했고, 또한 〈초급〉에 부족했던 답안을 준비하는데 시간이 걸렸기 때문입니다. 이 점 널리 이해하시고 본서를 충분히 활용하시길 기대합니다.

마지막으로 본 지면을 통해서 감사의 마음을 전하고 싶은 사람들이 있습니다. 가장 먼저 본서의 출판에 관심을 보여주신 문예림의 서덕일 사장님께 감사 드립니다. 그리고 새롭게 편집을 맡아주신 신흥미디어의 윤종목 사장님께도 감사 드립니다. 그리고 본서의 기본작업에 참여했던 모든 학생들 – 2011년 2학기에 인연을 맺은 고학년의 고은혜 김귀염 김슬기 김예은 김초롱 박정환 이승용 임윤지 조성현 정연성 최지연과 저학년의 소규모 스터디 그룹 멤버들인 전형준 한승희 박제민 김한솔 김은재 이성경과 편집작업이 끝난 이후 교정작업에 참여해 준 전웅배 김중윤 전민경 안휘주와 답안지 작업에 참여해준 김민철, 최정욱, 송준민 – 에게 진심으로 감사의 말을 전합니다. 그리고 이 시기 영국에서 석사학위를 끝내고 브라질로 가기 전 필자와 인연을 맺어 1권과 2권의 관련어휘를 정리해주신 조수정님과 답안의 완성도를 높이는데 도움을 주신 박진영(Profa. Jaqueline)님께도 감사 드립니다.

브라질이 2014년 월드컵과 2016년 올림픽 개최국가라는 사실은 많은 한국 학생과 기업들이 브라질과 포르투갈어에 관심을 갖는 계기가 되었습니다. 따라서 스스로가 예습과 복습이 가능한 본 교재를 통해, 포르투갈어를 학습하는 모든 사람들에게 포르투갈어를 정복할 수 있는 "행운"이 깃들기를 바랍니다.

2014년 2월 14일

최 금 좌

목 차 ✳

머리말 ·· 3

UNIDADE 1. 직설법 미래 ·· 12
부정대명사 / 부정형용사 (1) algum, alguma, alguém ················· 14
부정대명사 / 부정형용사 (2) nenhum, nenhuma, ninguém, nada ·········· 16
직설법 미래: ·· 18
      규칙동사 morar, vender, abrir ·· 18
      주요동사의 직설법 미래 ser, dar, fazer, ter, trazer, dizer ··········· 19
      dormir와 subir동사 ··· 23
축소사 -inho, -inha, -zinho, -zinha ··· 27
haver와 fazer 동사의 용법·· 32
dever 동사의 용법 ·· 33
서수 (Números Ordinais) ·· 36

UNIDADE 2. 직설법 과거완료 ······························· 40
부정대명사 / 부정형용사 (3) cada, vários, outro, qualquer ·········· 42
sair 동사의 직설법 현재, 과거, 반과거, 미래 ································ 45
직설법 과거완료: morar, comprar, vender, partir 동사 ·············· 48
과거분사 (규칙과 불규칙) ··· 49
어원이 같은 단어들: 동사에서 파생한 명사 ································ 53

UNIDADE 3. 접속법 현재와 직설법 (단순) 대과거 ········· 54
접속법 현재: ·· 56
      morar, vender, abrir, dizer, poder, pedir 동사 ························· 56

접속법 현재의 용법 (1) ···························· 58

동사활용 중 철자가 바뀌는 경우 ···················· 63

직설법 (단순) 대과거 ······························· 70

관계대명사 (1): 변하지 않는 것 - que, quem, onde ······· 73

관련단어 연결하기 (1)······························ 79

관계대명사 (2): 변하는 것 - o qual과 cujo ············ 83

관련단어 연결하기 (2)····························· 88

UNIDADE 4. 접속법 현재 (불규칙 동사) ·················· 90

불규칙 동사의 접속법 현재··························· 91

접속법 현재의 용법 (2) ····························· 92

Por que (é que)?와 O que (é que)?의 표현 연습 ········· 103

부사 ··· 106

관용표현 morrer de ~ ···························· 110

　　　　　fazer frio ~ ···························· 112

UNIDADE 5. 접속법 반과거와 직설법 과거미래 ················ 114

접속법 반과거: ·································· 115

　　　　morar, vender, abrir, poder, dizer, pedir 동사 ······· 115

achar와 pensar동사의 차이 ························· 129

dar 동사의 용법 ································· 130

직설법 과거미래: ································ 134

　　　　morar, vender, ser, abrir, fazer, dizer, trazer 동사 ········ 134

어원이 같은 단어들: 동사에서 파생한 명사와 형용사 ············· 138

관용표현············· 139

UNIDADE 6. 조건절(가정법) 과거 ············· 140

조건절과 주절의 시제 ············· 142

불규칙 동사(1): ············· 149

　　　　　seguir, perder, valer, medir, caber의 접속법 현재 ············· 149

불규칙 동사(2): ············· 149

　　　　　-ear, -iar, -uir로 끝나는 동사의 접속법 현재 ············· 150

불규칙 동사(3): 직설법과 접속법(현재와 과거) 총복습 ············· 156

불규칙 동사(4): 명령법 총복습 ············· 160

perder 동사 ············· 165

어원이 같은 단어들: 명사에서 파생한 형용사, 부사, 동사 ············· 167

UNIDADE 7. 조건절(가정법) 미래 ············· 168

접속법 미래: ············· 172

　　　　　morar, vender, abrir 동사 ············· 172

조건절 미래의 세 가지 용법 ············· 174

조건절 미래에서 접속법 대신 직설법을 쓰는 경우 ············· 176

비강세형 목적격 인칭대명사의 특징과 위치············· 184

목적격 인칭대명사 (4) ············· 189

접두사 des- : 반대의 뜻을 나타냄 ············· 192

전치사 ············· 193

전치사 관형어구 ············· 196

Crase à(s)의 두 가지 용법 ············· 198

UNIDADE 8. 복합시제 (직설법과 접속법) ················· 202

직설법의 복합시제: ··· 204
현재완료 ··· 206
과거완료 ··· 208
미래완료 ··· 214
과거미래완료 ··· 217
브라질 노래 (1): Ipanema의 소녀 ································· 221
부정형용사 (nenhuma와 alguma)를 사용한 같은표현과 반대표현 ········· 224
deixar 동사와 deixar de ~ 의 용법 ···························· 227
접속법의 복합시제: ··· 230
현재완료, 과거완료, 미래완료 ················· 230
브라질 노래 (2): 내고향 Asa Branca ···························· 243
어원이 같은 단어들: 직업과 관련있는 동사와 명사 ············· 244

UNIDADE 9. 직접화법과 간접화법 ······························· 246

직접화법과 간접화법의 차이 ··· 248
간접화법 (1): 나중에 전할 때 ··· 249
평서문을 간접화법으로 ························· 250
의문문을 간접화법으로 ························· 251
명령문을 간접화법으로 ························· 252
브라질 노래 (3): 생일축하노래 ··· 253
간접화법 (2): 곧바로 전할 때 ··· 254

UNIDADE 10. 수동태와 능동태 ································· 260

수동태 (1) 기본 세가지 형태(일반수동형, 진행수동형, 완료수동형) ············· 261
과거분사의 두 가지 형태 ··· 264
수동태 (2) 조동사가 있는 경우 ······································· 266
poder, precisar, dever, ter que, ter de
수동태 (3) 재귀동사 se가 있는 경우 ······························· 270

UNIDADE 11. 부정법과 인칭부정법 ···································· 280

인칭부정법 (1): 반드시 사용해야 하는 경우 ······················ 281
인칭부정법 (2): 생략해도 좋은 경우 ································ 282
인칭부정법 (3): 목적을 나타내는 부사구 문장 전체를 복수로 바꿀 경우 ········· 283
인칭부정법 (4): 부사구를 부사절로 바꿀 경우 ······················ 284
관련단어 연결하기 (3) ··· 285

UNIDADE 12. 전치사를 동반하는 동사와 형용사 ················· 286

조동사처럼 쓰이는 동사: <동사 + V(동사원형)> ···················· 286
전치사를 동반하는 동사 (1): <동사 + 전치사 + V(동사원형)> ············ 287
전치사를 동반하는 동사 (2): <동사 + 전치사 + N(명사)> ··············· 287
전치사를 동반하는 형용사 (1): <형용사 + 전치사 + V(동사원형)> ·········· 287
전치사를 동반하는 형용사 (2): <형용사 + 전치사 + N(명사)> ············· 288
전치사 총복습 ·· 296
직유법 (Símiles) ·· 296

부록 1. 동사의 법(modo)과 시제(tempo) ······················· 299
부록 2. 관련 어휘 ··· 323
부록 3. 답안지 ·· 369
부록 4. 참고 문헌 ·· 427

브라질 · 포르투갈어
첫걸음 Ⅱ 〈중급〉

D. Pedro II dormiu aqui

Guia: Sinto muito, mas sempre trago os turistas para este hotel.

Até agora ninguém se queixou.

Turista: Pois serei o primeiro! Veja! Este hotel é horroroso.

E vai de mal a pior. É tão velho que está caindo aos pedaços.

Está muito mal cuidado.

E não oferece nenhum conforto.

Guia: Mas é o hotel mais tradicional de nossa cidade.

D. Pedro II dormiu aqui há 160 anos atrás!

Turista: Pois é ...

E desde aquele dia nunca mais ninguém fez nada para conservá-lo.

Guia: Não adianta discutir.

Não posso alterar o programa da agência de turismo.

Turista: Pois aqui eu não fico de jeito nenhum.

Alguém me indicará um hotel pequeno e bem limpinho,

numa ruazinha tranquila.

O senhor tem alguma sugestão?

Na portaria do hotel

Hóspede: Há algum recado para mim?

Recepcionista: Não, nenhum.

Hóspede: Alguém veio me procurar?

Recepcionista: Não, ninguém.

Hóspede: O senhor tem certeza de que não há nenhum recado?

Recepcionista: Tenho, senhor. Não há nenhum recado ou nenhum telefonema.

Não há nada para o senhor.

동 뻬드로 2세가 여기서 주무셨습니다.

가이드:　죄송합니다만, 저는 관광객들을 언제나 이곳으로 모시고 있습니다.

지금까지 불평을 한 사람은 아무도 없었습니다.

관광객:　그럼 내가 첫번째 (불평하는 사람)이 되겠군요.

자, 보세요! 이 호텔은 정말 기가 막히군요.

설상가상으로 너무 낡아서 곧 부서질 것 같습니다(= 무너질것 같습니다).

관리가 너무 되지 않아서, 전혀 편안한 느낌이 들지 않습니다.

가이드:　하지만 이 호텔은 이 도시에서 가장 전통적인 호텔입니다.

동 뻬드로 2세가 160년 전 이곳에서 주무셨거든요.

관광객:　그러게 말입니다…

그 날 이후로는 아무도 이 호텔을 보존하기 위한 노력을 하지 않았군요.

가이드:　우리가 아무리 이러쿵 저러쿵 불평(=말싸움)을 해도 소용없습니다.

저는 저희 여행사의 프로그램을 변경할 수가 없습니다.

관광객:　그러나 나는 절대 이 호텔에 투숙하지 않겠습니다.

누군가 내게 조용한 길에 있는, 작고 아주 깨끗한 호텔 하나를 추천해 주시겠어요?

당신은 어떤 제안을 하겠습니까? (=당신은 어디를 추천해 주시겠습니까?)

호텔 로비에서

손님:　제게 온 메모가 있습니까?

가이드:　아니오, 아무것도 없습니다.

손님:　누군가 저를 찾아온 사람이 있었나요?

가이드:　아니오, 아무도 오지 않았습니다.

손님:　제게 온 메모가 없다는 것이 확실합니까?

가이드:　네, 손님. 어떠한 메모나 전화도 없었습니다. 손님께 온 것은 아무것도 없었습니다.

부정대명사 / 부정형용사 (1)
algum(alguns), alguma(algumas), alguém

O senhor tem **alguma** sugestão?
선생님께서는 어떤 제안을 가지고 계시나요?

algum amigo   **alguns** amigos   **어떤** 남자친구(들)

alguma amiga   **algumas** amigas   **어떤** 여자친구(들)

alguém
Alguém vai nos ajudar.   **누군가**가 우리를 도와줄 거야.

Ⓐ 연습문제

1. Quando ele morreu,

   deixou _____ dinheiro e _____ casas para os filhos.

   ▶ 그는 죽으면서 (=그가 죽었을 때) 얼마간의 돈과 집 몇 채를 자식들에게 남겼다.

2. _____ dia vou ao Canadá.

   Estou com saudades de _____ amigos que tenho lá.

   ▶ 언젠가 나는 캐나다로 갈 거다. 그곳의 친구들이 그리워서.

3. Veja! _____ luzes estão acesas. Há(=Tem) _____ em casa agora.

   ▶ 봐! 전등 몇 개가 켜져 있네. 지금 누군가가 집에 있어.

4. Eu trouxe _____ jornais e _____ revistas para você.

   ▶ 내가 당신께 신문 몇 부와 잡지 몇 권을 가져왔습니다.

5. Ela precisa de _____ informações sobre aquele candidato.

   ▶ 그녀는 저 후보자에 대한 약간의 정보를 필요로 한다(=알고 싶어한다).

6. Não sei o que fazer. Você tem _____ idéia?

   ▶ 나는 내가 뭘 해야 할지 모르겠어요.

   당신은 어떤 아이디어를 갖고 있나요(=당신은 내가 뭘 했으면 좋겠어요)?

7. Preciso encontrar _____ em casa.

   ▶ 나는 우리집에서 누군가를 만나야 해요.

8. Por favor, _____ pode me ajudar?

   ▶ 제발 누군가가 나를 도와줄 수 있나요?

9. _____ viu o que aconteceu lá na esquina?

   ▶ 누가 저 코너에서 (=모퉁이 길에서) 무슨 일이 일어났는지(=일어난 사건을) 본 사람이 있습니까?

10. _____ tem _____ livros para emprestar?

    ▶ 누군가 빌려줄 책들을 가지고 계신 분 계십니까?

11. _____ me disse que esta firma vai de mal a pior.

    ▶ 누군가 나에게 이야기 하기를 이 회사(의 경영상태)가 악화되고 있다고 했다.

12. _____ telefonou para você, mas não deixou o nome.

    ▶ 누군가 네게 전화했지만, 이름을 남기지는 않았다.

13. Você conhece _____ lá do banco? Preciso de um empréstimo.

    ▶ 제가 대출이 필요한데, 당신은 저 은행에 일하는 직원 누군가를 알고 계십니까?

14. O ônibus levou _____ crianças e _____ professores ao museu.

    ▶ 그 버스는 몇 명의 어린이들과 선생님들을 박물관으로 데려갔다.

15. É verdade. _____bancos e _____ fábricas já não querem fazer negócio com ela.

    ▶ 그건 사실이야. (어떤) 일부 은행들과 공장들은 이미 그 회사(혹은 그녀)와 거래를 하고 싶어하지 않아.

···▶ 부정대명사 / 부정형용사 (2)
nenhum, nenhuma, ninguém, nada

Este hotel não oferece **nenhum** conforto.
이 호텔은 전혀 어떠한 편안함도 제공하지 않는다. (=이 호텔은 전혀 편안하지 않다.)

nenhum amigo   **아무** 남자친구 조차도

nenhuma amiga   **아무** 여자친구 조차도

ninguém – nada

Até agora **ninguém** se queixou.   지금까지 **아무도** 불평하지 않았어.

= 불평한 사람은 아무도 없었어.

Até agora **ninguém** fez **nada**.   지금까지 **아무도 아무** 조치를 취하지 않았어.

= 아무도 어떠한 조치를 취하지 않았어.

* 포르투갈어에서는 영어와 달리 부정(ninguém)의 부정(nada)은 부정이다.

Ⓐ 연습문제

1. Você tem algum amigo aqui?

   – Não, _____.

   ▶ 너는 여기에 친구가 있니? – 아니, 아무도 없어.

2. _____ amigo quer me ajudar.

   Acho que _____ gosta de mim.

   ▶ 아무도(어떤 친구도) 나를 도와주려 하지 않아. 나를 좋아하는 사람은 아무도 없는 것 같아.

3. Alguém me telefonou?

   – Não, _____.

   ▶ 누군가가 내게 전화했니? – 아니, 아무도 (전화 하지 않았어요).

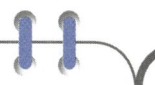

4. Meu Deus! Quantos copos você quebrou?

   – Não quebrei _____ copo. Quebrei alguns pratos.

   ▶ 어머나! 도대체 너는 컵을 몇 개나 깨뜨린거니?

   – 나는 컵을 깬 것이 아니라, 접시 몇 개를 깨뜨렸어.

5. Ele não teve _____ problema,

   por isso não fez _____ pergunta.

   ▶ 그는 아무 문제가 없어서, 어떠한 질문도 하지 않았다.

6. Telefonei para lá, mas não havia _____ em casa.

   ▶ 나는 거기(=그 집)에 전화했지만, 집에는 아무도 없었다.

7. Você pode me emprestar algum dinheiro?

   – Não, de jeito _____.

   ▶ 돈 좀 빌려줄 수 있니? – 아니, 절대로 안 돼.

8. O que você disse?

   – _____.

   ▶ 너는 뭐라고 말했니? – 아무말도 하지 않았어.

9. João não é meu amigo. Ele não fez _____ para me ajudar.

   ▶ João은 내 친구가 아니야. 그는 나를 돕기 위해 아무 것도 하지 않았어(=그는 나를 전혀 돕지 않았어).

10. Todos queriam ajudar, mas na hora _____ apareceu.

   ▶ 모두가 도와주려 했지만, 그 순간(=제 때에) 나타난 사람은 아무도 없었어.

11. Quando a professora me perguntou, eu não respondi,

   pois no momento não tive _____ idéia.

   ▶ 그 여 선생님이 내게 질문했을 때, 나는 대답하지 않았다.

   왜냐하면 그 순간 (나는) 아무런 생각이 나지 않았기 때문이다.

···▶ 직설법 미래
(Modo indicativo – Futuro do presente)

1군 동사 – AR
MORAR

Eu	morar ei	Nós	morar emos
Você		Vocês	
Ele	morar á	Eles	morar ão
Ela		Elas	

2군 동사 – ER
VENDER

Eu	vender ei	Nós	vender emos
Você		Vocês	
Ele	vender á	Eles	vender ão
Ela		Elas	

3군 동사 – IR
ABRIR

Eu	abrir ei	Nós	abrir emos
Você		Vocês	
Ele	abrir á	Eles	abrir ão
Ela		Elas	

▶ 주요 동사의 직설법 미래

SER			
Eu	ser ei	Nós	ser emos
Você		Vocês	
Ele	ser á	Eles	ser ão
Ela		Elas	

DAR			
Eu	dar ei	Nós	dar emos
Você		Vocês	
Ele	dar á	Eles	dar ão
Ela		Elas	

FAZER			
Eu	far ei	Nós	far emos
Você		Vocês	
Ele	far á	Eles	far ão
Ela		Elas	

TER			
Eu	ter ei	Nós	ter emos
Você		Vocês	
Ele	ter á	Eles	ter ão
Ela		Elas	

TRAZER			
Eu	trar ei	Nós	trar emos
Você		Vocês	
Ele	trar á	Eles	trar ão
Ela		Elas	

DIZER			
Eu	dir ei	Nós	dir emos
Você		Vocês	
Ele	dir á	Eles	dir ão
Ela		Elas	

Ontem, nosso guia nos mostrou as Cataratas do Iguaçu. Saímos do hotel logo depois do café da manhã. O ônibus já estava nos esperando. Cinco minutos depois, ele partiu. Todos nós estávamos contentes. O ônibus seguiu pela estrada até a fronteira com a Argentina. Lá, descemos do ônibus e tomamos um barco pequeno. Não dissemos uma palavra, nem fizemos barulho durante a viagem de barco, porque tudo nos parecia perigoso: estávamos muito perto das cataratas. Foi bom chegar à Argentina. À tarde, o ônibus nos trouxe de volta para o hotel. Estávamos muito cansados, mas felizes.

Amanhã, nosso guia ....
....
....
....
....
....
....
....
....
....
....

해석)

어제 우리 가이드는 우리에게 이과수 폭포를 보여주었다. 우리는 아침을 먹은 즉시 호텔을 나왔다. 버스가 이미 우리를 기다리고 있었다. 5분 후에 버스가 출발해서 우리 모두가 만족했다. 버스는 아르헨티나 국경까지 뻗어있는 길을 따라 갔다. 거기에서 우리는 버스를 내려 작은 배를 탔다. 배를 타고 가는 동안, 우리는 한마디도 하지 않았고, 또한 아무 소리도 내지 않았다. 왜냐하면 (우리가) 폭포에 너무 가깝게 있어서 때문에, 모든 것이 위험해 보였기 때문이다. 아르헨티나까지 간 것은 아주 좋았다. 오후에 버스가 우리를 호텔로 다시 데려다 주었다. 우리는 무척 피곤했지만, 행복했다.

B 다음의 문장을 직설법 미래로 바꾸기

1. No ano que vem vou trabalhar menos e descansar mais.
   ▶ 내년에는 (나는) 일은 덜하고 더 많이 쉬려고 한다.

   ....

2. Eles disseram que vão comprar e vender carros usados.
   ▶ 그들은 중고차를 매매할 것이라고 말했다.

   ....

3. Nós vamos partir às 9 de São Paulo e às 11 vamos chegar à Bahia.
   ▶ 우리는 São Paulo를 9시에 출발해서 Bahia에 11시에 도착할 것이다.

   ....

4. O que você vai fazer? Você vai me trazer (=causar) ainda mais problemas?
   ▶ 너는 (앞으로) 뭘 할 거니? 아직도 내게 더 많은 문제들을 가져올 거니?(=나를 골치 아프게 할거니?)

   ....

5. Ana Maria vai dizer ao chefe que precisa ganhar um ordenado(=salário) melhor. O que ele vai lhe dizer?
   ▶ Ana Maria가 과장님께 월급을 올려달라고 말할거야. 과장님은 그녀에게 무슨 말씀을 하실까?

   ....

6. Estas suas idéias vão nos trazer problemas.
   ▶ 이러한 너의 생각들은 우리에게 문제를 가져오게 될 것이다(=우리에게 문제가 될것이다).

   ....

C 직설법 미래로 질문하기

(passar)

Onde vocês **passarão** suas férias?   Em Campos do Jordão.
▶ 너희들은 방학을 어디서 보내려 하니?   ▶ Campos do Jordão에서요.

1. (pedir)

....?   Goiabada com queijo.

  ▶ 너는 무엇을 주문할 거니?   ▶ 치즈를 넣은 고이아바다.

2. (abrir)

....?   Às dez horas em ponto.

  ▶ 너희들은 몇 시에 가게 문을 여니?   ▶ 정각10시에.

3. (ajudar)

....?   Ninguém.

  ▶ 누가 너를 도와줄 사람은 없니?   ▶ 아무도 없어.

4. (fazer)

....?   Nada.

  ▶ 너는 무엇을 할 것니?   ▶ 아무것도 하지 않을 거야.

5. (ir)

....?   De navio.

  ▶ 너희들은 어떻게 그곳에 가려 하니?   ▶ 배로 가려해.

6. (beber)

....?   Um guaraná.

  ▶ 너는 무엇을 마실래?   ▶ 과라나.

7. (trazer)

....?   Nenhum.

  ▶ 너희들은 이번 소풍에 무엇을 가져올 거니?   ▶ 아무것도.

8. (dizer)

....?   Não.

  ▶ 너는 그에게 말할 거니?   ▶ 아니.

9. (comprar)

....?   No Shopping Leste.

  ▶ 너는 어디서 엄마 선물을 살 거니?   ▶ **Leste** 백화점에서.

▶ DORMIR동사의 직설법 (Modo indicativo)

DORMIR – 현재			
Eu	durmo	Nós	dormimos
Você		Vocês	
Ele	dorme	Eles	dormem
Ela		Elas	

DORMIR – 과거			
Eu	dormi	Nós	dormimos
Você		Vocês	
Ele	dormiu	Eles	dormiram
Ela		Elas	

DORMIR – 반과거			
Eu	dormia	Nós	dormíamos
Você		Vocês	
Ele	dormia	Eles	dormiam
Ela		Elas	

DORMIR – 미래			
Eu	dormirei	Nós	dormiremos
Você		Vocês	
Ele	dormirá	Eles	dormirão
Ela		Elas	

▶ SUBIR동사의 직설법 (Modo indicativo)

SUBIR – 현재			
Eu	subo	Nós	subimos
Você		Vocês	
Ele	sobe	Eles	sobem
Ela		Elas	

SUBIR – 과거			
Eu	subi	Nós	subimos
Você		Vocês	
Ele	subiu	Eles	subiram
Ela		Elas	

SUBIR – 반과거			
Eu	subia	Nós	subíamos
Você		Vocês	
Ele	subia	Eles	subiam
Ela		Elas	

SUBIR – 미래			
Eu	subirei	Nós	subiremos
Você		Vocês	
Ele	subirá	Eles	subirão
Ela		Elas	

Ⓐ 동사의 법과 시제(3군 동사) 연습

1. (dormir)

   Boa-noite! _____ bem!　　　　　　　　　(　　　　　　)

   ▶ 좋은 밤이야! 잘 자!

2. (dormir)

   Vocês _____ bem no verão?　　　　　　(　　　　　　)

   ▶ 너희들은 여름에 잘 자니?

3. (dormir)

   Antigamente a gente _____ mais.　　　(　　　　　　)

   ▶ 옛날에 우리는 더 많이 잤었(었)다.

4. (subir)

   Os preços _____ sempre.　　　　　　　(　　　　　　)

   ▶ 가격(들)은 언제나 오른다(=값은 언제나 오르기 마련이다).

5. (dormir)

   Quando estou cansado, eu _____ a noite inteira.　(　　　　)

   E você? Você também _____ ?　　　　(　　　　　　)

   ▶ 나는 피곤하면 밤새 잠을 잔다. 너는? 너도 자니?

6. (subir)

   Eu não _____ a escada. Eu tomo o elevador.　(　　　　)

   E você? Você _____ ?　　　　　　　　(　　　　　　)

   ▶ 나는 계단 대신 엘리베이터를 탄다. 너는? 너는 계단으로 올라가니?

7. (subir)

   Quando eu queria falar com ele, eu _____ até o 15° andar. (　　　)

   ▶ (그 당시) 그와 얘기하려고 할 때 마다, 나는 15층까지 올라가야 했다.

8. (cobrir)

À noite, ela sempre se _____ porque diz que sente frio. (   )

Mas eu não me _____.   (   )

▶ 밤에 그녀는 언제나 춥다고 말하며 담요나 이불로 몸을 감싼다. 하지만 나는 (담요나 이불을) 덮지 않는다.

9. (fugir)

Todo mundo _____ dele porque ele é perigoso.   (   )

Mas eu não . Eu não tenho medo dele.

▶ 모든 사람들은, 그가 위험한 사람이라, 그를 피한다. 하지만 나는 그가 두렵지 않으니까 피하지 않는다.

10. (consumir)

As pessoas _____ mais no fim(=final) do ano.   (   )

Eu também _____.   (   )

▶ 사람들은 연말에 더 많은 소비를 한다. 나도 역시 마찬가지이다.

11. (subir)

As águas do rio _____ quando chove muito.   (   )

▶ 비가 많이 오면, 강의 물 수위가 오른다.

12. (cobrir-se)

_____ ! Está frio .   (   )

▶ 옷을 단단히 입어라! 춥다.

13. (sumir)

Não _____ ! Quero falar com vocês.   (   )

Vocês sempre _____ quando preciso de vocês. (   )

▶ 사라지지 마라! 나는 너희들과 얘기하고 싶다.

  내가 너희들을 필요로 할 때면, 너희들은 언제나 사라지고 없다.

14. (fugir)

Ontem os ladrões _____.   (   )

Eles sempre _____.   (   )

▶ 어제 그 도둑들이 도망갔다. 그들은 언제나 도망간다.

Era um carro novinho em folha!

- Droga! Roubaram meu carro!

- Você deve estar enganado.

- Não, não estou.

  Eu o estacionei ali, pertinho daquela árvore e agora não está mais lá.

- Calma! Vamos ver este negócio. A que horas foi isso?

- Agorinha mesmo. Não faz nem dez minutos.

- Mas que coisa! Não é possível! Você tem certeza?

- Tenho. Foi aqui mesmo. Mal posso acreditar.

- Como era o carro?

- Era novinho em folha. O que é que a gente faz agora?

- A gente tem de ir à polícia. É a primeira coisa que a gente deve fazer. Não há

  outro remédio,

진짜 새차였(었)는데!

– 아이 재수 없어! (도둑들이) 내 차를 훔쳐갔어!

– 너 착각한 것 아니야?

– 아니, 아니야.

  나는 차를 저기 저 나무 가까이에 주차했어. 그런데 지금 거기에 없어

– 침착하게 잘 생각해봐! 이 일이 언제 일어났다는 거지?(=몇시에 너가 주차했는데?)

– 지금 바로야. 10분도 되지 않았어.

– 정말 말도 안돼! 확실한 거야?

– 확실해. 바로 여기에다 차를 주차했어. 나도 정말 믿을 수가 없어.

– 너의 자동차는 어떤 것이었는데?

– (구입한지 얼마되지 않은) 아주 새 차였어. 어쩌지?

– 우선 경찰에 가서 신고하자. 그게 우리가 가장 먼저 해야 할 일이야. 다른 방법이 없어.

축소사 (Diminutivo)

▶ 형태

축소사는 명사나 형용사에 접미사 -inho, -inha, -zinho, -zinha을 붙여
화자가 자신의 표현하고자 하는 것을 더 강조하기 위해 사용한다. 주로 브라질에서 많이 사용된다.

-inho, -inha 일반적인 경우:	-zinho, -zinha 일반적이지 않은 경우:	
escola – escolinha casa – casinha menino – menininho rapaz – rapazinho	a. 끝음절이 강세인 경우	café – cafezinho mulher – mulherzinha papel – papelzinho
	b. 끝음절이 이중모음일 경우 :	pai – paizinho boa – boazinha
	c. 끝음절이 비음일 경우	bom – bonzinho mãe – mãezinha irmão – irmãozinho

▶ 용법

1) 작은 사물을 지칭할 때 :
   (objeto pequeno)

   Comprei uma casinha na praia.
   나는 해변에 있는 작은 집 한 채를 샀다.

2) 애정을 표현할 때 :
   (carinho)

   Venha cá, filhinha!
   이리 온! 귀엽고 사랑스러운 내 딸아!

3) 강조할 때 :
   (ênfase)

   Ele mora pertinho daqui. (bem perto)
   그는 여기서 아주 가까운 곳에 산다.

4) 경멸할 때 :
   (deprezo)

   Que filminho monótono!
   그 영화는 정말 지루해!

5) 습관적으로 사용할 때 :
   (expressão típica)

   Ele ficou um bom tempinho lá.
   그는 그곳에서 아주 좋은 시간을 보냈다.

Ⓐ 축소사의 용법 다섯 가지

1) 작은 사물을 지칭할 때

1. Um copo pequeno é um _____(작은 컵).

2. Um anel pequeno é um _____(작은 반지).

3. Um chapéu pequeno é um _____(작은 모자).

4. Uma mão pequena é uma _____(작은 손).

5. Um nariz pequeno é um _____(작은 코).

6. Uma praça pequena é uma _____(작은 광장).

2) 애정이나 사랑스러움을 표현할 때

1. Uma *rua* pequena e tranqüila é uma _____.

   ▶ 조용하고 작은 거리는 _____라고 한다.

2. Estou procurando uma *casa* pequena e bonita.

   Sonho com uma _____ assim.

   ▶ 나는 작고 예쁜 집을 찾고 있다. 나는 이런 집을 꿈꾼다.(=나는 그런 집에서 사는 것이 꿈이다.)

3. Ir ao cinema em dia de chuva é um bom *programa*. É um _____ bom.

   ▶ 비 오는 날에 영화관가는 것은 좋은 일정이다. 정말 좋은 프로그램이다.

4. Você está fazendo café, não está? Senti o *cheiro*. Que _____ bom!

   ▶ 너는 커피를 내리고 있니? 좋은 냄새가 나는데. 아 좋은 냄새!

5. Ele é um *bom* rapaz. Gosto dele. Ele é muito _____.

   Gosto dela também. Ela também é muito _____.

   ▶ 그는 좋은 청년이다. 그래서 나는 그를 좋아한다. 그는 매우 좋은 사람이다.

   나는 그녀 역시 좋아한다. 그녀 역시 매우 좋은 사람이다.

6. A gente gosta muito de nosso *chefe*. É um _____ 100%

   ▶ 우리는 우리의 부서장을 매우 좋아한다. 그는 진정한 부서장이다!

3) 강조할 때

1. Fale *baixo*, por favor! Fale (bem) _____.

   ▶ 제발 작게 말하세요.

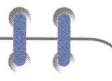

2. Eles moram muito *perto* daqui, _____.

▶ 그들은 이곳에서 아주 가까운 데에서 삽니다.

3. Eu li o livro *inteiro*. Eu li o livro _____.

▶ 나는 그 책을 다 읽었어요.

4. Gostei do livro todo, do *começo* até o *fim*.

É ótimo do _____ até o _____.

▶ 나는 그 책 전체를 좋아했다. 처음부터 끝까지 정말 좋았다.

5. Trabalhe *direito*. Faça tudo _____!

▶ 제대로 일을 하세요. 모두 제대로 하세요!

6. Tomo café com muito *pouco* açúcar. Só um _____, por favor!

▶ 나는 커피를 마실 때, 설탕을 아주 조금 넣습니다. 조금만 주세요!

4) 실망하거나 경멸할 때

1. Um *filme* de má qualidade é um _____.

▶ 질이 나쁜 영화는 _____라고 한다.

2. Uma *mulher* desagradável é uma _____.

▶ 고약한 여자는 _____라고 한다.

3. Uma *revista* de má qualidade é uma _____.

▶ 질이 나쁜 잡지는 _____라고 한다.

4. Um *homem* chato é um _____.

▶ 짜증나는 남자는 _____라고 한다.

5. Um *chefe* dificíl é um _____.

▶ 모시기 어려운 상사는 _____라고 한다.

5) 습관적으로 쓰는 표현들

1. Espere um *minuto*, por favor. Só um _____.

▶ 잠시만 기다려 주세요.

2. Estou ocupado agora. Venha falar comigo em outra *hora*!

Numa _____ mais fácil.

▶ 저 지금 바빠요. 나와 얘기하려면 다른 시간에 오세요! 좀 더 편한 시간에.

3. Vou embora agora. *Tchau*! _____.

▶ 저 지금 가요. 안녕!

B 다음 문장에서 쓰인 축소사 용법 설명하기

1. Você já leu o jornalzinho da escola?
   ▶ 너는 학교신문을 벌써 다 읽었니? ( )
2. Ela deixa tudo limpinho.
   ▶ 그녀는 모두를 깨끗하게 해놓았다. ( )
3. Ela está tão bonitinha hoje!
   ▶ 그녀는 오늘 참으로 예쁘다. ( )
4. Não gosto desta mulherzinha.
   ▶ 난 그 여자가 싫다. ( )
5. O solzinho está gostoso hoje.
   ▶ 오늘 햇빛이 참 좋다. ( )
6. Quero só um pouquinho de chá.
   ▶ 내게 차를 조금만 줘. ( )
7. Aceita um cafezinho?
   ▶ 커피 마실래? ( )
8. Ele tem uma vidinha calma.
   ▶ 그의 인생은 평화롭다. ( )
9. Nossa! Que livrinho ruim!
   ▶ 어머! 책이 형편없네! ( )
10. Joãozinho, agora você vai ficar sentadinho aí.
    ▶ Joãozinho, 이제 너는 저기에 앉아있어야 해. ( )
11. Ela faz uma comidinha gostosa.
    ▶ 그녀는 맛있는 음식을 만들어(=음식을 잘 해). ( )
12. O ladrão entrou na casa devagarinho.
    ▶ 그 도둑은 그 집에 아주 천천히 들어갔다. ( )

C 이탤릭체 부분을 축소사로 바꾸고, 그 용법 설명하기

> A empregada já terminou o serviço.
> A casa está muito **limpinha** agora.
> ▶ 그 가정부가 벌써 일을 끝냈습니다. 그래서 그 집은 지금 매우 깨끗합니다. (강조)

1. Ele não é um bom escritor, mas os *livros* dele fazem sucesso.

   ....

   ▶ 그는 좋은 작가는 아니지만, 그의 책들은 성공하고 있다(=잘 팔리고 있다). ( )

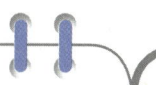

2. As contas estão completamente *certas.*

…………………………………………………………………………………

▶ 그 계산서들의 계산은 완벽합니다(=한치의 틀림이 없습니다).　　　　(　)

3. Maria é bonita, mas um pouco *boba*.

…………………………………………………………………………………

▶ Maria는 예쁘지만, 좀 바보입니다.　　　　(　)

4. Gostei destas roupas. Vou comprar todas. São muito *baratas.*

…………………………………………………………………………………

▶ 나는 이 옷들이 마음에 들어서 모두 구입하려 한다. 값이 매우 저렴하니까.　　　　(　)

5. Cuide bem da bicicleta. Ela é muito *nova.*

…………………………………………………………………………………

▶ 그 자전거를 잘 건사해. 아주 새 것이잖아.　　　　(　)

6. Gosto do café bem *doce*.

…………………………………………………………………………………

▶ 나는 아주 달콤한 커피를 좋아한다.　　　　(　)

7. Não coma estas bananas hoje! Elas ainda estão *muito* verdes.

…………………………………………………………………………………

▶ 오늘 이 바나나(들을)를 먹지 마! 아직 매우 초록색이거든(=아주 덜 익었거든).　　　　(　)

8. Ele foi até a casa dele e voltou muito *rápido* porque mora muito perto daqui.

…………………………………………………………………………………

▶ 그는 그의 집까지 갔다가 매우 빨리 돌아왔는데, 그것은 그가 여기서 매우 가까이 살고 있기 때문이다.

(　)

9. Detesto este *hotel*. É caro, e não é confortável.

…………………………………………………………………………………

▶ 나는 이 호텔을 혐오한다. 값은 비싸고, 또한 편안하지 않기 때문이다.　　　　(　)

HAVER와 FAZER 동사의 용법

비인칭 동사로 쓰일 경우 시간의 흐름을 나타낸다.
(영어의 *It has been*...현재완료의 뜻 내포)

Não faz nem dez minutos!	10분도 채 지나지 않았다.
Eu trabalho aqui há dez anos.	나는 여기서 10년 동안 일하고 있다.
Faz dez anos que eu trabalho aqui.	내가 여기서 일한 지 10년 되었다.
Faz um tempão que a gente se conhece.	우리가 서로 안지 아주 오래되었다.

Ⓐ 다음의 haver동사를 fazer동사로 대체시켜 문장완성하기

1. Estivemos em Bruxelas *há* cinco anos.

   ▶ 우리는 브뤼셀에서 5년 살았다.

   ....

2. *Há* dois meses eu não o vejo.

   ▶ 두 달 동안, 나는 그를 보지 못했다. (= 그를 보지 못한지 두 달 되었다.)

   ....

3. Lúcia e André se separaram *há* alguns anos.

   ▶ Lúcia와 André는 몇 년 전에 헤어졌다. (= 그들이 헤어진지 몇 년 되었다.)

   ....

4. *Há* dois dias ele saiu do hospital e já está trabalhando.

   ▶ 그가 병원에서 퇴원한지 이틀 되었는데, 벌써 일하고 있다(=일을 시작했다).

   ....

5. *Há* quanto tempo nós nos conhecemos?

   ▶ 우리가 서로 알게 된 지 얼마나 되었지?

   ....

6. Não sei exatamente. Já *há* muito, muito tempo.

   ▶ 정확히 모르겠어. 하지만 아주 오래 되었지.

   ....

⋯▶ DEVER 동사의 용법

1. 추측 (Suposição) :
   Você deve estar enganado. 네가 착각했을거야.

2. 의무 (Obrigação, dever) :
   Você deve fazer seu trabalho sozinho. 너는 숙제를 (=네 일을) 혼자해야 해.

Ⓐ 빈칸에 dever동사를 써넣고 그 용법에 대해 말하기

Ele trabalhou muito hoje. Ele **deve** estar cansado.
그는 오늘 일을 많이 했다. 지금 그는 틀림없이 피곤할 것이다. (추측)

1. Eles estão em dificuldade. Nós _____ ajudá-los.
   ▶ 그들은 어려움에 처해 있다. 우리가 그들을 도와야 한다.   (   )

2. Já são duas horas e você ainda não almoçou.
   Você _____ estar com fome.
   ▶ 벌써 2시인데 아직도 점심을 먹지 않았구나. 배가 고프겠구나.   (   )

3. Ele precisa falar com você. Você _____ esperá-lo.
   ▶ 그는 너와 얘기할 필요가 있다(=얘기하고 싶어한다). 그러니까 너는 그를 기다려야 한다.   (   )

4. Todo mundo _____ respeitar as leis.
   ▶ 모두가 법을 지켜야 한다.   (   )

5. Ele está muito nervoso. Ele _____ ter problemas.
   ▶ 그는 무척 긴장하고 있다. 무슨 문제가 있는 것 같다.   (   )

B dever동사로 문장 완성하기

1. (cansado)

Vera, você trabalhou o dia todo sem parar. Você………… estar ……….. .

▶ Vera, 너는 쉬지 않고 하루 종일 일했구나. 너는 분명 지금 피곤할거야.

2. (contente)

Eles receberam o primeiro prêmio. Eles …………………………...…… .

▶ 그들은 일등 상을 받았다. 그들은 지금 매우 기쁠 것이다.

3. (doente)

Hoje está quente, mas eles estão com frio.

Eles ………………………………………………………………...…… .

▶ 오늘은 덥다. 하지만 그들은 추워하고 있다. 아마도 그들은 아픈 것 같다.

4. (antigo)

Estes quadros são muito caros.

Eles ………………………………………………………………...…… .

▶ 이 그림들은 매우 비싸다. 아마도 그것들은 오래된 것일 것이다.

5. (rico)

Que casa enorme! Ela é linda!

Os donos ……………………………………………………………… .

▶ 어머 집이 굉장히 크고 예쁘네! 아마도 이 집 주인들은 부자일 것이다.

6. (rico)

Eles ganharam o primeiro prêmio da loteria.

Agora eles ………………………………………………………...… .

▶ 그들은 로또에서 일등을 했다. 지금 그들은 분명 부자가 되었을 것이다.

7. (estrangeiro)

Estas pessoas não entendem o que dizemos.

Elas ……………………………………………………………………... .

▶ 이 사람들은 우리가 하는 말을 이해하지 못한다. 아마도 외국인인가 보다(분명 외국인일 것이다).

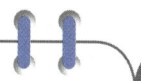

8. (feliz)

A festa foi um sucesso.

Eles ....

▶ 그 축제는 성공적으로 끝났다. 아마도 그들은 지금 행복해 하고 있을 것이다.

C 문장 완성하기

1. 좋은 비서가 되기 위해서는 어떻게 해야할까요?

Para ser uma boa secretária, você deve chegar cedo ao escritório.

Para ser uma boa secretária, você deve ....

2. 살기좋은 도시를 만들기 위해 시청은 어떤 서비스를 제공해야 할까요?

Para ser uma boa cidade,

a prefeitura deve oferecer um bom sistema de transporte.

Para ser uma boa cidade,

a prefeitura deve oferecer ....…................... .

3. 행복해지기 위해서 우리는 어떻게 해야 할까요?

Para ser feliz, a gente deve se alimentar bem.

Para ser feliz, a gente deve ....

서수 (Números Ordinais)

1°, 1ª, 1ᵒˢ, 1ᵃˢ   primeiro, primeira, primeiros, primeiras

2° segundo …

3° terceiro …

4° quarto …

5° quinto …

6° sexto …

7° sétimo …

8° oitavo …

9° nono …

10° décimo …

20° vigésimo …

30° trigésimo …

40° quadragésimo …

50° qüinquagésimo …

60° sexagésimo …

70° septuagésimo …

80° octagésimo …

90° nonagésimo …

100° centésimo …

1 000° milésimo …

1000000° milionésimo …

1° aniversário: 첫번째 생일

60° aniversário: 육십번째 생일, 환갑

O primeiro aniversário do meu filho: 나의 아들의 첫돌

O sexagésimo aniversário do meu pai: 나의 아버지의 환갑

Um passeio pelo Brasil

Preparem-se! Vamos conhecer o Brasil em 30 dias.

Sairemos de São Paulo e nossa 1ª escala será o Rio de Janeiro.

Lá passaremos o 1°, o 2°, o 3° e o 4° dias.

No 5° dia, partiremos para Salvador, onde ficaremos 4 dias, o 6°, o 7° , o 8° e o 9°.

No 10° dia estaremos em Manaus.

No 15° dia, nosso destino será o Pantanal Matogrossense.

No 21° dia, chegaremos a Brasília.

Lá, nosso grupo se dividirá para pontos diferentes do Nordeste.

No 29° dia, nos reuniremos capital do Rio Grande do Norte.

Encerramos nossa viagem no 30° dia, todos felizes sob o sol do Nordeste, rumo a São Paulo.

브라질 이곳저곳 여행하기

우리는 브라질을 30일동안 여행할 것입니다. 마음의 준비를 하세요.

São Paulo를 출발해서 가장 먼저 우리가 갈 곳은 Rio de Janeiro입니다.

거기서 우리는 첫째 둘째 셋째 그리고 넷째 날을 지낼 것입니다.

그리고 다섯째 날 Salvador로 떠날 것입니다. 그곳에서 우리는 4일 머물겁니다.

열흘 째에, 우리는 Manaus에 있을 것입니다.

십오일 째, 우리의 여행지는 마또그로스州의 Pantanal이 될 것입니다.

이십일일째, 우리는 Brasília에 도착할 것입니다.

거기서 우리 그룹은 나뉘어서 북동부의 다른 지역으로 가게 될 것입니다.

이십구일 째, 우리는 Rio Grande do Norte州의 수도에서 만나게 될 것입니다.

그리고 삼십일 째, 우리는 북동부의 (뜨거운)태양아래서 모두 행복한 모습으로 São Paulo를 향해 돌아오며 우리의 여행을 마무리할 것입니다.

* 제목 "Um passeio pelo Brasil"에서 〈전치사 por +정관사 o〉의 결합인 pelo가 있음으로써, 브라질을 요리조리 이곳저곳 돌아본다는 뜻을 내포하고 있다.

Ⓐ (   ) 속의 서수를 풀어쓰고 해석하기

1. (1ᵃˢ)

As _____ pessoas da fila devem apresentar seus documentos agora.

……………………………………………………………………………………….

2. (3ª/26°)

Antigamente ele trabalhava na _____ Porta deste corredor. Depois mudou-se para o _____ andar.

……………………………………………………………………………………….

3. (100ª)

Está é a_____ vez que lhe digo isto.

……………………………………………………………………………………….

4. (5°/2ª)

Vá até o _____sinal e vire na _____ esquina!

……………………………………………………………………………………….

5. (16°)

Ela mora no _____ andar.

……………………………………………………………………………………….

6. (1000ª)

Pela _____ vez, não!

……………………………………………………………………………………….

1. Droga!

2. Calma! Vamos ver este negócio.

3. Agorinha mesmo.

4. Eu estacionei meu carro agorinha mesmo, pertinho daquela árvore.

5. Não faz nem dez minutos.

6. Mas que coisa!

7. Não há outro remédio.

8. Meu carro era novinho em folha.

9. Você tem certeza? Você deve estar enganado.

10. A gente tem de ir à polícia.

(   ) Que situação desagradável!

(   ) Faz menos de dez minutos.

(   ) Era bem novo.

(   ) Devemos ir à polícia.

(   ) Não há outra solução. / Não há outra saída.

(   ) Que aborrecimento!

(   ) Tenha calma! Vamos ver o que aconteceu.

(   ) Eu o estacionei próximo àquela árvore.

(   ) Neste momento. / Há um minuto atrás.

(   ) Você está certo disso? Acho que você não está certo.

직설법 과거완료

Progresso é progresso!

A: Você está louco! Construir aqui na avenida Paulista?

  Isto nunca vai ser possível.

B: Por que não?

A: Porque é caro demais, ora essa!

  Cada centímetro vale ouro.

  E depois, onde vamos achar uma casa à venda, por aqui?

B: Veja, por exemplo, aquela, na esquina.

  Eu soube que os proprietários querem vendê-la. O ponto é ideal.

A: Mas, por que querem vendê-la?

  Qualquer um gostaria de ter uma casa como esta.

B: Problemas de família ...

  O primeiro dono faleceu há um ano e deixou herdeiros.

  Eles tinham resolvido alugar a casa,

  mas depois desistiram e agora decidiram vendê-la.

A: É uma boa oportunidade e não devemos perdê-la.

  Para falar a verdade, eu já tinha pensado nisso.

  Só faltava coragem ...

B: Deve haver vários interessados.

  Vamos ver se conseguimos fechar o negócio antes dos outros.

A: Tomara! Mas olhe! Que casa bonita! Que pena demoli-la!

B: De fato é muito bonita.

  Mas o que é que se vai fazer?

  Progresso é progresso.

A: Mesmo assim é uma pena!

도시가 발전하려면 할 수 없지!

A: 너 미쳤구나!

여기 이 Paulista 대로에 집을 짓겠다고?

그것은 절대 불가능해.

B: 왜 불가능하지?

A: 그 이유를 모른단 말이야?

왜냐하면 이곳은 금싸라기 땅이야.

그러니까 이 근처 어딘가에 매매로 나온 집을 찾아보도록 하자.

B: 예를 들면 저기 저 길 모퉁이에 있는 집을 잘 봐.

내가 알기로는 집주인들이 그것을 팔려고 해. 장소는 최고야.

A: 그런데 왜 그 집을 팔려고 하지?

누구라도 그런 집을 갖고 싶어할 텐데.

B: 집안 문제 때문이지…

첫 주인이 1년 전에 타계해서 그 집이 상속자들에게 넘어갔지.

처음에 그들은 그 집을 임대하려고 했어.

그런데 나중에 그것을 포기하고 지금은 그것을 매매하기로 결정을 내렸지.

A: (이것은 우리에게) 정말 좋은 기회니까 이 기회를 놓쳐서는 안돼.

사실을 말하자면, 나는 이미 이 집을 사려고 생각한 적이 있었어.

단지 용기가 부족했지만…

B: 많은 사람들이 그 집을 사고 싶어할 거야.

다른 사람들보다 먼저 우리가 계약을 할 수 있을지 알아보자.

A: 그렇게 되길 바래야지! 그런데 저 예쁜 집을 좀 봐! 그런데 저 집을 부숴버린다니! 참 안타까운 일이야!

B: 정말 예쁜 집이야.

그러나 어디에 쓸 수가 있겠어?

도시가 발전하려면 할 수 없지!

A: 그래도 참 안타까워!

⋯▶ 부정대명사 / 부정형용사(3)
cada, vários, outro, qualquer

1. **Cada** centímetro vale ouro.
    ▶ **각** 센티미터가 금의 가치가 있다.

   Cada uma destas salas tem duas janelas.
    ▶ **각** 교실마다 두개의 창문이 있다.

   Cada aluno receberá um livro.
    ▶ **각** 학생은 책을 한 권 받게 될 것이다.

2. Ele deixou **vários** herdeiros.
    ▶ 그는 **여러** 상속자(=후계자)들을 남겼다.

   Fiz **vários** negócios com ele.
    ▶ 나는 그와 **여러** 사업을 했다.

   Várias pessoas estavam interessadas no negócio.
    ▶ **여러** (다양한) 사람들이 그 사업에 관심이 있어했다(=관심을 보였다).

3. Vamos fechar o negócio antes dos **outros**.
    ▶ **다른** 것보다 그 사업의 협상을 끝냅시다.

   Volte **outro** dia.
    ▶ **다른** 날 다시 오세요.

   Não gostei desta casa. Vamos procurar **outra**.
    ▶ 이 집이 마음에 들지 않아요. **다른** 집을 찾아봅시다.

4. **Qualquer** um gostaria de ter uma casa como esta.
    ▶ **어떤** 사람이라도 이런 집을 갖고 싶어할 것이다.

   Qualquer dia destes vou visitá-la.
    ▶ 가까운 시일에 나는 그녀를 방문할 것이다.

      (= 요 근래 **어떤** 날이라도 나는 그녀를 방문할 것이다.)

   Qualquer coisa serve.
    ▶ **어떤** 것이라도 괜찮아.

부정대명사 / 부정형용사 써넣기
(필요에 따라서 Cada, Vários, Outro(s), Qualquer를 변형시키기)

1. _____ aluno recebeu um livro.

   ▶ 모든 학생이 책을 한 권 받았다.

2. _____ dia destes ele vai aparecer.

   ▶ 가까운 시일내에(=언젠가) 그가 나타날 것이다.

3. Não gostei desta blusa. Quero ver _____.

   ▶ 나는 이 블라우스가 마음에 들지 않아요. 다른 것들을 보여 주세요.

4. Já li todas estas revistas. Vou comprar _____.

   ▶ 나는 이 잡지들을 모두 읽었어요. (따라서) 다른 잡지를 사려 합니다.

5. Não desanime! Tente _____ vez.

   ▶ 기죽지 말고 다시 시도해 보세요!

6. Ele deu um presente para _____ criança.

   ▶ 그는 각각의 아이들에게 선물을 하나씩 주었다.

7. O dentista tem uma ficha de _____ um dos cliente.

   ▶ 그 치과의사는 모든 환자들의 진료카드를 각각 따로 갖고 있다.

8. Este livro não serve. O senhor não tem _____?

   ▶ 이 책은 제가 찾는 책이 아닙니다. 다른 것들은 없나요?

9. Preciso falar com ele, mas ele não está. Voltarei _____ dia.

   ▶ 그와 얘기해야 하는데, 그가 지금 없네? (다른 날) 다시 와야겠다.

10. Que jornal você quer? O "Estado" ou a "Folha"?

    -Tanto faz. _____ um serve.

    ▶ 너는 어떤 신문을 원하니? "Estado" 혹은 "Folha"?

    – 아무거나 상관 없어. 둘 중에 하나면 충분해.

11. Telefonei para ele _____ vezes, mas não o encontrei em casa.

    ▶ 나는 그에게 여러 번 전화했다. 하지만 그는 집에 없었다.

12. Este é um trabalho muito fácil. _____ pessoa pode fazê-lo.

    ▶ 이 일은 너무 쉬워서 아무나 할 수 있어.

13. O que você quer comer?

    – Tanto faz. _____ coisa.

    ▶ 무엇을 먹고 싶어? – 상관없어. 아무거나.

14. Tenho _____ amigos na Europa.

    ▶ 나는 유럽에 여러 다양한 친구들을 갖고 있다.

15. Já fomos a casa deles _____ vezes.

    ▶ 우리는 그들의 집에 이미 여러 번 갔다.

16. Eu sou uma pessoa curiosa.

    Tenho muito interesse em _____ assuntos.

    ▶ 나는 호기심이 많은 사람이다. (그래서) 여러 주제에 많은 관심이 있다.

17. _____ aluno pode me ajudar nas férias do verão, (se tiver a vontade).

    ▶ 어떤 학생이라도 이번 여름 방학에 나를 도와줄 수 있다 (마음만 있다면).

▶ SAIR 동사의 직설법 단순시제

현재			
Eu	saio	Nós	saímos
Você	sai	Vocês	saem
Ele		Eles	
Ela		Elas	

과거			
Eu	saí	Nós	saímos
Você	saiu	Vocês	saíram
Ele		Eles	
Ela		Elas	

반과거			
Eu	saía	Nós	saíamos
Você	saía	Vocês	saíam
Ele		Eles	
Ela		Elas	

미래			
Eu	sairei	Nós	sairemos
Você	sairá	Vocês	sairão
Ele		Eles	
Ela		Elas	

* SAIR 동사와 같은 군의 동사들 : **cair, trair, distrair, atrair, subtrair**

(A) 3군 동사의 직설법 총복습

(sair)

Eu só **sairei** amanhã.

▶ 나는 (지금이 아니라) 내일 떠날 것이다(=나갈 것이다).

---

1. (sair)

   Não _____ ontem porque estava chovendo.

   ▶ 어제 비가 와서 나는 나가지 않았다.

2. (atrair)

   O açúcar _____ as formigas.

   ▶ 설탕이 개미들을 꼬이게 했다.

3. (cair)

Cuidado com os buracos. Você pode _____.

▶ (움푹 파진) 그 구멍들을 조심하세요. 넘어질 수 있어요.

4. (subtrair)

Ele errou o problema porque _____ em vez de somar.

▶ 그가 그 문제를 틀린 것은, 덧셈을 하지 않고 뺄셈을 했기 때문이다.

5. (sair)

Quando eu era criança, não _____ muito de casa.

▶ 어릴 때 나는 그다지 집밖에 나가 놀지 않았다.

6. (sair)

Amanhã, queremos ir ao cinema, mas não _____ com chuva.

▶ 우리는 내일 영화를 보러 갈 생각이지만, 비가 온다면 가지 않을 것이다.

7. (sair)

Por favor, a que horas as crianças _____ da escola?

▶ 몇 시에 아이들이 학교를 나오지요(=학교가 몇 시에 끝나지요)?

8. (trair)

Eu nunca _____ meus amigos, mas eles já me _____ .

▶ 나는 한번도 친구들을 배신한 적이 없다. 그런데 그는 이미 나를 배신했다.

9. (distrair)

Por favor, não me_____! Estou trabalhando.

▶ 나는 일을 하고 있으니까, 제발 내 정신을 산만하게 하지 마!

10. (cair)

No ano passado, o Natal _____ numa 4ª feira.

▶ 작년에는 크리스마스가 목요일이었다.

11. (atrair)

Vitrines bonitas sempre _____ os fregueses.

▶ 아름다운 쇼윈도들은 항상 손님들을 유혹한다.

12. (sair)

Eu nunca _____ sozinha.

▶ 나는 절대로 혼자 나가지 않는다.

13. (cair)

Ele _____ e quebrou a perna.

▶ 그는 넘어져서 다리가 부러졌다.

14. (distrair)

Eu me _____ vendo televisão. Eles se _____ ouvindo música.

▶ 나는 TV를 보면서 그리고 그들은 음악을 들으면서 기분전환을 한다.

15. (distrair-se/cair)

As calçadas aqui são muito irregulares.

Se a gente _____ , a gente _____.

▶ 이곳 사람들이 다니는 인도는 울퉁불퉁해서, 방심하면 넘어진다.

16. (atrair)

Nesses últimos anos, o Brasil _____ muitos investidores estrangeiros.

▶ 최근 몇 년동안, 브라질은 많은 외국인 투자가들을 끌어들였다.

•••▶ 직설법 복합시제 <과거완료>
(Modo indicativo – Mais-que-perfeito composto)

MORAR – 과거완료			
Eu	tinha morado	Nós	tínhamos morado
Você		Vocês	
Ele	tinha morado	Eles	tinham morado
Ela		Elas	

▶ 직설법 과거완료의 용법

직설법 과거완료 <ter동사의 반과거 + 과거분사>는

다음의 예문에서 보이는 것처럼

과거보다 더 앞선 과거의 시제, 즉 선행성을 나타낼 때 사용한다.

(comprar)

Eu não comprei o jornal, porque ele já **tinha comprado.**

▶ 나는 그 신문을 사지 않았다. 왜냐하면 그가 벌써 샀기 때문이다.

(vender)

Ele veio de ônibus, porque já **tinha vendido** o carro.

▶ 그는 버스를 타고 왔다. 왜냐하면 이미 차를 팔았기 때문이다.

(partir)

Quando eu cheguei, eles já **tinham partido.**

▶ 내가 도착했을 때, 그들은 이미 떠나고 없었다.

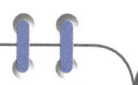

▶ 과거분사

직설법 과거완료를 사용하기 위해서는 다음의 과거분사를 반드시 익혀두어야 한다.

규칙 과거분사		불규칙 과거분사	
andar	– andado	ganhar	– ganho
falar	– falado	gastar	– gasto
comer	– comido	pagar	– pago
beber	– bebido	dizer	– dito
decidir	– decidido	fazer	– feito
insistir	– insistido	escrever	– escrito
ir	– ido	ver	– visto
ser	– sido	abrir	– aberto
		cobrir	– coberto
		vir	– vindo
		pôr	– posto

(A) 직설법 과거완료 연습 1

(discutir)

Eu estava nervoso, porque eu **tinha discutido** com meu chefe.

(그 때) 내가 신경이 곤두섰던 것은, (그 전에) 직장 상사와 한바탕 했기 때문이다.

---

1. (pensar)

   Ele queria passar as férias nas montanhas. Ela já _____nisso.

   ▶ 그는 휴가를 산에서 보내길 원했는데, 그녀는 이미 그것을 생각하고 있었다.

2. (resolver)

   Eu já _____ sair quando ela telefonou.

   ▶ 그녀가 전화 했을 때, 나는 이미 나가기로 결정했었다.

3. (partir)

O avião já _____ quando chegamos ao aeroporto.

▶ 우리가 공항에 도착했을 때, 비행기는 이미 이륙하였다.

4. (comprar)

Ela gostou daquele apartamento, mas você já _____ uma casa.

▶ 그녀는 그 아파트를 마음에 들어했으나, 당신은 이미 집 하나를 구매해 두었다.

5. (ir)

Quando o professor chegou, os alunos já _____ embora.

▶ 선생님이 도착하였을 때, 학생들은 벌써 가고 없었다.

6. (vender)

Nós fomos para o Rio de ônibus porque _____ nosso carro.

▶ 우리가 리우까지 버스로 간 것은, 이미 차를 팔았기 때문이다.

Ⓑ 직설법 과거완료 연습 2

> (escrever)
> Ele estava feliz porque ela lhe **tinha escrito**, por isso estava cantando.
> 그녀가 그에게 편지를 썼기 때문에, 그는 행복해서 노래를 불렀다.

1. (ver)

Ele nunca _____ uma mulher tão bonita, por isso _____

_____.

▶ 그는 그렇게 아름다운 여자를 본 적이 없다. 따라서 ……

2. (falar)

Eles já _____ com o diretor, por isso_____.

▶ 그들은 이미 이사님과 대화를 나누었기 때문에 ……

3. (permitir)

Os funcionários estavam bravos porque o diretor não _____ a festa.

Por isso _____.

▶ 직원들은 부장님이 파티를 허락하지 않아서 화가 나 있었다.

따라서 ……

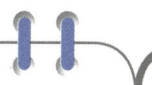

4. (vender)

Nós queríamos comprar aquela casa, mas ele já a _____.

Por isso _____.

▶ 우리는 그 집을 사려 했지만, 그가 이미 그 집을 팔아버렸다. 그래서 ……

5. (decidir)

As crianças queriam ir à praia, mas os pais _____ ir às montanhas.

Por isso _____.

▶ 아이들은 해변으로 가기를 원했지만, 그들의 부모는 (이미) 산으로 가기로 결정했다. 그래서 ……

6. (dizer)

Ninguém acreditou, mas ele _____ a verdade. Por isso _____.

▶ 그가 진실을 말했지만 아무도 믿지 않았다. 따라서 ……

7. (fazer)

Nós nunca _____ aquele trabalho, por isso _____.

▶ 우리는 그런 일을 결코 해 본 적이 없었다. 그래서 ……

8. (abrir)

A sala estava gelada porque ele _____ todas as portas e janelas.

Por isso _____.

▶ 교실이 꽁꽁 얼어있었다. 왜냐하면 그가 모든 창문과 문을 열어두었기 때문이다. 그래서 ……

9. (gastar)

Não pude comprar as entradas para o teatro. Eu já _____ todo o meu

dinheiro. Por isso _____.

▶ 나는 그 연극표를 살 수가 없었다. 이미 돈을 모두 써 버려서. 그래서 ……

10. (ganhar)

Ela _____ um carro novo, por isso _____.

▶ 그녀는 지금 막 새 차 한 대를 얻었다. 그래서 ……

11. (escrever/responder)

Ele reclamou porque ele já _____ três cartas e ela não_____.

Por isso _____.

▶ 그는 불평한다. 왜냐하면 그녀에게 벌써 세 통의 편지를 보냈는데, 그녀가 답장을 하지 않아서. 그래서 ⋯⋯

12. (vir)

Ele teve dificuldade em achar minha casa porque nunca _____

aqui, por isso _____.

▶ 그는 우리 집을 찾는데 어려움을 겪었다. 왜냐하면 이곳을 와 본 적이 없기 때문이다. 그래서 ⋯⋯

13. (pôr)

No estacionamento, ele ficou nervoso porque não sabia onde _____

seu carro, mas _____.

▶ 그가 주차장에서 당황한 것은, 차를 어디에 주차해 두었는지 몰랐기 때문이었다. 그래서 ⋯⋯

14. (pagar)

Ele descobriu que não _____ a conta da luz, por isso _____.

▶ 그는 전기세를 내지 않은 것을 알고 ⋯⋯

15. (trabalhar/comer/dormir)

Eles estavam muito cansados porque _____ muito,_____ pouco e

_____ mal, por isso _____.

▶ 그들은 상당히 피곤했다. 왜냐하면 일은 많이 하고, 먹기는 조금 먹고, 잠은 제대로 못 잤기 때문이다. 그래서 ⋯⋯

ⓒ 직설법 과거완료 연습3 (질문에 대답하기)

(escrever)

Ele estava feliz porque ela lhe **tinha escrito**, por isso estava cantando.

그녀가 그에게 편지를 썼기 때문에, 그는 행복해서 노래를 불렀다.

1. Por que ele estava desanimado?

Porque, no escritório, o chefe dele tinha ⋯⋯⋯⋯⋯⋯⋯⋯⋯⋯⋯⋯⋯⋯

▶ 그는 왜 기분이 좋지 않지요? 왜냐하면 사무실에서 그의 상사가 ⋯⋯

2. Por que ela foi promovida?

   Porque ela tinha ....

   ▶ 그녀는 왜 승진하였나요? 왜냐하면 그녀가 ……

3. Por que a mãe ficou brava com o menino?

   Por que ele tinha ....

   ▶ 왜 엄마는 아들에게 화가 났었나요? 왜냐하면 그가 ……

••••▶ 어원이 같은 단어들: 동사에서 파생한 명사

동사	명사	동사	명사
partir	a partida	assinar	a assinatura
chegar	a chegada	voar	o vôo
sair	a saída	aumentar	o aumento
empregar	o emprego	resolver	a resolução
trabalhar	o trabalho	escolher	a escolha
parar	a parada	repor	a reposição
proibir	a proibição	defender	a defesa
permitir	a permissão	abrir	a abertura
propor	a proposta	cobrir	a cobertura
pintar	a pintura	perder	a perda
discutir	a discussão	prejudicar	o prejuízo
preferir	a preferência	sugerir	a sugestão
receber	o recebimento o recibo a recepção		

Num posto de gasolina, antes partir para fazer uma viagem em fim de semana

Empregado:	Bom dia, senhor. O que vai hoje?
Cliente:	Estou indo para Itatiaia. Quero que você faça uma boa revisão no carro.
Empregado:	O senhor quer que eu veja os pneus, examine a bateria, o óleo e encha o tanque, não é?
Cliente:	É.
Empregado:	O senhor prefere que eu ponha gasolina azul?
Cliente:	Não, a comum mesmo. Quanto tempo vai levar?
Empregado:	Uns vinte minutos, no máximo.
Cliente:	Tomara que eu chegue lá com dia claro. O hotel onde vou me hospedar fica longe do centro.

주말 여행을 떠나기 전 어느 주유소에서

주유소 직원:	안녕하세요, 사장님? 오늘 무엇을 하실겁니까?
손님:	나는 지금 Itatiaia로 가고 있는 중입니다. 당신이 차를 잘 점검해 줘요.
주유소 직원:	사장님께서는 제가 타이어, 배터리, 엔진오일을 점검하고 기름을 가득 넣어드리길 원하십니까?
손님:	네, 그렇습니다.
주유소 직원:	사장님은 제가 고급 휘발유를 넣기를 원하세요?
손님:	아니오, 보통 휘발유로 넣어주세요. 시간이 얼마나 걸릴까요?
주유소 직원:	최대 20분쯤 걸릴겁니다.
손님:	내가 거기에 도착할 때까지 날씨가 좋아야 할텐데. 제가 머물 호텔은 시내 중심가에서 멀리 떨어져 있어요.

No sábado seguinte

Empregado:	Bom dia, senhor. O que manda hoje?
Cliente:	O mesmo de sempre. Vou a Itatiaia de novo. O que você acha do tempo?
Empregado:	Duvido que chova hoje à tarde. Talvez faça um pouco de frio.
Cliente:	É, é possível que faça frio.

다음 토요일에

주유소 직원:	안녕하세요, 사장님? 명령만 하십시오.
손님:	언제나와 마찬가지로 해주세요. 또 Itatiaia에 갑니다. 날씨가 어떨 것 같습니까?
주유소 직원:	오늘 오후에는 비가 오지 않을 것입니다. 하지만 조금 추울 것 같습니다.
손님:	맞아요. 추워질 것 같아요.

Quinze dias depois

Cliente:	Olá, tudo bem?
Empregado:	Tudo bem. O mesmo de sempre?
Cliente:	Não, hoje não. Só gasolina. Não vou a Itatiaia esta semana.
Empregado:	É pena que o senhor não vá. O tempo está bom!
Cliente:	Pois é. Que pena que a gente precise trabalhar num sábado tão bonito!

15일 후에

손님:	안녕. 잘 있었어요?
주유소 직원:	네 잘 지냈습니다. 언제나와 같은 것으로 해드릴까요?
손님:	아니오, 오늘은 아닙니다. 기름만 넣어주세요. 이번주에는 Itatiaia에 가지 않습니다.
주유소 직원:	오늘 날씨 좋은데, 사장님께서 그곳에 가시지 않는다니요!
손님:	그러게 말입니다. 이렇게 아름다운 토요일에 우리가 일을 해야한다는 것이 안타깝네요

접속법 현재 : 규칙동사

MORAR	직설법 현재 Eu mor o → 접속법 현재 Que eu mor e		
Eu	more	Nós	moremos
Você		Vocês	
Ele	more	Eles	morem
Ela		Elas	

VENDER	직설법 현재 Eu vend o → 접속법 현재 Que eu vend a		
Eu	venda	Nós	vendamos
Você		Vocês	
Ele	venda	Eles	vendam
Ela		Elas	

ABRIR	직설법 현재 Eu abr o → 접속법 현재 Que eu abr a		
Eu	abra	Nós	abramos
Você		Vocês	
Ele	abra	Eles	abram
Ela		Elas	

DIZER	직설법 현재 Eu dig o → 접속법 현재 Que eu dig a		
Eu	diga	Nós	digamos
Você		Vocês	
Ele	diga	Eles	digam
Ela		Elas	

PODER	직설법 현재 Eu poss o → 접속법 현재 Que eu poss a		
Eu	possa	Nós	possamos
Você		Vocês	
Ele	possa	Eles	possam
Ela		Elas	

PEDIR	직설법 현재 Eu peç o → 접속법 현재 Que eu peç a		
Eu	peça	Nós	peçamos
Você		Vocês	
Ele	peça	Eles	peçam
Ela		Elas	

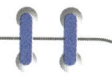

▶ 형태

직설법 1인칭 현재에서 1군동사 _⟨o⟩ 는 → _⟨e⟩ 로,
2군과 3군 동사 _⟨o⟩ 는 → _⟨a⟩ 로 바뀐다.

	직설법 1인칭 현재	접속법 현재
1. ouvir	(eu ....)	Que nós ....
2. trazer	(eu ....)	Que ele ....
3. partir	(eu ....)	Que você ....
4. pedir	(eu ....)	Que o senhor ....
5. morar	(eu ....)	Que elas ....
6. dizer	(eu ....)	Que nós ....
7. subir	(eu ....)	Que nós ....
8. sair	(eu ....)	Que ela ....
9. fazer	(eu ....)	Que vocês ....
10. por	(eu ....)	Que ele ....
11. ter	(eu ....)	Que nós ....
12. desistir	(eu ....)	Que eles ....
13. vender	(eu ....)	Que as senhoras ....
14. vir	(eu ....)	Que nós ....
15. ver	(eu ....)	Que eles ....
16. dormir	(eu ....)	Que eu ....
17. comprar	(eu ....)	Que eu ....
18. ler	(eu ....)	Que eu ....
19. preferir	(eu ....)	Que eu ....
20. sevir	(eu ....)	Que eu ....

* 접속법 현재는 이미 배운 명령법의 동사변화와 같다(참고 제1권의 136쪽을 참고할 것).

▶ 용법 (1)

접속법은 사람의 주관적인 〈욕망이나 명령〉〈의심〉〈감정〉을 나타낼 때 사용하는 표현으로, 주로 비현실적인 상황과 불확실한 상태를 나타낸다.

주절		종속절	
직설법	현재	접속법	현재
Talvez (로 시작되는 독립절)			

1. 욕망(desejo)이나 명령(ordem)을 표현할 때

Desejo que
Quero que
Proíbo que
Espero que
Mando que    eles venham.
Exijo que
Prefiro que
Peço que
Tomara que

2. 의심(dúvida)을 나타낼 때

Não estou certo que
Não tenho certeza que
Duvido que
Não acho que    ele venha.
Não penso que
Não acredito que
Talvez

3. 감정(sentimento)을 드러낼 때

Estou contente que
Estou triste que
Receio que
Tenho medo que
Lamento que   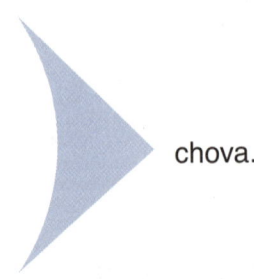 chova.
Sinto que
Que pena que
É pena que

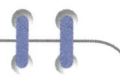

A 접속법 현재의 용법 설명하기

1. Desejo que <u>venha</u> amanhã.
   ▶ 내일 오시길 바랍니다. ( )

2. Duvido que ele <u>aceite</u> o convite.
   ▶ 나는 그가 그 초대를 받아들이지 않을 것이라고 생각해. ( )

3. Lamento que vocês não <u>possam</u> vir à festa.
   ▶ 당신들이 그 파티에 오시지 못한 것을 가슴 아프게 생각합니다. ( )

4. Espero que todos <u>se divertam</u>.
   ▶ 당신들 모두가 즐기시기를 바랍니다(= 모두들 좋은 시간 되세요). ( )

5. Prefiro que você <u>esqueça</u> o caso.
   ▶ 나는 당신이 그 사건을 잊었으면 좋겠습니다. ( )

6. O que você quer que eu <u>faça</u>?
   ▶ 당신은 제가 무엇을 하길 원하십니까? ( )

7. Tomara que <u>chova</u> três dias sem parar.
   ▶ 나는 비가 삼일 동안 그치지 않고 오길 바래(=쭉 왔으면 좋겠어). ( )

B 접속법 현재로 써넣기 1

1. (andar)
   Quero que ele _____ mais depressa.
   ▶ 나는 그가 조금 더 빨리 걸으면 좋겠다.

2. (vender)
   Desejamos que vocês _____ logo a casa.
   ▶ 우리는 너희들이 그 집을 곧 팔 수 있기를 바란다.

3. (partir)

Prefiro que eles _____ sem dizer até-logo.

▶ 나는 그들이 작별인사 없이 떠나기를 바란다 (= 작별 인사 없이 떠나는 것을 선호한다).

4. (fazer)

Peço que vocês não _____ barulho.

▶ 나는 너희들이 잡음을 내지 않기를 부탁한다.

5. (trazer)

O que o senhor quer que eu _____?

▶ 선생님은 제가 무엇을 가져오기를 원하십니까?

6. (ter)

Talvez vocês _____ sorte.

▶ 아마도 당신들은 운이 있나 봅니다.

7. (poder)

Tomara que vocês _____ vir no sábado.

▶ 나는 당신들이 토요일에 올 수 있으면 좋겠습니다.

8. (trazer)

Duvido que estas cartas _____ boas notícias.

▶ 나는 이 편지들이 좋은 소식을 가져온 것인지 의심스럽다.

9. (mudar)

Não penso(=creio) que eles _____ de idéia.

▶ 나는 그들이 생각을 바꿀 것이라고 생각하지 않는다 (=믿지 않는다).

10. (dizer)

Não penso que ele sempre _____ a verdade.

▶ 나는 그가 항상 진실을 이야기한다고 생각하지 않는다.

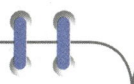

11. (gostar)

Sinto que você não _____ de meus amigos.

▶ 나는 네가 내 친구들을 좋아하지 않는 것이 유감스럽다.

12. (poder)

Lamento que eles não _____ esperar.

▶ 나는 그들이 기다릴 수 없다는 것이 한탄스럽다.

13. (sair)

Tenho medo que ele _____ tarde.

▶ 나는 그가 늦게 외출할까봐 두렵다.

14. (ter)

Que pena que nós não _____ tempo.

▶ 우리에게 시간이 없다는 것이 아쉽다.

15. (acordar)

Tenho medo que ele _____ tarde.

▶ 나는 그가 잠에서 늦게 깰까 두렵다.

16. (entrar)

O diretor exige que nós _____ na hora.

▶ 그 이사님은(=책임자는) 우리가 제 시간에 출근하기를 (강력하게) 요구한다.

17. (repetir)

Não acredito que eles _____ o erro.

▶ 그들이 같은 실수를 반복하는 것을 나는 믿을 수 없다.

18. (vir)

Espero que nossos amigos _____ nos receber.

▶ 나는 내 친구들이 우리를 맞이하러 오기를 기대한다.

19. (desistir)

Receio que a senhora _____ de seus planos.

▶ 나는 선생님께서 당신의 계획들을 포기하는 것이 두렵습니다.

20. (lembrar-se)

Duvido que ela _____ do compromisso.

▶ 나는 그녀가 그 약속을 기억할지 의심스럽다.

ⓒ 접속법 현재로 써넣기 2

1. (dizer)

Duvido que ele _____ a verdade.

▶ 나는 그가 진실을 말할지 (그것이) 의심스럽다.

2. (entender)

Espero que vocês me _____.

▶ 나는 너희들이 나를 이해해주길 바란다.

3. (sair)

Espero que eles _____ já.

▶ 나는 그들이 벌써 나갔기를(= 퇴근했기를) 바란다.

4. (vir)

Não queremos que vocês _____ amanhã.

▶ 우리는 너희들이 내일 오는 것을 원치 않는다.

5. (fazer)

Como você quer que a gente _____ isto?

▶ 너는 우리가 이것을 어떻게 하기를 원하니?

6. (encontrar)

Tomara que eu as _____ em casa.

▶ 나는 그녀들을 집에서 만날 수 있으면 좋겠다.

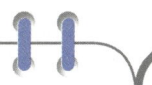

7. (esperar)

Peço-lhes que me _____ até as 10 horas.

▶ 나는 그들에게 10시까지 나를 기다려 달라고 부탁한다.

8. (ouvir)

Sinto que você não me _____ quando falo.

▶ 내가 말할 때, 당신이 내가 하는 말을 듣지 않는 것이 유감이다.

9. (descobrir)

Talvez um dia nós _____ o que aconteceu.

▶ 아마도 언젠가 우리들은 무슨 일이 일어났는지 알게 될 것이다.

10. (comer/dormir)

A mãe quer que o menino _____ tudo e _____ bem.

▶ 그 엄마는 그 아이가 잘 먹고 잘 자기를 원한다.

···▶ 동사의 활용 중 철자가 바뀌는 경우

→ 동사원형이 갖는 원래의 소리값을 유지하기 위함이다.

ficar	(eu fico)	[ㄲ]	que eu fique
chegar	(eu chego)	[ㄱ]	que eu chegue
conseguir	(eu consigo)	[ㄱ]	que eu consiga
começar	(eu começo)	[ㅆ]	que eu comece
esquecer	(eu esqueço)	[ㅆ]	que eu esqueça
dirigir	(eu dirijo)	[ㅈ]	que eu dirija

예를들면

"Quero que você fique!"에서처럼 동사원형 ficar의 "c"가 "qu"로 바뀌는 것은
원래의 소리값 [ㄲ]을 그대로 유지하기 위함이고,
"Ele quer que eu dirija."에서처럼 동사원형 dirigir의 "g"가 "j"로 바뀌는 것은
원래의 소리값 [ㅈ]을 그대로 유지하기 위함이다.

Ⓐ 접속법 현재로 문장 완성하기 1

> (pagar a conta)
> Ele quer que eu **pague** a conta da dentista.
> ▶ 그는 내가 치과 진료비를 계산하기를 원한다.

1. (ficar em casa)

   Ele quer que ela ....

   ▶ 그는 그녀가 집에 있기를 원한다.

2. (começar o trabalho)

   Ele quer que nós ....

   ▶ 그는 우리가 그 일을 시작하기를 원한다.

3. (pegar o ônibus/conseguir pegar o ônibus)

   Ele duvida que você ....

   ▶ 그는 네가 버스를 놓치지 않고 탈 수 있을지 걱정한다.

4. (verificar o óleo)

   Ele exige que o rapaz ....

   ▶ 그는 그 청년이 그 기름을 확인하기를 요구한다.

5. (chegar às duas)

   Ele prefere que nós ....

   ▶ 그는 우리가 2시까지 도착하기를 선호한다.

6. (ficar contente)

   Ele prefere que vocês ....

   ▶ 그는 당신들이 만족하기를 원한다.

7. (dirigir devagar)

   Ele está pedindo que você ....

   ▶ 그는 (지금) 당신이 운전을 천천히 하기를 요청하고 있다.

8. (alugar a casa)

Ele receia que os proprietários não ....

▶ 그는 소유주들이(집주인들이) 그 집을 임대하지 않을까 걱정한다.

9. (esquecer o que aconteceu)

Ele duvida que nós ....

▶ 그는 우리가 과거에 일어났던 일을 잊어버린 것은 아닌지 의심한다.

Ⓑ 접속법 현재로 문장 완성하기 2

(perder o trem)

Talvez ele **perca** o trem porque saiu de casa tarde.

▶ 아마도 그가 기차를 놓칠 수도 있다. 왜냐하면 집에서 늦게 출발해서.

(=그는 집에서 늦게 출발했기 때문에 기차를 놓칠 수도 있다.)

1. (não falar comigo)

Talvez ....

▶ 아마도 그는 나와 말하지 않을 수도 있다.

2. (fazer barulho)

Talvez ....

▶ 아마도 그들이 소란을 피울지도 모른다.

3. (ter azar)

Talvez ....

▶ 아마도 그가 재앙을 만났을지도 몰라.

4. (desistir da idéia)

Tomara que ....

▶ 나는 제발 그가 그 생각을 포기하길 바란다.

5. (não chover hoje à noite)

Tomara que ....

▶ 오늘 밤에 제발 비가 오지 않아야 할텐데.

6. (dormir a noite toda)

   Tomara que ……………………………………………………………………………….

   ▶ 나는 제발 밤새도록 잠을 잘 수 있었으면 좋겠어.

7. (pôr o dinheiro no banco)

   Talvez …………………………………………………………………………………….

   ▶ 아마도 그가 그 돈을 은행에 예금했을거야.

8. (não servir)

   Que pena que …………………………………………………………………………….

   ▶ 지금 이 순간에 내가 당신에게 도움이 되지 않는 것이 안타깝다.

9. (ganhar pouco)

   Que pena que …………………………………………………………………………….

   ▶ 그가 돈을 조금 버는 것이 안타깝다.

10. (trabalhar o dia inteiro)

    Que pena que …………………………………………………………………………….

    ▶ 그가 하루 종일 일하는 것이 안타깝다.

11. (não conhecer Susana)

    Que pena que …………………………………………………………………………….

    ▶ 그가 Susana를 모르는 것이 안타깝다.

12. (poder vir)

    Que bom que …………………………………………………………………………….

    ▶ 그들이 올 수 있어서 참 좋다.

13. (ter amigos aqui)

    Que bom que(=Fico feliz que) …………………………………………………………….

    ▶ 내가 이곳에 친구들을 갖고 있다는 것이 참으로 좋다. (=나는 이곳에 친구들이 있다는 것이 행복하다.)

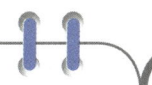

14. (não gostar da gente)

　　É pena que ....

　　▶ 그가 우리들을 좋아하지 않는 것이 안타깝다.

15. (ter idéias malucas)

　　É pena que ....

　　▶ 그들이 말도 되지 않는(=미친) 생각을 갖고 있다는 것이 가슴 아프다.

ⓒ 접속법 현재로 말하기: 상사가 직원에게

1. Eu quero que você ....

　　▶ 나는 당신이 일찍 출근하길 원합니다.

2. É importante que ....

　　▶ 중요한 것은 당신이 우리가 하는 말을 이해할 수 있느냐입니다.

3. Prefiro que ....

　　▶ 나는 당신이 내 책상 서류를 만지지 않기를 바랍니다(=선호합니다).

4. Todos nós aqui no escritório esperamos que ....

　　▶ 사무실에 있는 우리 (직원) 모두는 당신이 우리와 함께 오래 일을 하길 바랍니다.

5. Não permito que ....

　　▶ 나는 당신이 일찍 퇴근하는 것을 허용하지 않습니다.

D 접속법 현재로 문장완성하기 3

1. As coisas vão mal no escritório.

   Mesmo assim, não duvido que meu chefe...

   ▶ 사무실 일이 잘 풀리지 않고 있다. 그래도 나는 우리 직장 상사가 뭔가를 잘못했다고는 생각하지 않는다.

2. Não acredito que ....

   ▶ 나는 그 일을 우리가 시작했다는 것을 믿을 수 없다.

3. Talvez ....

   ▶ 아마도 나는 그 버스를 탈 수 있을 것이다.

4. Não estou certo que ....

   ▶ 나는 우리가 저녁 7시까지 그곳에 도착할 수 있을지 확신이 서지 않는다.

5. Tomara que ....

   ▶ 나는 그녀가 내가 보낸 선물로 만족했으면 좋겠다.

6. Talvez ....

   ▶ 아마도 나는 오늘 밤 늦게 외출할지도 몰라.

7. Tomara que ....

   ▶ 그것이 진실이기를 바란다.

8. Talvez ....

   ▶ 아마 한국팀이 브라질 올림픽에서 승리할 수 있을 거야!

Ⓔ 접속법 현재로 말하기 2 : 친구가 브라질로 갑자기 떠나게 되었을 때

1. É pena que ....
   ▶ 네가 다음 달에 브라질로 가게되어 섭섭하다.

2. Mas estou contente que ....
   ▶ 하지만 나는 네가 그곳에서 포르투갈어를 공부할 수 있어서 기쁘다.

3. É bom que ....
   ▶ 인터넷으로 서로 소식을 계속 전하는 것이 좋겠다.

4. Tenho medo que ....
   ▶ 나는 네가 그곳에서 아플까봐 걱정이다.

5. Tomara que ....
   ▶ 나는 네가 그곳에서 좋은 친구들을 만나기를 바란다.

6. Não posso acreditar que ....
   ▶ 네가 장학금으로 브라질에 가서 공부하게 된 것을 믿을 수 없다.

7. Tenho medo que ....
   ▶ 나는 우리가 그 일을 시작할 수 없을까봐 두렵다.

▶ 구절풀이

---

manter contato com ~ : ~와 소식을 지속적으로 전하다. = ~와 관계를 유지하다.

ficar doente : 아프다.

ganhar um bolsa de estudo : 장학금을 받게 되다.

직설법 (단순) 대과거
(Modo indicativo – Mais-que-perfeito(forma simples))

직설법 (단순) 대과거는 다음의 예문처럼 직설법 복합과거(=과거완료)와 같은 시제이다.

> ▶ 그 자동차는 그가 놓아둔 곳에 없었다.

= O carro não estava onde ele o **tinha deixado.**

= O carro não estava onde ele o **deixara.**

1군 동사

MORAR - 단순 대과거			
Eu	morara	Nós	moráramos
Você		Vocês	
Ele	morara	Eles	moraram
Ela		Elas	

2군 동사

VENDER - 단순 대과거			
Eu	vendera	Nós	vendêramos
Você		Vocês	
Ele	vendera	Eles	venderam
Ela		Elas	

3군 동사

ABRIR - 단순 대과거			
Eu	abrira	Nós	abríramos
Você		Vocês	
Ele	abrira	Eles	abriram
Ela		Elas	

▶ **형태 :**

직설법 3인칭 복수 과거 어미 -am을 생략하고 -a를 붙여 만든다.

직설법 3인칭 복수 과거 (Perfeito) →	대과거 (Mais-que-perfeito)
Eles pagaram	Eu pagara
Eles venderam	Eu vendera
Eles insistiram	Eu insistira
Eles foram (ser)	Eu fora (ser)
Eles estiveram	Eu estivera
Eles tiveram	Eu tivera
Eles foram (ir)	Eu fora (ir)
Eles trouxeram	Eu rouxera
Eles puseram	Eu pusera
Eles fizeram	Eu fIzera

A 직설법 (단순) 대과거

1. almoçar	(eles almoçaram)	- Eu almoçara.
2. cuidar	(eles cuidaram　)	- Você　(　　　)
3. correr	(　　　)	- Nós　(　　　)
4. perceber	(　　　)	- Eles　(　　　)
5. insistir	(　　　)	- Vocês (　　　)
6. desistir	(　　　)	- Nós　(　　　)
7. saber	(　　　)	- Eu　(　　　)
8. dar	(　　　)	- Ela　(　　　)
9. ver	(　　　)	- Nós　(　　　)
10. vir	(　　　)	- Ela　(　　　)

B 직설법 (단순) 대과거를 복합과거로 바꾸기

1. Eu já *jantara* quando ele telefonou.

　..

　▶ 그가 전화했을 때 나는 이미 저녁을 먹은 후였다.

2. Ela já *abrira* a porta quando ele tocou a campainha.

　..

　▶ 그가 초인종을 눌렀을 때 그녀는 이미 문을 열어두었다.

3. Quando a notícia chegou, nós já *partíramos.*

....

▶ 그 소식이 도착했을 때 우리는 이미 떠난 상태였다.

4. Quando eu nasci, meu avô já *morrera.*

....

▶ 내가 태어났을 때 우리 할아버지는 이미 돌아가신 후였다.

5. O ladrão ainda não *fora* embora, quando a polícia chegou.

....

▶ 경찰이 도착했을 때 도둑은 아직 가지 않은 상태였다.

6. Quando o elevador chegou, ela ainda não *se despedira* da amiga.

....

▶ 그녀는 엘리베이터가 도착할 때까지, 친구와 작별인사를 미처 하지 못했다.

7. Eu estava nervoso porque nada *dera* certo.

....

▶ 나는 신경이 곤두서있었다. 왜냐하면 아무것도 되는 것이 없었기 때문이다.

(= 나는 되는 일이 없어서 신경이 곤두서 있었다.)

8. Nós estávamos preocupados porque ele não *telefonara* até o momento.

....

▶ 우리는 그가 그 순간까지 전화를 하지 않았기 때문에, 걱정하고 있었다.

9. Ele estava contente porque *encontrara* Mariana.

....

▶ 그는 만족스러워 했다. 왜냐하면 Mariana를 만났기 때문이다.

(= 그는 Mariana를 만나서 만족했다.)

10. Eles estavam com fome porque não *comeram* nada.

....

▶ 그들은 배가 고팠다. 왜냐하면 아무것도 먹지 않았기 때문에.

(= 그들은 아무것도 먹지 않았었기 때문에 배가 고팠다.)

관계대명사 (1): 변하지 않는 것
Que, Quem, Onde

* 관계대명사 **que, quem, onde** 는 자신이 수식하는 앞의 명사의 성과 수에 따라 바뀌지 않는 것이 특징

▶ Que

관계대명사 que는 영어의 *which*나 *who*에 해당하는 것으로, 명사나 사람을 지칭한다.

Ela foi ver a fazendinha que o marido tinha deixado.

▶ 그녀는 남편이 남겨둔 작은 농장을 보러 갔다.

O homem que está na sala quer falar com você.

▶ 그 방(=사무실)에 있는 남자가 당신과 이야기 하길 원합니다.

Você viu o carro que ele comprou?

▶ 당신은 그가 산 자동차를 봤어요?

As crianças, que são mal-criadas, fazem muito barulho.

▶ 버릇없이 자란 그 아이들이 매우 큰 소음을 만들어 내고 있다. (=매우 소란스럽게 하고 있다.)

Queremos saber onde está a mala que contém as jóias.

▶ 우리는 그 보석들을 담은 가방이 어디에 있는지를 알고 싶다.

A 관계대명사 que 를 사용해서 두 문장을 중문으로 만들기

Você nos deu livros. Lemos os livros.

▶ 당신은 우리에게 책을 주었다. 우리는 책을 읽었다.

→ Lemos os livros **que** você nos deu.

 – 우리는 당신이 우리에게 준 책을 읽었다.

1. Eu plantei esta árvore. Ela cresceu depressa.

 ▶ 나는 이 나무를 심었다. 그 나무는 빨리 자랐다.

 →
 ....

 – 내가 심은 이 나무는 빨리 자랐다.

2. A revista é cara. Eu comprei a revista.

   ▶ 그 잡지는 비싸다. 나는 그 잡지를 샀다.

   → A revista que eu... .

   – 내가 산 잡지는 비싼 것이다.

3. A moça trabalha no posto de gasolina. Gosto dela.

   ▶ 그 아가씨는 주유소에서 일한다. 나는 그녀가 좋다.

   → Gosto da moça.. .

   – 나는 주유소에서 일하는 그 아가씨가 좋다.

4. Ele não recebeu a carta. Eu lhe escrevi a carta.

   ▶ 그는 그 편지를 받지 못했다. 나는 그에게 그 편지를 썼다.

   → Ele não recebeu a carta que eu ....

   – 그는 내가 쓴 그 편지를 받지 못했다.

5. O relógio era do seu pai. Ele perdeu o relógio.

   ▶ 그 손목시계는 그의 아버지 것이었다. 그가 그 시계를 잃어버렸다.

   → O relógio que ele ....

   – 그가 잃어버린 손목시계는 그의 아버지 것이다.

6. O carro era velho. Eles venderam o carro.

   ▶ 그 차는 낡았다. 그들은 차를 팔았다.

   → O carro que eles ....

   – 그들이 매매한 그 차는 오래된 것이었다.

7. Os papéis são importantes. Nós temos estes papéis.

   ▶ 그 서류들은 중요하다. 우리들은 그 서류들을 갖고 있다.

   → ....

   – 우리들이 가진 이 서류들은 중요한 것들이다.

8. As crianças vieram aqui. Elas fizeram muito barulho.

   ▶ 그 아이들이 이곳에 왔다. 아이들이 소란을 피웠다.

   → ....

   – 소란을 피웠던 그 아이들이 여기에 왔다.

9. A fazenda é muito grande. Ele herdou a fazenda.

　▶ 이 농장은 매우 크다. 그는 농장을 상속받았다.

　→ ....

　　　– 그가 상속받은 농장은 상당히 크다.

10. Não conheço o rapaz. Ela ama este rapaz.

　▶ 나는 그 청년을 모른다. 그녀는 이 청년을 사랑한다.

　→ ....

　　　– 그녀는 내가 모르는 이 청년을 사랑한다.

11. Temos muito parentes. Nem conhecemos os parentes.

　▶ 우리는 많은 친척들을 갖고 있다. 우리는 그 친척들을 알지 못한다.

　→ ....

　　　– 우리는 우리가 모르는 많은 친척들을 갖고 있다. (우리에게는 우리도 모르는 많은 친척들이 있다.)

12. Vimos o filme. Você tinha recomendado o filme.

　▶ 우리는 그 영화를 봤다. 당신이 그 영화를 추천해주었다.

　→ ....

　　　– 우리는 당신이 추천해준 그 영화를 봤다.

13. Temos um novo vizinho. Ele veio dos E.U.A.

　▶ 우리에게는 새로운 이웃이 생겼다. 그는 미국에서 왔다.

　→ ....

　　　– 우리에게는 미국에서 온 이웃 한 사람이 있다.

14. Os rapazes trabalham nesta firma. Eles são estrangeiros.

　▶ 그 청년들이 이 회사에서 일한다. 그들은 외국인들이다.

　→ ....

　　　– 그 외국인 청년들이 이 회사에서 일한다.

15. Recebemos muitas cartas. Elas vêm do exterior.

　▶ 우리는 많은 편지들을 받았다. 그 편지들은 외국에서 온 것이다.

　→ ....

　　　– 우리는 외국에서 온 많은 편지들을 받았다.

▶ Quem

* quem은 영어의 *whom*에 해당하는 것으로, 언제나 사람을 수식한다.
* 전치사 de, com, por, para, contra 와 결합할 때, 전치사가 다음의 예문처럼 앞에 나온다.

Ⓐ 〈전치사 + 관계대명사 quem〉을 사용해서 중문만들기 1

> A moça **com quem** falei estava nervosa.
> 내가 함께 이야기한 그 아가씨는 신경이 곤두서 있었다.
> O senhor viu o garoto **com quem** eu vim?
> 당신은 저와 함께 온 소년을 보셨나요?

1. (trabalhar com)

   O diretor _____ trabalho nunca está contente.

   ▶ 나와 함께 일하는 그 과장은 절대 만족하는 법이 없다.

2. (sair com)

   O rapaz _____ saí ontem é um grande amigo meu.

   ▶ 내가 어제 함께 나간 그 청년은 나의 아주 친한 벗이다.

3. (pensar em)

   Este é o rapaz _____eu sempre penso.

   ▶ 이 사람이 내가 항상 생각하는 그 청년이다.

4. (dar para/a)

   Não conheço a pessoa _____você deu nosso endereço.

   ▶ 나는 네가 우리 주소를 알려준 그 사람을 모른다.

5. (receber de)

   Preocupo-me com meu amigo, _____não recebo notícias há muito
   tempo.

   ▶ 나는 오랫동안 소식이 없는 내 친구가 염려된다.

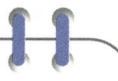

B 〈전치사 + 관계대명사 quem〉을 사용해서 중문만들기 2

Eu não sei o nome do homem. Eu entreguei o pacote para ele.

→ Eu não sei o nome do homem para quem eu entreguei o pacote.

▶ 나는 그 남자의 이름을 모른다. 나는 그에게 소포를 건네주었다.

→ 나는 이름도 모르는 그 남자에게 그 소포를 건네주었다.

1. A professora estava nervosa. Falei com ela hoje de manhã.

→ ....

▶ 그 여선생님은 (그 때) 신경질이 나 있었다. 나는 오늘 아침 그녀와 이야기했다.

→ 나는 오늘 아침 신경질이 나 있던 그 여선생님과 이야기했다.

2. O rapaz não gosta de mim. Eu gosto do rapaz.

→ O rapaz de quem eu ....

▶ 그 청년은 나를 좋아하지 않는다. 나는 그 청년을 좋아한다.

→ 내가 좋아하는 그 청년은 나를 좋아하지 않는다.

3. Os tios são ricos. Ela mora com eles.

→ Os tios com ....

▶ 그 삼촌들은 부자다. 그녀는 그들과 산다.

→ 그녀가 함께 사는 그 삼촌들은 부자이다.

4. A moça estava ocupada. Ela pediu uma informação para a moça.

→ ....

▶ 그 아가씨는 (그 순간) 바빴다. 그녀는 그 아가씨에게 정보를 요청하였다.

→ 그녀는 (그 순간) 바빴던 그 아가씨에게 물어보았다.

5. Os amigos são atenciosos. Escrevemos sempre para eles.

→ ....

▶ 그 친구들은 세심하다. 우리는 항상 그들에게 편지를 쓴다.

→ 우리들은 우리를 배려하는 그 친구들에게 언제나 편지를 쓴다.

6. João e Maria casam-se hoje. Desejamos muitas felicidades a eles.

→ ....

▶ João과 Maria는 오늘 결혼한다. 우리는 그들이 행복하길 바란다.

→ 우리는 오늘 결혼하는 João과 Maria가 행복하길 바란다.

7. Nossos tios chegarão no mês que vem. Enviamos uma carta a eles.

→ ....

▶ 우리 삼촌들은 다음 달에 도착할 것이다. 우리는 그들에게 편지 한 통을 보냈다.

→ 우리는 다음달에 도착할 삼촌들에게 편지 한 통을 보냈다.

8. Nossos companheiros de viagem vêm nos visitar nesta Páscoa. Demos nosso endereço a eles.

→ ....

▶ 우리의 여행동반자들은 이번 부활절에 우리를 방문한다. 우리는 그들에게 우리의 주소를 주었다.

→ 우리는 이번 부활절에 우리를 방문할 여행동반자들에게 우리의 주소를 주었다.

9. Nossos adversários são fortes. Jogamos sempre contra eles.

→ ....

▶ 우리의 상대들은 강력하다. 우리들은 항상 그들과 경기를 한다.

→ 우리들은 언제나 강력한 상대들과 경기를 한다.

10. A sobrinha é mal agradecida. Eles deixaram toda a fortuna para ela.

→ ....

▶ 그 질녀는 고마워할 줄 모르는 사람이다. 그들은 모든 재산을 그녀에게 남겨주었다.

→ 그들은 모든 재산을 고마워할 줄 모르는 그 여자 조카에게 남겨주었다.

11. A moça é advogada. Ele se casou com ela.

→ ....

▶ 그 아가씨는 변호사다. 그는 그녀와 결혼했다.

→ 그와 결혼한 아가씨는 변호사이다.

12. A sogra nunca está contente. Ele faz tudo para ela.

→ ....

▶ 그 장모는 절대 만족하지 않는다. 그는 모든 것을 그녀를 위해 한다.

→ 그는 절대 만족하지 않는 장모를 위해 모든 것을 한다.

13. Pedro é nosso vizinho. Meu filho sempre brinca com ele.

→ ....

▶ Pedro는 우리의 이웃이다. 내 아들은 항상 그와 논다.

→ 나의 아들은 항상 이웃인 Pedro와 논다.

14. O jornaleiro é muito engraçado. Eu converso sempre com ele.

→ ....

▶ 그 신문배달부는 무척 웃기다. 나는 항상 그와 대화한다.

→ 나는 언제나 그 웃기는 신문배달부와 대화한다.

•••▶ 관련단어 연결하기 (1)

Ⓐ 인사말이나 부사구 만들기

1. boa •	• amanhã
2. bem •	• licença
3. estimo •	• tarde
4. com •	• favor
5. por •	• abraço
6. bom •	• suas melhoras
7. até •	• vindo
8. um •	• apetite

▶ Onde

O hotel **onde** vou me hospedar fica longe do centro.
▶ 제가 머물 호텔은 시내에서 멀리 떨어져 있다.

A casa é velha. Vou morar na casa. → A casa **onde** vou morar é velha.
▶ 그 집은 오래된 낡은 집이다. 나는 그 집에서 살 것이다. → 내가 살 집은 오래된 낡은 집이다.

Ⓐ 관계대명사 onde를 사용해서 중문 만들기

1. Tenho um problema: eu deixei meu carro no estacionamento.
   O estacionamento está fechado agora.

   ....
   ▶ 내게 문제가 생겼다. 나는 차를 주차장에 두었다. 그 주차장은 지금 문이 닫혀있다.
   → 내게 문제가 생겼다. 내가 차를 주차한 그 주차장이 지금 문이 닫혀있다.

2. A firma é muito grande. Eu trabalho na firma.

   ....
   ▶ 그 회사는 아주 크다. 나는 그 회사에서 일한다.
   → 내가 일하는 그 회사는 아주 크다.

3. A rua é estreita e escura. Ela mora nessa rua.

   ....
   ▶ 그 길은 좁고 어둡다. 그녀는 이 길에 산다.
   → 그녀가 사는 그 길은 좁고 어둡다.

4. Que chato! Perdi minha bolsa no cinema. O cinema fica do outro lado da
   cidade.

   ....
   ▶ 아이 짜증나! 영화관에서 내 가방을 잃어버렸어. 영화관은 시내 반대편에 위치해.
   → 아이 재수없어! 나는 시내 반대편에 있는 영화관에서 가방을 잃어버렸어.

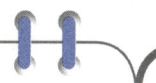

5. Que bom! A cidade é calma. Moramos nesta cidade.

....

▶ 아이 좋아! 이 도시는 조용하다. 우리는 이 도시에 산다.

→ 우리가 사는 이 도시는 조용해서 좋다.

6. O escritório é grande e claro. Trabalho nesse escritório.

....

▶ 그 사무실은 크고 밝다. 나는 이 사무실에서 일한다.

→ 내가 일하는 그 사무실은 크고 밝다.

7. A fábrica era moderna. O incêndio começou nessa fábrica.

....

▶ 그 공장은 현대적이었다. 화재가 그 공장에서 시작되었다.

→ 그 화재가 시작된 공장은 현대적으로 지어진 것이었다.

8. O hotel fica nas montanhas.
   Nós sempre passamos as férias de julho nesse hotel.

....

▶ 그 호텔은 산속에 있다. 우리는 항상 7월 휴가를 이 호텔에서 보낸다.

→ 우리가 언제나 7월 휴가를 보내는 호텔은 산속에 있다.

9. O livro estava no velho armário da sala. O documento foi achado no livro.

....

▶ 그 책은 거실의 옛날 서랍장에 있었다. 그 서류는 그 책에서 발견되었다.

→ 그 서류가 거실의 오래된 서랍장에 있던 그 책에서 발견되었다.

10. O colégio é muito antigo. Estudei nesse colégio.

....

▶ 그 고등학교는 아주 오래되었다. 나는 그 학교에서 공부했다.

→ 내가 공부했던 그 고등학교는 아주 오래된 학교였다.

11. Ele ainda se lembra do lugar. Ele conheceu sua esposa nesse lugar.

   ....

   ▶ 그는 아직도 이 장소를 기억한다. 그는 이 장소에서 그의 아내를 처음 만났다(=알게 되었다).

   → 그는 아직도 그의 아내를 처음으로 만난 그 장소를 기억한다.

12. Eu já arrumei a sala. Vai haver uma reunião nessa sala.

   ....

   ▶ 나는 이미 방을 정리하였다. 이 방에서 회의가 열릴 것이다.

   → 나는 회의가 열릴 그 방을 정리하였다.

13. Ela pôs as caixas no armário. Eu guardei todas as fotografias nas caixas.

   ....

   ▶ 그녀는 그 장 안에 그 상자들을 두었다. 나는 모든 사진들을 그 상자들 안에 보관했다.

   → 나는 그녀가 그 장 안에 둔 상자들에 모든 사진들을 보관했다.

14. Ele quer abrir um restaurante no bairro. Nesse bairro há muitas lojas finas.

   ....

   ▶ 그는 그 동네에 식당 하나를 개업하길 원한다. 그 동네는 고급 상점들이 많다.

   → 그는 고급 상점들이 많이 있는 그 동네에 식당 하나를 개업하길 원한다.

15. A Prefeitura demoliu o prédio. Ele morava no prédio.

   ....

   ▶ 시청이 그 건물은 철거하였다. 그는 그 건물에서 살았다.

   → 시청이 그가 살던 건물을 철거하였다.

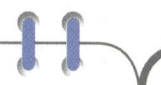

•••▶ 관계대명사 (2): 변하는 것

관계대명사 o qual   과   관계형용사 cujo
(a qual, os quais, as quais)   (cuja, cujos, cujas)

* 관계대명사 qual과 관계형용사 cujo는 자신이 수식하는 앞의 명사의 성과 수에 따라 바뀌는 것이 특징

▶ o qual (a qual, os quais, as quais)

변하지 않는 관계대명사 **que, quem, onde**는 다음의 예문에서 보여주는 것처럼,
변하는 관계대명사 **o qual, a qual, os quais, as quais**로 대체될 수 있다.

Os contratos	**que** **os quais**	ele assinou são importantes.
A pessoa	**com quem** **com a qual**	falei deu-me a informação.
O prédio	**onde** **em que** **no qual**	eu moro tem 6 andares.

(A) 예문처럼 관계대명사 que, quem, onde를
　　　　　　　o qual, a qual, os quais, as quais로 대체시키기

- - O livro **de que falo** recebeu um prêmio.
- → O livro **do qual falo** recebeu um prêmio.
  - ▶ 내가 말한 그 책이 상을 받았다.

1. A estrada por que passei estava deserta.

   ....
   ▶ 내가 지나간 도로는 (사람들이 내버려둔) 황폐한 곳이었다.

2. O problema em que penso noite e dia não tem solução.

   ....
   ▶ 내가 밤낮으로 고민하는 그 문제는 해결책이 없다.

3. Esperamos a resposta de que depende o futuro da firma.

....

▶ 우리는 회사의 미래가 달려있는 그 답을 기다리고 있다.

4. As amigas com quem moro não são muito compreensivas.

....

▶ 내가 같이 사는 여자친구들은 그리 이해심이 많지 않다.

5. Gosto muito do meu vizinho de apartamento, com quem sempre converso.

....

▶ 나는 아파트의 이웃을 매우 좋아해서, 언제나 그와 얘기한다.

6. O bairro onde ele mora tem várias lojas importantes.

....

▶ 그가 살고 있는 동네는 중요한 상점들을 다양하게 갖고 있다.

7. Tenho alguns amigos em Portugal em quem penso sempre.

....

▶ 나는 포르투갈에 있는 친구들이 몇 명 있는데, 그들을 항상 생각한다.

8. Tenho alguns amigos nos E.U.A. com quem mantenho correspondência.

....

▶ 나는 미국에 몇 명 친구가 있는데, 그들과 서신을 교환하고 있다.

9. Espero uma carta de Paulo para quem pedi ajuda.

....

▶ 나는 내가 도움을 청한(=나에게 도움을 줄) Paulo의 편지를 기다리고 있다.

10. Aqui estão os alunos de quem lhe falei.

....

▶ 내가 네게 말했던 학생들이 여기에 있다.

B 관계대명사 o qual, a qual, os quais, as quais로 빈칸 채우기

(falar de)

Afinal, onde está o posto **do qual** o guarda falou?

▶ 아니, 도대체 그 경비원이 말한 주유소는 어디에 있는거야?

(sair com)

Os amigos **com os quais** sempre saímos são alegres.

▶ 우리가 밖에서 항상 만나는 친구들은 명랑한 사람들이다.

1. (insistir em)

   O assunto _____ sempre insisto é importante.

   ▶ 내가 주장하는 주제는 언제나 중요하다.

2. (falar com)

   Meu vizinho, _____ falo muito, é sempre amável comigo.

   ▶ 나와 대화를 많이 나누었던 이웃은 항상 나에게 친절하였다.

3. (gostar de)

   Nossos professores, _____ gostamos muito, são todos brasileiros.

   ▶ 우리가 무척 좋아하는 교수님들은 모두 브라질 사람들이다.

4. (mostrar para)

   Os turistas, _____ ele mostrou a cidade, partiram hoje de manhã.

   ▶ 그가 이 도시를 보여준(=안내한) 관광객들이 오늘 아침 떠났다.

   (= 그 관광객들은, 그가 이 도시를 안내했는데, 오늘 아침 떠났다.)

5. (escrever para / a)

   Minhas irmãs, _____ escrevo sempre, moram em Portugal.

   ▶ 내가 항상 편지를 쓰는 나의 여동생들은 포르투갈에 산다.

6. (entrar por)

   A porta _____ eu entrei está fechada agora.

   ▶ 내가 들어온 그 문은 지금 닫혀있다.

▶ 관계형용사 cujo (cuja, cujos, cujas)

관계형용사 cujo, cuja, cujos, cujas는 영어의 *whose*에 해당하며, 소유관계를 나타낸다.

A fazenda, **cujas terras** estavam abandonadas, ficava no Triângulo Mineiro.

아무도 돌보지 않던 그 (버려진) 농장은 Triângulo Mineiro에 있었다.

A casa,
◀ **cujo dono** vive na Europa,
cuja dona está na Europa,
cujos quartos estão vazios,
cujas janelas você vê daqui, ▶
está abandonada.

▶ 집주인이 유럽에 사는 그 집은 아무도 돌보지 않아 방치되었다.

▶ 여자 주인이 지금 유럽에 있는 그 집은 방치되었다.

▶ 방이 비어있는 그 집은 방치되었다.

▶ 여기서 네가 보는 창문이 있는 집은 아무도 돌보지 않은 방치된 집이다.

Ⓐ 관계형용사 cujo를 선행사에 알맞게 변화시키기

João, **cuja casa** é grande, tem muitos filhos.
▶ 큰 집을 가진 João에게는 자식이 많다.

1. O livro, _____, é muito antigo.
   ▶ 책 커버가 갈색인 그 책은 매우 오래된 것이다.

2. Não posso assinar os contratos _____.
   ▶ 글씨가 지워진 계약서들에 나는 서명할 수 없다.

3. Não paguem as contas _____.
   ▶ 잘못 청구된 계산서를 지불하지 마세요.

4. O turista, _____, teve problemas no aeroporto.

　▶ 여권을 잃어버린 그 관광객은, 공항에서 문제가 있었다.

5. Minha vizinha, _____, está muito preocupada.

　▶ 나의 이웃은 부모님이 편찮으셔서 걱정이 많다.

6. O advogado, _____, ajudou-nos muito.

　▶ 나의 선생님의 남편인 그 변호사가 우리를 많이 도와주었다.

B 관계형용사 cujo를 사용해서 중문 만들기

A loja está sempre cheia. Os preços da loja são muito bons.

A loja **cujos preços** são muito bons está sempre cheia.

▶ 그 가게는 항상 손님들로 꽉 차있다. (상품의) 가격들이 좋기 때문에.

▶ (상품의) 가격이 좋은 그 가게는 항상 (손님들로) 꽉 차있다.

1. O carro estava estaciona ali há vários dias. A placa do carro era de Porto Alegre.

　▶ 그 자동차는 며칠 동안 그곳에 주차되어 있었다. 그 차의 번호판은 Porto Alegre것이었다.

　...

2. O prédio ficava na rua principal. Os moradores do prédio reclamavam do barulho.

　▶ 그 건물은 큰길에 위치하여, 그 건물에 살던 주민들이 소음에 대해 불평을 했(었)다.

　...

3. O aluno saiu mais cedo. Os livros do aluno ficaram na classe.

　▶ 그 학생은 (다른 학생들보다) 더 빨리 (교실을) 나갔다. 책들을 교실에 (그대로) 남겨둔 채.

　...

4. Esta sala é a melhor do edifício. As janelas da sala são grandes.

   ▶ 이 방은 이 건물에서 제일 좋은 방이다. 방 창문들이 커서.

   ....

5. Meu amigo mudou-se para o Rio de Janeiro. A esposa de meu amigo é carioca.

   ▶ 내 친구가 Rio로 이사를 갔다. 그의 아내가 Rio사람이라.

   ....

6. A orquestra não se apresentou ontem. O maestro ficou doente.

   ▶ 그 오케스트라는 어제 공연을 하지 않았다. 지휘자가 아파서.

   ....

••••▶ 관련단어 연결하기 (2)

Ⓐ 반대말 연결하기

1. por último •	• último
2. amor •	• forte
3. esquecer •	• verdadeiro
4. falso •	• reprovar
5. fraco •	• lembrar
6. acima •	• abaixo
7. despir •	• mole
8. duro •	• feroz
9. aprovar •	• ignorância
10. manso •	• vestir
11. primeiro •	• ódio
12. conhecimento •	• em primeiro lugar

B 관련단어 연결하기

1. o intérprete   •
2. o carpinteiro   •
3. o cabeleireiro   •
4. o autor   •
5. o embaixador   •
6. o espectador   •

• o livro
• o pente
• o espetáculo
• a madeira
• o dicionário
• as relações internacionais

C 주어(명사)와 동사 연결하기

1. a tesoura   •
2. a tinta   •
3. o fósforo   •
4. a agulha   •
5. a cortina   •
6. o carpete   •

• pica
• cobre
• fecha
• pinta
• corta
• queima

D 관련단어 써넣기

보기)
1. jornalismo   2. polícia   3. escola

1. o telejornal ( )	2. a reportagem ( )
3. a lei ( )	4. o diploma ( )
5. a criminalidade ( )	6. o rapto ( )
7. o ensino ( )	8. o noticiário ( )
9. o anúncio ( )	10. o crime ( )
11. o ladrão ( )	12. o telespectador ( )
13. o giz ( )	14. o exame ( )
15. a investigação ( )	16. educar ( )
17. o criminoso ( )	18. o assassino ( )

접속법 현재 (불규칙 동사)

fim de semana perdido.

A: Por que é que você está tão bravo? O que foi que aconteceu desta vez? Afinal, hoje é 6ª feira ...

B: Por isso mesmo. Não há fim de semana sem chuva. É sempre a mesma coisa: uma beleza, durante a semana, mas fim de semana ... chuva, neblina, garoa, frio ... Olhe pela janela!

A: Eu sei. Mas o que é que se vai fazer? Para que a gente aproveite bem o fim de semana, é necessário que haja alternativas: um cineminha, teatro, um bate-papo com amigos num barzinho.

B: Não adianta. Fim de semana tem que ser com sol, praia, piscina, churrasco ao ar livre …

A: Acho que então não tem jeito.

B: Não tem jeito mesmo. Mais um fim de semana perdido. Que absurdo!

어느 망친 주말

A: 당신은 왜 지금 그렇게 화가 나 있습니까? 이번에는 무슨 일입니까? 아, 오늘이 금요일이라…

B: 네, 바로 그 때문입니다. 비가 오지 않는 주말은 없군요. 주중에는 해가 쨍쨍나고, 주말에는… 비, 안개, 이슬비에 춥고… 언제나 똑 같아요. 창문을 통해서 좀 봐요!

A: 나(도) 알아요. 그런데 (비오는 날에는) 무엇을 할 수 있을까요? 주말을 잘 지내려면, 영화나 연극, 혹은 친구들과 바에서 수다떠는 대체 방안을 찾아야만 해요.

B: 소용없어요. 주말에는 태양, 바다, 수영장, 야외에서 슈하스코를 해야지요.
(=주말에는 무조건 태양이 쨍쨍거리는 바다나 수영장에서, 야외 슈하스코를 해야지요.)

A: 그렇게 생각한다면 방법이 없군요.

B: 정말 방법이 없어요. 또 다시 주말을 망치게 되었군요. 정말 말도 안돼요!

불규칙동사의 접속법 현재

SER

- Duvido que ele **seja** um bom funcionário.

  ▶ 나는 그가 좋은 직원일지 의심스럽다.

ESTAR

- Ela quer que nós **estejamos** aqui às 8.

  ▶ 그녀는 우리가 8시에 이곳에 있길 바란다.

HAVER

- Receio que não **haja** lugar para todo mundo.

  ▶ 모두에게 자리가 있어야 할 텐데, 그것이 걱정이다.

DAR

- Peço-lhe que não **dê** gorjetas.

  ▶ 나는 그에게 팁을 주지 말라고 부탁했다.

IR

- Ele duvida que eu **vá** lá.

  ▶ 그는 내가 그곳에 갈 것인지를 의심스러워 한다(=확신하지 못하고 있다).

SABER

- Espero que você **saiba** o que está fazendo.

  ▶ 나는 네가 지금 무슨 일을 하고 있는지 알기를 바란다.

QUERER

- Talvez ele **queira** ficar aqui.

  ▶ 아마도 그는 여기에 머물기를 원할 것이다.

▶ 용법(2):

접속법 현재의 용법은 앞에서 배운 〈욕망이나 명령〉〈의심〉〈감정〉을 나타낼 때 외에도
1) 〈가능성〉〈충고〉〈필요〉 등을 나타내는 〈비인칭 표현 (Expressões impessoais)〉에서,
2) 〈목적〉〈조건〉〈양보〉 등을 나타내는 〈부사절 (Conjunções subordinativas adverbiais)〉에서,
3) 부정 명사를 수식하는 관계대명사가 이끄는 〈형용사절(Conjunções subordinativas adjetivas)〉에서 사용된다.

Embora não nos vejamos muito, somos boas amigas.
▶ 우리들은 비록 서로 많이(=자주) 보진 못하더라도, 좋은 친구들이다.

É possível que a reunião seja às 10 horas.
▶ (아마도) 그 회의는 10시에 열릴 가능성이 크다.

Vou chegar mais cedo para que possamos ir ao cimema.
▶ 나는 우리가 극장에 갈 수 있게 아주 일찍(=훨씬 먼저) 도착하겠다

É melhor que ele chegue cedo.
▶ 그가 일찍 도착하는 것이 좋을 것 같다.

Preciso de alguém que me compreenda.
▶ 나는 나를 이해할 누군가가 필요하다.

Vamos embora antes que comece a chover.
▶ 비가 오기 시작하기 전에 가자.

---

1) 비인칭 표현(Expressões impessoais)에서

〈가능성〉〈충고〉〈필요〉 등을 나타낸다.

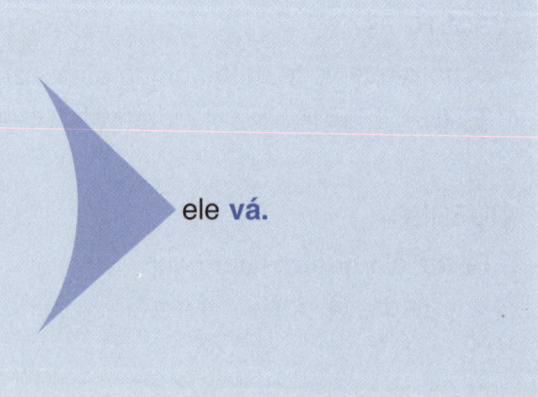

É possível que
É impossível que
É provável que
É aconselhável que
É importante que
É necessário que
É melhor que
É difícil que
Convém que
Basta que

ele vá.

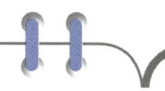

2) 부사절(Conjunções subordinativas adverbiais)에서

〈목적〉〈조건〉〈양보〉 등을 나타낸다.

이 경우 부사절의 시제는 〈접속법 현재〉나 〈접속법 반과거〉가 올 수 있는데,
〈접속법 반과거〉를 사용하는 경우는 다음 과에서 다룰 것이다.

para que = a fim de que embora contanto que = desde que a não ser que mesmo que caso sem que até que antes que	**부사절의 시제** 〈접속법 현재〉 혹은 〈접속법 반과거〉

- Ela fala devagar para que (=a fim de que) todos a entendam.

  ▶ 그녀는 모든 사람들이 자기가 하는 말을 이해하도록 하기 위해 천천히 말한다.

- Embora seja rico, ele trabalha muito.

  ▶ 그는 비록 부자지만, 일을 열심히 한다.

- Vou ajudar você contanto que (=desde que) você me ajude depois.

  ▶ 나는 당신이 나중에 나를 도울 것을 생각해서, 지금 당신을 돕겠다.

- Vamos à praia a não ser que você queira ficar em casa.

  ▶ 만일 네가 집에 있기를 원하지 않는다면, 해변으로 가자.

- Não vamos desistir da idéia, mesmo que isto nos dê (=custe) muito trabalho.

  ▶ 비록 그 아이디어가 우리에게 많은 일을 가져다 줄지라도

  (=비록 그 아이디어로 우리가 고생을 하게 되더라도), 그것을 포기하지 말자.

- Telefone para mim caso você não possa vir.

  ▶ 만일 네가 오지 못할 경우, 내게 전화해 줘.

- Não vou assinar o contrato sem que eu saiba o que está escrito.
  ▶ 나는 그 계약서에 서명하지 않을 것이다. 무엇이 쓰여있는지 모르는 채로는

  (= 나는 그 계약서의 내용을 모르고서는 서명하지 않을 것이다).

- Vamos esperar até que ele vá embora.
  ▶ 그가 갈 때까지 우리는 기다릴 것이다 (= 우리 기다립시다).

- Faça alguma coisa antes que seja tarde demais.
  ▶ 때가 너무 늦기 전에 너가 뭔가를 해봐 (= 당신이 뭔가를 좀 해 보세요).

3) 형용사절(Conjunções subordinativas adjetivas)에서
부정 명사를 수식하는 관계대명사 que가 이끄는 형용사절에 사용된다.

Estou procurando **uma secretária** que

possa viajar.
saiba inglês.
seja simpática.
queira trabalhar no sábado.
tenha 5 anos de experiência.

나는 여행이 가능한
나는 영어를 할 줄 아는
나는 인정이 많은
나는 토요일에 일하기를 원하는
나는 경력 5년의

여비서 한 명을 찾고 있는 중이다.

 ( )속의 표현을 접속법으로 접속법현재로 문장완성하기 1

(ter cuidado)
É melhor que você **tenha cuidado**.
▶ 당신은 조심하는 것이 좋을 거야..

1. (dar uma explicação)
   É melhor que você me _____.
   ▶ 네가 내게 설명하는 것이 더 낫겠어.

2. (ouvir com atenção)

É melhor que eles me _____.

▶ 그들은 내 말을 주의 깊게 듣는 것이 좋을 거야.

3. (ir embora)

É provável que ele _____.

▶ 그는 아마도 집으로 갔을 거야.

4. (saber a resposta)

É provável que vocês _____.

▶ 아마도 너희들이 그 답을 알 거야.

5. (ser paciente)

É aconselhável que nós _____.

▶ 우리가 인내심을 갖는 것이 바람직해 (=우리가 인내심을 가져야 해).

6. (estar aqui bem cedo)

É aconselhável que amanhã você _____.

▶ 너는 내일 여기에 아침 일찍 와야 해.

7. (pagar à vista)

É necessário que vocês _____.

▶ 당신들은 반드시 현금으로 지불해야 합니다 (=현금 지불이 필수입니다).

8. (saber a verdade)

É importante que todo mundo _____.

▶ 모든 사람들이 진실을 아는 것이 중요합니다.

9. (haver outra chance como esta)

É difícil que _____.

▶ 이와 같은 기회를 다시 얻기는 어렵다.

10. (ter bons amigos)

Para que você seja feliz, basta que você _____.

▶ 당신이 행복해지기 위해서는 좋은 친구들을 갖기만 하면 됩니다.

11. (ler as instruções)

Basta que você _____ para fazer um bom trabalho.

▶ 당신이 일을 잘하기 위해서는 그 지시사항들을 읽기만 하면 됩니다.

12. (dizer tudo o que sabe)

Para que você não tenha problemas, convém que _____.

▶ 당신이 문제가 되지 않도록 하기 위해서, 당신이 알고 있는 모든 것을 말해야 합니다.

B 접속법 현재로 문장 완성하기 2

1. (ouvir)

Falo alto para que todo mundo me _____.

▶ 모든 사람들이 내가 하는 말을 듣도록 하기 위해 나는 크게 말한다.

2. (ver)

Faço gestos para que todo mundo me _____.

▶ 모든 사람들이 나를 볼 수 있도록 나는 제스처를 취한다.

3. (saber)

Não faça nada sem que eu _____.

▶ 내가 모르게 아무 짓도 하지 말아라.

4. (vir)

Você terá um bom lugar desde que _____ cedo.

▶ 네가 일찍 오기만 하면 좋은 자리를 차지하게 될 것이다.

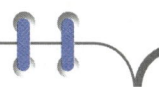

5. (haver)

Vamos esperar até que _____ alguém para nos atender.

▶ 누군가 우리를 응대할 때까지 기다리자.

6. (preferir)

Embora eu _____ a blusa amarela, vou levar a azul.

▶ 내가 노란색 블라우스를 좋아하더라도, 파란색을 살 것이다 (=가져갈 것이다).

7. (querer)

Telefone-me caso você _____ mais informações.

▶ 만일 더 많은 정보를 원한다면, 내게 전화하세요.

8. (vestir)

Mesmo que eu me _____ depressa, chegaremos tarde.

▶ 비록 내가 서둘러 옷을 입는다 할지라도, 우리는 늦게 도착할 것이다 (=지각할 것이다).

9. (compreender)

Repito a explicação a fim de que os alunos me _____.

▶ 학생들이 (내가 하는 말을) 이해 할 수 있도록 나는 설명을 반복한다.

10. (ajudar)

Vou terminar o trabalho mesmo que ninguém me _____.

▶ 아무도 나를 도와주지 않을 지라도 나는 그 일을 끝낼 것이다.

11. (ficar)

Vou abrir o guarda-chuva antes que eu _____ todo molhado.

▶ 내 몸 전체가 비에 젖기 전에 우산을 펼치겠다.

12. (querer)

Vou servir-lhes chá, a não ser que vocês _____ café.

▶ 만일 당신들이 커피를 원하지 않는다면, 당신들께 차를 대접해 드리겠습니다.

13. (ser)

Podemos comprar a casa a não ser que _____ cara demais.

▶ 그 집이 지나치게 비싸지 않다면, 우리가 그 집을 살 수(도) 있습니다.

14. (ser)

Queremos comprar a casa mesmo que _____ cara demais.

▶ 비록 그 집이 비싸더라도, 우리는 그 집을 사기를 원합니다.

15. (gostar)

Vou conversar com eles embora eu não _____ deles.

▶ 비록 나는 그들을 좋아하지 않지만, 그들과 대화할 것입니다.

16. (fazer)

Ele concorda em trabalhar conosco contanto que nós _____
o que ele quer.

▶ 그는 우리와 함께 일을 하는 것에 동의한다. 만일 우리가 그가 원하는 것을 한다면.

ⓒ 접속법 현재로 문장 완성하기 3 : 〈보기〉를 참고할 것

〈보기〉

embora •	• tenhamos mais luz na sala
para que •	• você permita.
mesmo que •	• ela cresça demais
caso •	• seja fácil
a fim de que •	• você não queira
contanto que •	• ela me dê sombra
antes que •	• ele me pague pelo serviço
desde que •	• vocês protestem
sem que •	• chegue o inverno
a não ser que •	• seja muito difícil

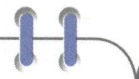

1. Embora você não queira : 비록 당신이 원치 않더라도

....

2. Para que você me permita : 당신이 제게 허락하도록 하기 위해서

....

3. Mesmo que : ～조차 (～한다 해도)

....

4. Caso chegue o inverno : 겨울이 올 경우

....

5. A fim de que ele me pague pelo serviço : 그가 내게 일한 대가를 지불하게 하기 위해서

....

6. Contanto que : 만약 ～이라면

....

7. Antes que : ～하기 전에

....

8. Desde que : ～하기 때문에, ～하는 이상

....

9. Sem que : ～없이는

....

10. A não ser que: ～않는 경우(～아닌 경우)

....

D 접속법 현재로 문장 완성하기 4

> Eu estou enganado? Impossível!
> É impossível que eu **esteja enganado.**
> ▶ 내가 착각하고 있다고? 말도 안돼!
> ▶ 내가 착각하고 있다는 것은 말도 안돼.

1. Eu estou errada? Impossível! ....
▶ 내가 틀렸다고? 말도 안돼!

2. Ele precisa saber a verdade! É melhor ....
▶ 그는 진실을 알 필요가 있어!

3. Você sabe meu nome? É provável que não ....
▶ 당신은 제 이름을 아십니까?

4. Eu vou embora agora. É necessário ....
▶ 나는 지금 집으로 간다.

5. Ela quer mesmo trabalhar? Basta que ....
▶ 그녀가 진짜 일하고 싶어 하니?

6. Ele deve pedir recibo. Convém que ele faça isso ....
▶ 그는 반드시 영수증을 요구할 거야.

7. Há erros em nosso trabalho? É bem possível. ....
▶ 우리가 한 일에 실수가 있나요?

8. Ela precisa estar aqui às 10. Convém que ela faça isto ....
▶ 그녀는 10시에 여기에 있어야 해.

9. Por favor, dê uma olhada em meu trabalho. Basta que ....
▶ 실례지만, 제가 한 일을 좀 봐주시겠습니까?

10. Ele precisa ler o regulamento de novo. É melhor que ele leia ....
▶ 그는 그 새로운 규정을 다시 읽어볼 필요가 있다.

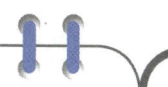

E 접속법 현재로 문장 완성하기 5 : 부동산 중개인에게 자신이 사고 싶어하는
집에 대해서 설명(지역, 시내와의 거리, 방의 수, 편의시설 등)

> Eu quero uma casa grande, embora minha família **seja** pequena.
>
> É importante que a sala **seja** bem grande.
>
> ▶ 저의 가족의 수는 적지만, 저는 큰 집을 원합니다. 특히 거실이 커야합니다.

É bom que ....

Basta que ....

Mesmo que ....

Para que ....

A não ser que ....

F 접속법 현재로 문장 완성하기 6 : 동사의 활용

> (ajudar)
>
> Eu vou achar alguém que me **ajude.**
>
> ▶ 나는 나를 도와줄 누군가를 찾아낼 거야.

1. (ser)

   Eu vou comprar um livro que _____ interessante.

   > ▶ 나는 재미있는 책을 살 거야.

2. (haver)

   Vamos à praia num domingo em que _____ sol.

   > ▶ 해가 있는(=날이 좋은) 어느 일요일에 우리 해변에 가자.

3. (saber)

   Eu não conheço ninguém que _____ falar bem dez línguas.

   > ▶ 나는 10가지 언어를 잘하는 사람을 아무도 모른다.

4. (explicar)

O aluno precisa de um professor que lhe _____ o uso dos verbos.

▶ 그 학생은 자신에게 동사의 용법을 설명해줄 선생님 한 명을 필요로 한다.

5. (estar)

Só vou contratar um funcionário cujos documentos _____ em ordem.

▶ 나는 서류가 완벽한 사람을 직원으로 채용할 것이다.

6. (querer)

Estou procurando uma amiga que _____ ir comigo à exposição.

▶ 나는 나와 함께 그 전시회에 가고 싶어하는 여자친구 한 명을 찾고 있는 중이다.

G 접속법 현재로 문장 완성하기 7 : 질문에 자유롭게 대답하기

1. Com quem você quer casar?　　　　　▶ 당신은 어떤 사람과 결혼하고 싶습니까?
   - Estou procurando alguém que goste de mim.
   - Estou procurando alguém com quem eu ....
   - Quero encontrar uma pessoa que ....

2. Que livro você quer ler?　　　　　▶ 당신은 어떤 책을 읽고 싶습니까?

   Eu quero ler um livro que ....

   ....

3. Que tipo de casa você quer morar?　　　　　▶ 당신은 어떤 집에서 살고 싶습니까?

   Eu quero morar numa casa que ....

   ....

4. Que tipo de trabalho você quer fazer?　　　　　▶ 당신은 어떤 일을 하고 싶습니까?

   Eu preciso de um emprego em que eu ....

   ....

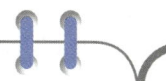

···▶ Por que (é que) ... ?와 O que (é que) ... ?의 표현 연습

브라질에서는 "Por que (é que) ... ?"와 "O que (é que) ... ?"와 같은 표현들은
우리가 말을 하는 도중에 "…에 뭐냐하면…" "응…", "그런데…"의 느낌으로 쓰는 표현이다.

Por que (é que) ... ?	O que (é que) ... ?
Por que é que você está tão bravo? Por que você está tão bravo? ▶ 당신은 왜 그렇게 화가 났습니까?	O que é que você quer? O que você quer? ▶ 당신은 무엇을 원합니까?

Ⓐ 같은 내용을 다른 식으로 질문하기

1. O que é que você está vendo?　　▶ 당신은 무엇을 보고 있습니까?

....?

2. Do que é que você está falando?　　▶ 당신은 (지금) 무엇에 대해 말하고 있습니까?

....?

3. Por que é que você está aqui?　　▶ 당신은 왜 이곳에 있습니까?

....?

4. Onde é que você trabalha?　　▶ 당신은 어디에서 일합니까?

....?

5. Quem foi que você viu?　　▶ 당신은 누구를 보았습니까?

....?

6. O que foi que você fez?　　▶ 당신은 무엇을 했습니까?

....?

7. Quando foi que aconteceu?　　▶ 그 사건은 언제 일어났습니까?

....?

B 예문처럼 질문하고 대답하기

Onde você mora?   ▶ 당신은 어디에 사십니까?
Onde **é que** você mora?
Moro em Seul.

---

1. Quanto você quer ganhar?   ▶ 당신은 (월급을) 얼마나 받고 싶습니까?

   ....?

   ....

2. Para quem você trabalha?   ▶ 당신은 누구를 위해 일하십니까?

   ....?

   ....

3. Por que você está tão brava?   ▶ 당신은 왜 그렇게 화가 나 있으십니까?

   ....?

   ....

4. Quem chegou?   ▶ 누가 도착했습니까?

   ....?

   ....

5. Quem disse isso?   ▶ 누가 그것을 말했습니까?

   ....?

   ....

6. O que você disse?   ▶ 당신은 뭐라고 말했습니까?

   ....?

   ....

7. Quando ele vai começar?   ▶ 그는 언제 시작 할 것입니까?

....?

....

8. Até quando vou esperar?   ▶ 내가 언제까지 기다려야 합니까?

....?

....

9. Quando você vem?   ▶ 당신은 언제 오십니까?

....?

....

10. Quanto você deu?   ▶ 당신은 얼마 주셨습니까?

....?

....

11. Quando ela nasceu?   ▶ 그녀는 언제 태어났습니까?

....?

....

12. Onde você vai?   ▶ 당신은 어디 가십니까?

....?

....

13. Onde você foi?   ▶ 당신은 어디 갔었습니까?

....?

....

14. O que você pediu?   ▶ 당신은 무엇을 요청했습니까? (=주문했습니까?)

....?

....

•••▶ 부사(advérbios)

▶ 형태(1): 형용사를 부사로 만들 경우 :

부사는 〈여성형 형용사 + 부사형 어미(–mente)〉를 붙여서 만들 수 있다.

남성형 명사	여성형 명사 + mente	부사
lento	lenta	lentamente
longo	longa	longamente
silencioso	silenciosa	silenciosamente
feliz	feliz	felizmente

Ⓐ 형용사를 부사로 만들기

1. largo _____ _____
2. rápido _____ _____
3. correto _____ _____
4. calmo _____ _____
5. fácil _____ _____
6. breve _____ _____
7. difÍcil _____ _____

Ⓑ 부사구를 (부사형 어미 - mente를 붙여서) 부사로 만들기

1. com interesse - _____
   ▶ 흥미롭게

2. com atenção - _____
   ▶ 주의 깊게

3. com força - _____
   ▶ 힘 있게

4. com brutalidade - _____
   ▶ 잔인하게

5. com economia - _____
   ▶ 경제적으로

6. com preguiça - _____
   ▶ 게으르게

7. com honestidade - _____
   ▶ 정직하게

8. com paciência - _____
   ▶ 인내심 있게

9. com facilidade - _____
   ▶ 쉽게

10. com delicadeza - _____
    ▶ 기품 있게, 섬세하게

11. com violência - _____
    ▶ 폭력적으로

12. com cuidado - _____
    ▶ 조심스럽게

13. com pressa - _____
    ▶ 빠르게

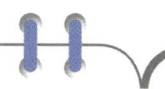

C 반대의 뜻을 가진 부사와 부사구 연결하기

1. sem querer   •   • secretamente

2. com naturalidade   •   • totalmente / integralmente

3. por obrigação   •   • espontaneamente

4. às claras   •   • sofisticadamente

5. em parte, parcialmente •   • de propósito

D 비슷한 뜻을 가진 부사와 부사구를 연결하기

1. por acaso   •   • manualmente

2. de imediato   •   • de propósito

3. intencionalmente   •   • casualmente

4. de repente   •   • prontamente

5. a mão   •   • subitamente

E 제시한 부사로 문장 만들기

1. (anualmente)

   ....

   ....

2. (mensalmente)

   ....

   ....

3. (quinzenalmente)

   ....

   ....

4. (semanalmente)

....

....

5. (diariamente)

....

....

6. (semestralmente)

....

....

▶ 형태(2) : 형용사처럼 보이는 부사(원래 품사가 부사인 경우)
bem, mal, alto, baixo, muito, pouco, bastante

Como ele fala?	그는 어떻게 말합니까?
Ele fala bem.	그는 말을 잘 합니다.
mal.	잘 하지 못합니다.
demais.	(지나칠 정도로) 너무 많이 합니다.
muito.	많이 합니다.
bastante.	상당히 많이 합니다.
pouco.	조금 합니다.
alto.	크게 합니다.
baixo.	낮게 합니다.
rápido.	빨리 합니다.

A 빈칸에 알맞은 부사 써넣기

> Ele está magro. Eu acho que não come **bem**.
> ▶ 그는 말랐다. 내 생각에 그는 잘 먹지 못하는 것 같다.

1. Fique quieto! Você fala ....
   ▶ 조용히 하세요! 당신은 너무 크게 말해요.

2. Ele está magro. Ele come muito ....
   ▶ 그는 말랐어요. 그는 너무 조금 먹어요.

3. Ele não entende o que a gente diz. Ele ouve muito ....
   ▶ 그는 우리가 말하는 것을 이해하지 못해요. 그는 잘 듣지 못해요.

4. Agora chega! Você já trabalhou ....
   ▶ 이제 그만해요. 당신은 이미 일을 충분히 많이 했어요.

5. Estamos preocupados. Ela está no hospital e está muito ....
   ▶ 우리는 걱정하고 있어요. 그녀가 병원에 입원했는데, 상태가 안 좋아요.

6. Não consigo ouvi-lo. Fale um pouco mais ....
   ▶ 당신의 말을 잘 들을 수가 없어요. 좀 더 크게 말해주세요.

7. Não precisa gritar. Eu ouço muito ....
   ▶ 소리를 지를 필요는 없어요. 저는 잘 들려요.

8. Fale mais ...., por favor. Você está gritando.
   ▶ 목소리를 조금 낮춰주세요. 당신은 지금 소리를 지르고 있어요.

9. Coitada! Ela ganha muito ...., embora trabalhe ....
   ▶ 어머나 불쌍해라! 그녀는 일을 많이 하는데, 버는 돈은 너무 조금이야.

Ⓑ 빈칸에 알맞은 형용사나 부사 써넣기

형용사 bom (좋은) 부사 bem (좋게)

　　　mau (나쁜) 　　　mal (나쁘게)

1. Ele é meu cantor preferido. Ele é um _____ cantor. Um _____cantor sempre canta _____ .

   ▶ 그는 내가 좋아하는 가수이다. 그는 좋은 가수이다. 좋은 가수는 항상 노래를 잘 부른다.

2. Ninguém gosta da comida que ela faz. Uma _____ cozinheira sempre cozinha _____ .

   ▶ 아무도 그녀가 만드는 음식을 좋아하지 않는다. 좋은 요리사는 언제나 요리를 잘 한다.

3. Que bom! Ela vai ser promovida. Ela é uma _____ funcionária e sempre trabalha _____ .

   ▶ 잘됐구나! 그녀는 곧 승진 할 거야. 그녀는 좋은 직원이고, 언제나 일을 잘 하지.

4. Não gosto deste professor. Ele ensina muito _____ . Ele é um _____ professor.

   ▶ 나는 이 선생님을 좋아하지 않아. 그는 아주 못 가르치거든. 그는 형편없는 선생님이야.

•••▶ 관용표현

1. morrer de raiva

- Quando vi Paulo com Maria, morri de raiva.

  ▶ 나는 Paulo가 Maria와 함께 있는 것을 보고, 화가나서 죽을 뻔 했어.

frio

- Feche a janela. Estou morrendo de frio.

  ▶ 창문을 닫아주세요. 추워 죽겠어요.

morrer de

calor

- Abra a janela. Estou morrendo de calor.

▶ 창문을 열어주세요. 더워 죽겠어요.

medo

- Estou morrendo de medo do exame.

▶ 그 시험이 두려워 죽겠어.

fome

- O jantar está pronto? Estou morrendo de fome.

▶ 저녁은 준비가 되었나요? 배고파 죽겠어요.

sede

- Vamos tomar um refrigerante? Estou morrendo de sede.

▶ 청량음료를 마실까요? 목말라 죽겠어요.

vontade

- Que calor! Estou morrendo de vontade de tomar um sorvete.

▶ 아이 더워! 아이스크림 먹고 싶어 죽겠어요.

inveja

- Morri de inveja quando vi o brilhante que ela comprou.

▶ 그녀가 그 다이아몬드를 샀을 때, 나는 질투가 나서 죽을 뻔 했어.

dor de cabeça, de dente etc.

- Não posso sair hoje. Estou morrendo de dor de cabeça.

▶ 오늘 나는 외출할 수 없어. 머리가 아파 죽을 지경이야.

rir

- Ele morreu de rir quando lhe contei a piada.

▶ 그는 내가 그 우스개 소리를 하자, 자지러지게 웃었다.

2. fazer

frio, calor, sol	▶ 날씨가 춥다, 덥다, 화창하다
uma viagem	▶ 여행을 하다
um favor	▶ 호의를 베풀다
um negócio	▶ 협상하다
compras	▶ 쇼핑을 하다
um exame	▶ 시험을 보다
um cheque	▶ 수표를 쓰다
um pagamento	▶ 지불하다
um discurso	▶ 연설하다
erros	▶ 실수를 하다
seguro	▶ 보험을 들다
anos, aniversário	▶ 생일을 맞다
as malas	▶ 여행가방을 싸다
as unhas, a barba	▶ 손톱을, 수염을 정리하다.
a cama	▶ 침대를 정리하다
o jantar	▶ 저녁을 준비하다

fazer questão de

Faço questão de que vocês venham jantar comigo.
▶ 저는 당신들께서 저와함께 저녁을 드시러 오시길 간절히 바랍니다.

fazer bem a alguém

O ar das montanhas vai lhe fazer bem.
▶ 산 공기는 당신에게 (그에게, 그녀에게) 이로울 것입니다.

fazer mal a alguém

Café me faz mal.
▶ 커피는 제게 해롭습니다.

fazer de conta

Ele fez de conta que não me viu.
▶ 그는 나를 보지 못한 척 했다.

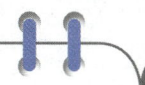

fazer seguro

de saúde.	▶ 건강 보험을 들다.
de carro.	▶ 자동차 보험을 들다.
de casa.	▶ 집 보험을 들다.
de loja.	▶ 가게 보험을 들다.
de fábrica.	▶ 공장 보험을 들다.
de vida.	▶ 생명 보험을 들다.

Ⓐ 과거여행에 대해 말하기

O dia da viagem

Eu ia fazer uma grande viagem.

Finalmente chegou o dia!

Tinha feito sol no dia anterior, mas no dia estava fazendo frio!

Eu me levantei cedo.

....
....
....
....
....
....
....
....

Ⓑ 지난주에 있었던 축구경기에 대해 말하기

....
....
....
....
....
....
....
....

Agência de viagens

Ele : Desisti de viajar para a Europa.

Ela : Nossa! Por quê? Você sempre quis fazer esta viagem!

Ele : Pois é! Hoje de manhã estive na agência de viagens e nada deu certo lá.

Ela : Como assim?

Ele : Para começar, eles queriam que eu pagasse tudo adiantado.
Quando eu lhes disse que não tinha condições de pagar a viagem à vista, torceram o nariz e exigiram que eu arranjasse dois avalistas. Depois, embora avalista não fosse problema, não gostei nem do plano de pagamento nem da organização da firma. Assim não dá!

Ela : Você tem razão. Quando a gente não está contente, não deve mesmo insistir.
Por que você não vai ao meu agente de viagens?

여행사에서

남자 : 나는 유럽을 여행하는 것을 포기했어요.

여자 : 어머! 왜요? 당신이 (언제나) 원하던 여행인데!

남자 : 그러게 말입니다! 오늘 아침 여행사에 갔는데, 거기서 아무 일도 제대로 보지 못했어요.

여자 : 어떻게 일이 그렇게 되었어요?

남자 : 여행을 하기위해서 우선, 그들은 제가 모든 비용을 선불로 내기를 원했어요.
내가 그들에게 현금으로 낼 형편이 되질 않는다고 얘기했더니, 나를 비웃으면서 두 명의 보증인을 세우라고 하더군요. 비록 보증인을 세우는 것이 문제가 없다고 하더라도, 나는 그 여행사의 지불 조건이나 그 회사조직(=운영방식)이 마음에 들지 않았어요. 그렇게 해서는 안되지요.

여자 : 당신이 옳아요. 손님이 만족하지 못할 때, 그것을 강요해서는 안되지요.
당신은 왜 제가 사용하는 (혹은 제가 운영하는) 여행사로 가시지 않습니까?
(=제가 애용하는 여행사에 가보지 않겠어요?)

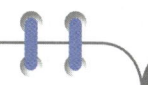

····▶ 접속법 반과거
(Modo subjuntivo – Imperfeito)

▶형태:

직설법과거 3인칭 복수에서 –ram을 빼고 -sse를 넣어 만든다.

접속법 반과거는 과거가 완료되지 않는 상태로, 조건절을 이끈다.

MORAR (직설법과거 3인칭 복수 eles moraram) → mora + sse			
Eu	mora sse	Nós	morá ssemos
Você		Vocês	
Ele	mora sse	Eles	mora ssem
Ela		Elas	

VENDER (직설법과거 3인칭 복수 eles venderam) → vende + sse			
Eu	vende sse	Nós	vendé ssemos
Você		Vocês	
Ele	vende sse	Eles	vende ssem
Ela		Elas	

ABRIR (직설법과거 3인칭 복수 eles abriram) → abri + sse			
Eu	abri sse	Nós	abrí ssemos
Você		Vocês	
Ele	abri sse	Eles	abri ssem
Ela		Elas	

PODER (직설법과거 3인칭 복수 eles puderam) → pude + sse			
Eu	pude sse	Nós	pudé ssemos
Você		Vocês	
Ele	pude sse	Eles	pude ssem
Ela		Elas	

DIZER (직설법과거 3인칭 복수 eles disseram) → disse + sse			
Eu	disse sse	Nós	dissé ssemos
Você		Vocês	
Ele	disse sse	Eles	disse ssem
Ela		Elas	

PEDIR (직설법과거 3인칭 복수 eles pediram) → pedi + sse			
Eu	pedi sse	Nós	pedí ssemos
Você		Vocês	
Ele	pedi sse	Eles	pedi ssem
Ela		Elas	

Ⓐ 접속법 반과거 만들기

	직설법 3인칭 복수	접속법 반과거
1. gostar	(Eles gostaram)	Se eu ....
2. comer	(Eles comeram)	Se ele ....
3. domir	(Eles dormiram)	Se a gente ....
4. fazer	(Eles fizeram)	Se nós ....
5. pôr	(Eles puseram)	Se nós ....
6. ter	(Eles tiveram)	Se nós ....
7. ser	(Eles foram)	Se eles ....
8. pedir	(Eles pediram)	Se eles ....
9. dizer	(Eles disseram)	Se eles ....
10. ir	(Eles foram)	Se eu ....
11. trazer	(Eles trouxeram)	Se nós ....
12. ver	(Eles viram)	Se nós ....
13. vir	(Eles vieram)	Se ela ....
14. saber	(Eles souberam)	Se eles ....
15. querer	(Eles quiseram)	Se a gente ....

▶ 용법

〈접속법 반과거의 용법〉은 일반적으로 〈접속법 현재의 용법〉과 같다.

1) 〈명령〉〈소망〉〈의문〉〈감정〉을 나타낼 때
2) 비인칭 동사가 주절을 이끌 때
3) 특정 접속사 뒤에서
4) 부정 명사를 수식하는 관계대명사 절에서

그런데 아래의 표가 보여주는 것처럼,
주절의 동사시제가 과거와 관련된 경우, 종속절의 시제는 반드시 접속법 반과거가 된다.

주절		종속절	
직설법	과거 / 반과거 / 과거미래	접속법	반과거
	Talvez(로 시작하는 독립절)		

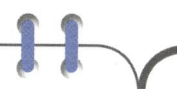

1.

주절		종속절	
직설법	과거	접속법	반과거

Não conheci ninguém que soubesse falar português.
▶ 나는 포르투갈어를 말할 줄 아는 사람을 아무도 몰랐다.

Duvidei que você fizesse o trabalho.
▶ 나는 네가 그 일을 했다는 것이 의심스러 웠다.

Foi melhor que ele desistisse.
▶ 그가 포기했더라면 더 좋았을 것을.

* 내용상 "Seria melhor que ele desistisse."가 더 자연스러운 표현.

2.

주절		종속절	
직설법	반과거	접속법	반과거

Era melhor que ele desistisse.
▶ 그가 포기했(었)더라면 더 좋았을 것을.

Era impossível que eu fosse na festa.
▶ 내가 그 파티에 가는 것은 불가능했다.

3.

주절		종속절	
직설법	과거미래	접속법	반과거

Ele queria que eu o ajudasse.
▶ 그는 내가 자신을 도와주길 원했(었)다.

Eu iria fazer o que você me dissesse.
▶ 나는 당신이 내게 말한 대로 하려고 했(었)다.

Seria bem melhor que você falasse.
▶ 네가 말을 했더라면 훨씬 더 좋았을 것을.

Seria melhor se ele desistisse.
▶ 그가 포기했(었)더라면 더 좋았을 것을.

4.

주절			
Talvez	+	접속법	반과거

Ontem ela não quis falar comigo. Por quê?
- Talvez ela estivesse cansada naquela hora.
▶ 어제 그녀는 나와 이야기 하고 싶어하지 않았다. 왜 그럴까?
– 아마 그 순간 피곤했(었)나봐.

Ⓐ 접속법 반과거 연습 1

〈주절 (직설법 반과거 / 반과거 / 과거미래) + 종속절 (접속법 반과거)〉

(perder)
Tive medo de que você **perdesse** a hora.
▶ 나는 당신이 지각할까봐 (= 시간을 놓칠까봐) 시간가는 줄 모를까봐 걱정되었다.

1. (fumar)
   Ele nos pediu para que não _____.
   ▶ 그는 우리에게 담배를 피우지 말라고 요청했다.

2. (sair)
   Ele não deixou que eles _____.
   ▶ 그는 그들이 나가도록 놔두지 않았다 (=허락하지 않았다).

3. (voltar)
   Tive medo de que você não _____.
   ▶ 나는 네가 돌아오지 않을까 봐 걱정했다.

4. (pôr)
   Ela não quis que nós _____ a mesa.
   ▶ 그녀는 우리가 식탁을 차리는 것을 원치 않았다.

5. (abrir)
   Duvidei que você _____ o cofre.
   ▶ 나는 네가 금고를 열었는지 의심했다.

6. (ficar)
   Ela preferia que todos _____ quietos.
   ▶ 그녀는 모두가 조용히 있기를 선호했다.

7. (dar)
   Eu queria que você _____ uma olhada.
   ▶ 저는 당신께서 한번 봐 주시길 원했습니다.

8. (escutar)

Fiquei triste porque eles não me _____.

▶ 그들이 내말을 듣지 않으려해서 나는 슬펐다.

9. (vir)

Era importante que ela também _____.

▶ 그녀도 온다는 것이 중요했다(= 그 당시 중요했던 사실은 그녀 역시 온다는 것이었다).

10. (estudar)

Eu proibi que as crianças _____ na sala.

▶ 나는 아이들을 교실에서 공부하지 못하게 했다 (=공부하는 것을 금지했다).

11. (andar)

Ela mandou que eu _____ mais depressa.

▶ 그녀는 나에게 더 빨리 걸으라고 명령했다.

12. (chegar)

Nós fizemos questão de que eles _____ na hora.

▶ 우리들은 그들이 과연 제 시간에 도착할 수 있을 것인지에 대해(=것인지를) 염려했다.

13. (ter)

Ele queria comprar um carro que _____ 4 portas.

▶ 그는 문이 넷 달린 차를 사고 싶어했다.

14. (conseguir)

Fizemos tudo para que ele _____ o emprego.

▶ 우리는 그가 직장을 얻을 수 있도록 모든 노력을 다했다.

15. (ser)

Não perdemos a calma, embora a situação _____ difícil.

▶ 비록 그 상황이 어려웠어도 우리는 이성을 잃지 않았다.

B 접속법 반과거 연습 2 : 접속법 현재를 접속법 반과거로 바꾸기
〈주절(직설법 과거) + 종속절(접속법 반과거)〉

Ela duvida que nós possamos ajudá-la.
▶ 그녀는 우리가 자신을 도울 수 있다는 사실을 의심한다.

→ Ela **duvidou** que nós **pudéssemos** ajudá-la.
▶ 그녀는 우리가 도울 수 있었다는 것을 의심했다.

1. Ela quer que eu fique.
    ▶ 그녀는 내가 머물기를 바란다.

    ....

2. Duvido que você venha.
    ▶ 나는 당신이 온다는 것을 의심한다 (= 과연 당신이 올까?).

    ....

3. Faço questão de que vocês me escutem.
    ▶ 내가 염려하는 것은 너희들이 내 말을 들을 것인가 하는 것이다
      (= 과연 너희들이 내 말을 들을 것인지 나는 그것을 염려한다).

    ....

4. Ele sempre pede uma bebida que não seja gelada.
    ▶ 그는 언제나 차갑지 않은 음료수를 주문한다.

    ....

    * Ela quer uma bebida que não seja bem gelada.
    ▶ 그녀는 너무 차갑지 않은 음료수를 원한다.

    ....

5. Exigimos que ela nos ouça.
    ▶ 우리는 그녀가 우리의 말을 듣기를 요구했다.

    ....

6. É importante que ele pague a conta.
    ▶ 중요한 것은 그가 과연 돈을 지불할 것인가? 라는 문제이다.

    ....

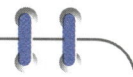

7. Ele deseja que ela seja feliz.
   ▶ 그는 그녀가 행복하길 바란다.

   ....

8. Sinto que ele não seja feliz.
   ▶ 그가 행복하지 않아 유감이다 (=가슴이 아프다).

   ....

9. É melhor que você venha.
   ▶ 당신이 오는 것이 더 좋을 거야.

   ....

10. Espero que você me compreenda.
    ▶ 나는 당신이 나를 이해해주길 바란다.

    ....

11. Ela sorri, embora tenha problemas.
    ▶ 비록 문제가 있어도, 그녀는 웃는다 (= 미소를 잃지 않는다).

    ....

12. Fazemos tudo para que você seja feliz.
    ▶ 당신이 행복해지기 위해서 우리는 모든 것을 한다.

    ....

13. Duvidamos que você saiba fazê-lo.
    ▶ 우리는 당신이 그것을 할 줄 아는지를 의심한다.

    ....

14. Ele quer alguém que o ajude.
    ▶ 그는 누군가가 그를(=자신을) 도와주길 바란다.

    ....

15. Ela sai sem que a vejamos.
    ▶ 그녀는 우리가 보지 못하는 사이에 나간다.

    ....

ⓒ 접속법 반과거 연습 3

〈주절(직설법 반과거) + 종속절(접속법 반과거)〉

Ela duvida que eu **faça** tudo sozinho.

▶ 그녀는 내가 모든 일을 혼자 한다는 것을 의심한다.

→ Ela **duvidava** que eu **fizesse** tudo sozinho.

▶ 그녀는 내가 모든 것을 혼자 했다는 것을 의심했다.

1. É provável que ele fique.

▶ 아마 그가 머물 수도 있을 것이다.

....

2. É melhor que você espere.

▶ 네가 기다리는 것이 좋겠다.

....

3. Queremos que você leia a carta.

▶ 우리는 당신이 그 편지를 읽기를 바란다.

....

4. Não temos certeza de que ele seja honesto.

▶ 우리는 그가 정직한 사람인지 확신이 없다.

....

5. Eu espero que você venha.

▶ 나는 네가 오길 기대한다.

....

6. É importante que você leia isso.

▶ 네가 그것을 읽는 것이 중요하다.

....

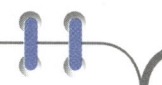

7. Gosto de você, embora você não goste de mim.

▶ 비록 너는 나를 좋아하지 않아도, 나는 너를 좋아한다.

....

8. Ele leva uma vida confortável, embora ganhe pouco.

▶ 그는 비록 돈은 적게 벌지만, 편안한 삶을 살고 있다.

....

9. Eu explico devagar para que você entenda.

▶ 나는 네가 이해할 수 있도록 천천히 설명한다.

....

10. Não vou, mesmo que vocês me peçam.

▶ 나는 너희들이 내게 간청한다 하더라도 가지 않겠다.

....

11. Eu sempre vou embora antes que eles cheguem.

▶ 나는 언제나 그들이 도착하기 전에 집으로 간다.

....

12. A mãe canta para que a criança durma.

▶ 엄마는 아기를 재우기 위해서 노래를 한다.

....

13. Ele precisa de alguém que o compreenda.

▶ 그는 자신을 이해할 누군가를 필요로 한다.

....

14. Basta que ele diga uma palavra.

▶ 그가 한 마디만 하면 된다 (=그의 한 마디면 충분하다).

....

15. Eu não conheço ninguém que queira trabalhar aos domingos.

▶ 나는 일요일에 일하기를 원하는 사람을 본 적이 없다.

....

ⓓ 접속법 반과거 연습 4

다음의 질문에 예문처럼 〈Talvez + 접속법 반과거〉로 답하기

Ontem ela não quis falar comigo. Por quê?

▶ 어제 그녀는 나와 이야기 하고 싶어하지 않았다. 왜 그랬을까?

→ Talvez ela **estivesse** cansada naquela hora.

▶ 아마도 그 때에 피곤했었나봐.

Talvez ....

Talvez ....

Talvez ....

Talvez ....

Talvez ....

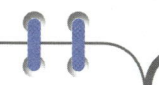

···▶ 접속법 시제 총복습

Ⓐ 접속법 현재나 접속법 반과거 중 알맞은 시제 써넣기

(ajudar)

Eu não quero que você me **ajude**.

▶ 나는 당신이 나를 도와주는 것을 원하지 않습니다.

---

1. (dizer)

   Duvidei que ele _____ sim.

   ▶ 나는 그가 "네"라고 긍정했다는 사실이 의심스러웠다.

2. (amar)

   Sinto que ela não me _____.

   ▶ 나는 그녀가 나를 사랑하지 않아 유감이다 (=속상하다).

3. (poder)

   Esperava que eles _____ vir.

   ▶ 나는 그들이 올 수 있기를 기대했었다.

4. (poder)

   Espero que eles _____ vir.

   ▶ 나는 그들이 올 수 있기를 기대한다.

5. (ter)

   É melhor que vocês _____ paciência.

   ▶ 당신들이 참는 것이 좋겠다.

6. (dizer)

   Ela fechou a porta antes que nós _____ "Até-logo".

   ▶ 그녀는 우리가 "잘 가"라고 말하기도 전에 문을 닫았다.

7. (ter)

Eu sonhava com um apartamento que _____ vista para o mar.

▶ 나의 꿈은 바다가 보이는 아파트를 한 채 갖는 것이었다.

8. (poder)

Ele trabalhou mais na 6ª feira para que _____ ficar em casa no sábado.

▶ 그는 토요일에 집에 있기 위해, 금요일에 더 많이 일했다.

9. (esperar)

Não quero que você me _____.

▶ 나는 당신이 나를 기다리지 않기를 바란다.

10. (falar)

Ela não deixou que ele _____.

▶ 그녀는 그가 말하게 내버려두지 않았다.

11. (permitir)

Duvido que ele _____.

▶ 나는 과연 그가 허락할지 의문이다 (= 그가 과연 허락할까?).

12. (saber)

Ele quer uma esposa que _____ cozinhar bem.

▶ 그는 요리를 잘할 줄 아는 아내를 얻고 싶어한다.

13. (esquecer)

Tenho medo de que você me _____.

▶ 나는 당신이 날 잊을까봐 겁이 난다.

14. (esquecer)

Tive medo de que ele _____ meu nome.

▶ 나는 그가 내 이름을 잊어버렸을까봐 두려웠다.

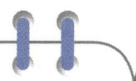

15. (querer)

Você precisa ajudá-los mesmo que não _____.

▶ 당신은 원치 않아도 그들을 도와주어야 한다.

16. (ouvir)

Ficaria triste se eles não me _____.

▶ 만일 그들이 내가 하는 말을 듣지 않는다면 나는 슬플 것이다.

B 문장 완성하기

Não quero que você saia agora.
▶ 나는 당신이 지금 나가는 것을 원하지 않습니다

1. Faço questão de que ....
   ▶ 내가 문제 삼는 것은 (= 원하는 것은) ……

2. Não quero que ....
   ▶ 내가 원치 않는 것은 ……

3. Eles duvidaram que ....
   ▶ 그들이 의문을 품은 것은 ……

4. Eles disseram que talvez ....
   ▶ 그들은 말했다. 아마도 ……

5. Ela diz que talvez ....
   ▶ 그녀는 말한다. 아마도 ……

6. Eles vieram para que nós ....
   ▶ 그들은 우리가 …… 하도록 하기 위해 왔다.

7. Receio que ....
   ▶ …… 이 걱정이다.

8. Esperávamos que ....
   ▶ 우리가 기대했던 것은 …… .

9. Era provável que ....
   ▶ 아마 …… 했었을 것이다.

10. Convém que ....
   ▶ …… 하는 것이 적절하다.

11. Fique conosco mesmo que ....
   ▶ 비록 …… 하더라도, 우리와 함께 계세요.

12. É pena que ....
   ▶ …… 이 안타깝다.

13. Fico aqui, contanto que ....
   ▶ …… 하는 이상, 나는 여기 있겠다.

14. Prefiro que ....
   ▶ 나는 …… 하는 것을 선호한다.

15. Ele precisa de um mecânico que ....
   ▶ 그는 …… 할 수 있는 기술자가 필요하다.

16. Tomara que ....
   ▶ …… 하기를 바란다

17. Foi pena que ....
   ▶ …… 이 안타까웠다

18. Não acho que ....
   ▶ 나는 …… 라고 생각하지 않는다.

19. Não penso que ....
   ▶ 나는 …… 라고 생각하지 않는다.

20. Não encontrei ninguém que ....
   ▶ 나는 …… 하는 사람을 아무도 만나지 못했다.

••▶ ACHAR와 PENSAR 동사의 차이

위의 문제 18번과 19번에서 보는 것처럼 두 동사 다 우리말로 "나는 생각한다."라는 뜻을 갖고 있다. 하지만 두 동사의 차이점은 다음의 예문에서 나타나는 것 처럼 achar동사 보다 pensar동사가 더 논리적인 사고에 사용된다는 데에 있다.

Achar 동사 : "내 생각에는 ～" 혹은 "당신은 ～ 에 대해서 어떻게 생각하나요?"라고 말할 때

Acho difícil acredita naquilo.	나는 그 사실을 믿기 어렵다(고 생각한다).
O que você acha do livro?	그 책에 대해 어떻게 생각하세요?

Pensar 동사 : " ～ 에 대해서 생각하다." 혹은 " ～ 에 대해 심사숙고하다."라고 말할 때

Em que você está pensando?	무엇을 생각하고 계십니까?
Eu pensei no projeto na semana toda.	이번 주 내내 그 프로젝트를 생각했다.
Eu nunca pensaria em fazer isso.	그런 일을 한다는 것은 생각조차 끔찍하다.
Depois de pensar bem ～	심사숙고한 이후에
O modo de pensar dele	그 남자가 생각하는 방식 = 사고방식
Não pense que...	…… 라고 생각하지 마세요.

▶ DAR 동사의 용법

1. dar para + V (동사원형) = ~ 이 가능하다.

   Não dá para comprar esta casa. É muito cara.

   ▶ 이 집을 구입하는 것은 불가능하다. 너무 비싸다.

2. dar para + N (명사) = ~ 쪽을 향해 있다. (위치)

   A janela da sala dá para o lago.

   ▶ 이 거실 창문은 호수 방향으로 나있다.

   Esta porta dá para a cozinha.

   ▶ 이 문은 부엌으로 통한다.

3. dar para + N (명사) = ~ 재능이 있다, 소질이 있다.

   Não dou para matemática, dou para línguas.

   ▶ 나는 수학에는 재능이 없지만, 언어에는 재능이 있다(=수학은 못하지만, 언어는 잘한다.)

   * 오늘날 브라질에서는 위의 표현 대신, 다음과 같은 표현이 더 많이(자주) 사용되고 있다.
   Não levo jeito para matemática, levo jeito para línguas.
   Não tenho talento para matemática, tenho talento para línguas.

4. 주어+ dar = ~ 하는 것이 충분하다.

   Este dinheiro dá?   - Dá.

   ▶ 이 돈이면 충분한가요?   – 충분합니다.

5. dar bom-dia   = 아침 인사를 하다.
   dar boa-tarde   = 점심 인사를 하다.
   dar boa-noite   = 저녁 인사를 하다.
   Ele me deu boa-noite quando me viu.

   ▶ 그는 나를 보고 나에게 저녁인사를 했다.

6. dar certo/errado = 좋은 결과/나쁜 결과가 나다.

A viagem deu certo, mas a reunião deu errado.

▶ 그 여행은 좋았지만, 그 회의는 결과가 좋지 못했다.

7. dar um susto = 놀라게 하다.

Eu gosto muito de dar susto nos outros.

▶ 나는 다른 사람들을 놀래키는 것을 좋아한다.

8. dar um tapa = 따귀를 때리다.

Ela me deu um tapa. (Eu levei um tapa.)

▶ 그녀는 나를 손바닥으로 때렸다. (내가 따귀를 유발시켰다=따귀를 맞았다.)

9. dar-se bem/mal com = 좋은 관계 / 나쁜 관계를 가지다.

Eu me dou bem com todo mundo. Não tenho problemas com ninguém.

▶ 나는 모든 사람들과 좋은 관계를 맺는다. (따라서) 그 누구와도 문제가 없다.

10. dar aula = 수업을 주다 = 가르치다.

Desde março, ele começou a dar aula de computação na nossa universidade.

▶ 3월부터 그는 우리 대학에서 컴퓨터 강의를 하고 있다.

A 관련 문장 번호 써넣기

1. 죄송합니다. 전화를 드릴 수가 없었습니다.

2. 그가 나를 발로 찼습니다.

3. 당신의 생일을 축하합니다.

4. 너무 더운 날에는 일을 제대로 할 수 없다.

5. 그 레스토랑의 문은 공원쪽으로 나있다.

6. 설탕 1kg으로는 그 과자를 만들 수 없다.

7. 내가 음악에 소질이 없는 것이 안타깝다.

8. 여행 계획을 제대로 세우지 않아서, 모든 것이 엉망이 되었다.

9. 그녀들은 서로 잘 통한다. 아주 좋은 친구 사이이다.

(　　) A porta do restaurante dá para o parque.

(　　) Desculpe, não deu para telefonar.

(　　) Dou-lhe parabéns pelo seu aniversário.

(　　) Elas se dão muito bem. São grandes amigas.

(　　) Ele me deu um pontapé.

(　　) Tudo deu errado porque não planejamos direito a viagem.

(　　) Quando está muito quente não dá para trabalhar direito.

(　　) Um quilo de açúcar não vai dar para fazer os doces.

(　　) É pena, mas eu não dou para música.

B Dar 동사로 대체시키기

> Eles estavam contentes porque o plano **tinha sido um sucesso**.
>
> Eles estavam contentes porque o plano **tinha dado certo**.
>
> ▶ 그들이 그 순간 만족해 한 이유는 그 계획이 성공했기 때문이다.
>
> (= 그들은 그 계획이 성공했기 때문에 만족해했(었)다.)

1. Eles estavam desanimados porque o projeto foi um fracasso.
   ▶ 그들은 프로젝트가 실패해서 의기소침해 있었다.

   ....

2. Ele é tão engraçado que não é possível ficar triste ao seu lado.
   ▶ 그는 너무 웃겨서, 그의 옆에서 슬퍼하는 것은 불가능하다.

   ....

3. Este dinheiro só é suficiente para comprar um apartamento pequeno.
   ▶ 이 돈은 단지 작은 아파트 한 채를 살 정도이다.

   ....

4. Desta sala a gente vê a praia.
   ▶ 이 거실에서 우리는 바다를 본다. (=이 거실에서 바다가 보인다.)

   ....

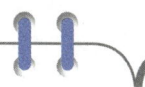

5. Estamos todos contentes porque nossa idéia teve bom resultado.

　▶ 우리는 우리의 아이디어가 좋은 결과를 냈기 때문에 매우 만족합니다.

　………．

6. Ela gosta da irmã e vive bem com ela.

　▶ 그녀는 여동생을 좋아하고 그녀와 잘 지낸다. (=그녀는 자신의 여동생을 좋아해서, 그녀와 잘 지낸다.)

　………．

7. Vamos, diga "Bom-dia" para ele!

　▶ 자, 그에게 "안녕하세요"라고 인사 해야지!

　………．

8. Ele não tem talento para negócios, por isso a empresa não teve bom resultado.

　▶ 그는 사업에 소질이 없다. 따라서 그의 기업은 좋은 실적을 내지 못했다

　(= 그는 사업에 소질이 없기 때문에, 그의 기업은 좋은 실적을 내지 못했다.)

　………．

9. Você acha que a gente pode comprar o carro com este dinheiro? Este dinheiro é suficiente?

　▶ 당신은 우리가 이 돈으로 그 차를 살 수 있을 거라고 생각합니까? 이 돈이면 충분합니까?

　………．

10. Vendo tanta coisa errada, não é possível ficar quieto.

　▶ 너무나 많은 일들이 잘못된 것을 봐서, 내가 가만히 있는 것이 불가능하다.

　(= 너무나 많은 일들이 잘못되고 있는 것 같아서 내가 나서지 않을 수 없다.)

　………．

직설법 과거미래
(Modo indicativo – Futuro do pretérito)

▶ 형태:

직설법 과거미래의 형태는 동사원형에 –ia를 붙여 만든다.

1) 규칙동사: 〈V(동사원형) + ia〉

1군 동사 – AR
MORAR

Eu	morar ia	Nós	morar íamos
Você		Vocês	
Ele	morar ia	Eles	morar iam
Ela		Elas	

2군 동사 – ER
VENDER

Eu	vender ia	Nós	vender íamos
Você		Vocês	
Ele	vender ia	Eles	vender iam
Ela		Elas	

3군 동사 – IR
ABRIR

Eu	abrir ia	Nós	abrir íamos
Você		Vocês	
Ele	abrir ia	Eles	abrir iam
Ela		Elas	

* SER동사

SER의 과거미래			
Eu	ser ia	Nós	ser íamos
Você		Vocês	
Ele	ser ia	Eles	ser iam
Ela		Elas	

2) 불규칙 동사: fazer → far, trazer → trar, dizer → dir

FAZER			
Eu	far ia	Nós	far íamos
Você		Vocês	
Ele	far ia	Eles	far iam
Ela		Elas	

TRAZER			
Eu	trar ia	Nós	trar íamos
Você		Vocês	
Ele	trar ia	Eles	trar iam
Ela		Elas	

DIZER			
Eu	dir ia	Nós	dir íamos
Você		Vocês	
Ele	dir ia	Eles	dir iam
Ela		Elas	

(A) 직설법 과거미래의 용법 1 : 마음은 있으나 현실적으로 불가능할 때

Eu **permitiria** sua entrada, mas agora não dá para abrir a porta.
▶ 난 당신의 입장을 허락하려 했으나, 지금은 문을 열 수가 없다.

1. (explicar)

Eu lhe _____ o problema, mas agora não dá. Não tenho tempo.
▶ 내가 너에게 그 문제를 설명하려 해도 지금은 불가능하다, 시간이 없다

2. (dar)

Ele lhe _____ estas informações, mas hoje não dá. Ele não veio trabalhar.
▶ 그는 네게 이 정보를 주려 하지만, 오늘은 불가능하다. 그가 일하러 오지 않았다.

3. (gostar)

Ela _____ de viajar, mas o salário dela não dá.

▶ 그녀는 여행하고 싶어 하지만, 그녀의 월급으로는 불가능하다.

4. (abrir)

Eu _____ o cofre para você, mas não dá. Não tenho a chave.

▶ 너를 위해 이 금고를 열려 해도 지금은 불가능하다. 열쇠가 없다.

5. (ficar)

Ele _____ rico com esse projeto, mas ele não dá para negócios.

▶ 그는 그 프로젝트로 부자가 될 수 있다. 하지만, 그에겐 사업수완이 없다.

Ⓑ 직설법 과거미래의 용법 2 : 공손한 표현을 하고자 할 때

> Ajude-me! Você poderia me ajudar, por favor?
> ▶ 저를 도와주세요. 당신이 도와주실 수 있습니까?
>
> → **Será que** você **poderia** me ajudar, por favor?
> → 혹시 당신이 저를 도와주실 수 있을까요?

1. Mostre-me seus documentos!

▶ 당신의 서류를 보여주세요!

....

→ 혹시 당신의 서류를 제게 보여주실 수 있을까요?

2. Acabe logo este trabalho!

▶ 이 일을 빨리 끝내 주세요!

....

→ 혹시 이 일을 빨리 끝낼 수 있을까요?

3. Esperem-me lá fora.

▶ 당신들은 밖에서 저를 기다려 주세요.

....

→ 혹시 저기 밖에서 저를 기다려주실 수 있으세요?

4. Por favor, passe-me o açúcar.

▶ 설탕을 제게 주세요.

....

→ 혹시 제게 설탕을 건네 주실 수 있으세요?

5. Traga-me o café e a conta, por favor.

▶ 커피와 계산서를 제게 갖다 주세요.

....

→ 혹시 제게 커피와 계산서를 갖다 주실 수 있을까요?

6. Não faça barulho.

▶ 소리내지 마세요.

....

→ 혹시 소음을 내지 않으실 수 있을까요?

7. Diga-me que horas são.

▶ 제게 시간을 알려주세요.

....

→ 혹시 지금 시간을 제게 말씀해 주실 수 있을까요?

8. O chefe não está. Passe mais tarde.

▶ 제 상사께서는 지금 안계십니다. 나중에 다시 와주세요.

....

→ 제 상사는 지금 자리에 없습니다. 혹시 나중에 다시 오실 수 있으세요? (=나중에 다시 오세요.)

9. Estou com calor. Abra a janela.

▶ 전 지금 덥습니다. 창문을 좀 열어 주십시오.

....

→ 전 지금 덥습니다. 혹시 창문을 좀 열어 주실 수 있으세요?

10. Estamos atrasados. Ande mais depressa.

▶ 우리는 지각입니다. 더 빨리 걸으세요.

....

→ 우리는 지각입니다. 혹시 좀 더 빨리 걸을 수 있을까요?

···▶ 어원이 같은 단어들 : 동사에서 파생한 명사와 형용사

동사	명사	형용사
aconselhar	o conselho	aconselhável
alegar	a alegria	alegre
ausentar-se	a ausênsia	ausente
cansar	o cansaço	cansado
corrigir	a correção	correto
dificultar	a dificuldade	difícil
empobrecer	a pobreza	pobre
enfraquecer	a fraqueza	fraco
enriquecer	a riqueza	rico
entristecer	a tristeza	triste
habituar	o hábito	habituado habitual
ignorar	a ignorância	Ignorante
interessar	o interesse	Interessante
mentir	a mentira	mentiroso
morrer	a morte	morto
obrigar	a obrigação	obrigatório
rir	a risada / o riso	risonho
sensibilizar	a sensibilidade	sensível
sorrir	o sorriso	sorridente
viver	a vida	vivo

••••▶ 관용표현

— **estar/ficar de cara amarrada** : 찡그린 얼굴을 하다 (기분 나빠하다 / 화내다).

  Ele ficou de cara amarrada porque cheguei tarde.

  ▶ 내가 늦게 도착해서 그는 얼굴을 찡그렸다 (=화를 냈다.)

— **pôr os pingos nos 'is'** : 'is'에 점을 찍어 넣다 (정확히 계산하다 / 제대로 정리하다).

  Esta história está muito mal contada. Vamos pôr os pingos nos is.

  ▶ 이 이야기는 아주 잘못되었다. 잘못 된 부분을 제대로 수정해보도록 하자.

— **ir por água abaixo** : 물을 타고 아래로 떨어지다 (엎어진 물, 실패하다).

  Nossos planos falharam. Foi tudo por água abaixo.

  ▶ 우리의 계획은 실패했다. 모든 것을 잃었다.

— **estar/ficar de pernas para o ar** : 다리가 하늘을 향하다 (난장판이 되다).

  A casa ficou de pernas para o ar depois da festa.

  ▶ 그 파티 이후에 집이 난장판이 되었다.

— **pisar em ovos** : 계란 위를 걷다 (아슬아슬하다, 매우 조심스럽다).

  Ele é tão complicado que a gente pisa em ovos quando fala com ele.

  ▶ 그는 매우 까다로운 사람이라, 그와 대화할 때 우리는 매우 조심한다.

— **(uma) "batata quente"** : 뜨거운 감자 (처리하기 까다로운 일이나 물건, 사람)

  Que "batata quente"! Como vamos resolver isso?

  ▶ 앗 "뜨거운 감자!" 우리가 이 까다로운 문제를 어떻게 처리해야 할까요?

— **bater papo** (새의) 모이주머니를 때리다 : (수다를 떨다).

  Ela adora bater papo com os amigos no telefone.

  ▶ 그녀는 전화로 친구들과 수다 떠는 것을 정말 좋아한다.

— **estar viajando** : 딴 생각을 하다.

  Ele está viajando na aula.

  ▶ 그는 수업시간에 딴 생각을 하고 있다 (직역 : 여행 중이다).

De papo pro ar!

A: Se eu fosse você, eu não faria aí na beira do rio pescando o dia inteiro.

B: Porque não?

A: Porque está errado. O homem precisa de ambições.

B: Se o senhor estivesse no meu lugar, o que o senhor faria?

A: Eu aprenderia… um oficio.E iria trabalhar na cidade.

B: E depois?

A: Depois eu não perderia tempo. Trabalharia dia e noite.
   Juntaria dinheiro, faria meu pé-de-meia.
   Construiria uma casa, teria alguns filhos… um belo automóvel, …
   empregados…

B: E depois?

A: Depois de alguns anos, quando eu já estivesse rico,…
   Eu tiraria umas férias e iria passear num lugarzinho bem sossegado, sem
   barulho, sem correria.

B: E o que o senhor faria lá?

A: Ora, eu ficaria o dia todo na beira do rio, de papo pro ar, pescando, pescando.

한가하게 강가에서 낚시질 하기!

A: 내가 만일 당신이라면, 강가에서 하루종일 낚시를 하고 있지는 않을 겁니다.

B: 왜 그렇게 하면 안 된다는 거지요?

A: 왜냐하면 (지금 당신이 강가에서 낚시질만 하고 있는 것이) 잘못되었기 때문입니다
   남자라면 야망을 가져야지요

B: 만일 선생님이 제 입장이라면, 뭘 하시겠습니까?

A: 나는 기술을 배우겠어요. 그리고 도시로 가겠습니다.

B: 그 다음에는요?

A: 그 다음에는 시간을 허비하지 않고 밤낮으로 일을 할 것입니다.
   그리고 돈을 모아서 저축을 할 것입니다.
   그리고 집을 짓고, 아이들을 낳고… 아주 근사한 차를 (사고)…
   일하는 사람들을 두고 (근사하게 살겠습니다)…

B: 그 다음에는요?

A: 몇 년 동안 돈을 모아, 내가 (이미) 부자가 되면 … …
   휴가를 내서, 소음도 없고 바쁜 일도 없는, 아주 고요한 곳으로 여행을 갈 것입니다.

B: 그럼 그곳에서 무슨 일을 하실 겁니까?

A: 음… 한가하게 아무것도 하지않고, 강가에서 하루 종일 낚시질만 할 겁니다.

*본문의 제목 "De papo pro ar!"의 원래의 뜻은 "아무 것도 하지 않고 빈둥거리며 놀기!"라는 뜻을 갖고 있지만, 대화의 내용을 쉽게 이해하기 위해서 "한가하게 강가에서 낚시질 하기!"로 하였다.

조건절 (가정법)
(Orações condicionais)

포루투갈어의 조건절(Orações condicionais)은 영어의 가정법에 해당하는 것으로 두 가지 형태 – 과거와 미래 – 가 있다. 조건절 과거는 현실과 반대인 경우에, 조건절 미래는 미래에 대한 단순 가정으로 실현 가능성을 나타낸다. 따라서 누군가가 내게 "만일 내게 시간과 돈이 있다면, 네게 저녁을 사고 싶다."라는 뜻을 전할 때, 그것이 현실적으로 불가능하다면 조건절 과거로, 그리고 그것이 향후 가능하다면 조건절 미래로 말해야 한다. 그런데 조건절 과거의 종속절에는 접속법 반과거가 사용됨으로 "접속법 반과거"라고 부르기도 하고, 또한 조건절 미래의 종속절에는 접속법 미래가 사용됨으로 "접속법 미래"라고 부르기도 한다.

*원래 포르투갈어의 법(Modo)에는 직설법, 명령법, 접속법, 부정법만이 존재한다. 즉 포르투갈어에는 가정법이 존재하지 않다는 것인데, 본서에서는 영어에 익숙한 학생들의 이해를 돕기 위해 가정절 혹은 가정문이라 하지 않고, 대신 가정법으로 쓰고 있다.

▶ 조건절의 시제를 결정하는 요인

1) 실현가능성이 전혀 없을 때

〈조건절 과거〉

Se eu tivesse tempo e dinheiro, eu pagaria um jantar para você.

(종속절의 동사가 접속법 반과거임으로, 현 시점에서 저녁을 사는 것이 불가능함을 나타냄)

〈조건법 과거완료〉

Se eu tivesse tido tempo e dinheiro, eu pagaria um jantar para você.
Se eu tivesse tido tempo e dinheiro, eu teria pago um jantar para você.

(종속절의 동사가 접속법 과거완료임으로, 과거 시점에서 저녁을 사는 것이 불가능했음을 나타냄)

2) 실현가능성이 있을 때

〈조건절 미래〉

Se eu tiver tempo e dinheiro, eu pago um jantar para você.

(종속절의 동사가 접속법 미래임으로, 미래 언젠가 조건이 갖추어지면, 저녁을 사겠다는 뜻을 나타냄 – 실현 가능성을 표현)

▶ se로 시작하는 조건절과 주절의 시제

	Se로 시작하는 조건절	주절
조건절(가정법) 과거 　(현재의 사실과 반대) 　(과거의 사실과 반대)	접속법 반과거 접속법 과거완료	직설법 과거미래 직설법 과거미래 완료
조건절(가정법) 미래 　(미래에 대한 단순 가정)	접속법 미래	직설법 단순 미래

Ⓐ 조건절 과거 1

(poder / vir)

Se eles pudessem, viriam aqui.

▶ 그들은 그들의 상황이 가능하다면, 이곳에 올 것이다.

---

1. (falar / ouvir)

   Se você _____ mais alto, ele te _____.

   ▶ 만일 네가 더 크게 말한다면, 그가 너의 말을 들을 수 있을 텐데.

2. (estar / ajudar)

   Se ela _____ aqui conosco, ela nos _____.

   ▶ 만일 그녀가 여기 우리와 함께 있다면, 우리를 도와줄 텐데.

3. (gostar / conhecer)

   Você com certeza _____ dele se o _____.

   ▶ 만일 네가 그를 안다면, 분명히 너는 그를 좋아할 거야.

4. (receber / ficar)

   Se eu _____ uma carta hoje, _____ muito contente.

   ▶ 내가 만일 오늘 편지 한 통 받는다면, 매우 만족할 텐데.

5. (gastar / ter)

Se eles _____ menos, _____ mais dinheiro no banco.

▶ 만일 그들이 지출을 줄인다면, 은행에 돈을 더 많이 갖고 있을 텐데.

6. (dormir / trabalhar)

Se ele _____ mais, _____ melhor.

▶ 만일 그가 잠을 더 잔다면, 일을 더 잘 할 수 있을 텐데.

7. (viajar / permitir)

Eu _____ para a Europa este ano se meus negócios o_____ .

▶ 만일 내 사업이 잘 된다면, 나는 올해 유럽으로 여행 갈 텐데.

8. (gostar / aceitar)

Ele _____ de dançar com ela se ela _____ .

▶ 그녀가 수락한다면, 그는 그녀와 함께 춤을 추려고 할텐데.

9. (ficar / receber)

Nós _____ mais tranqüilos se _____ notícias

dos nossos filhos.

▶ 만일 자식들로부터 소식을 듣게 된다면, 우리 마음이 보다 편안할 텐데.

10. (ser / ter)

Minha vida _____ mais fácil se eu _____ um salário maior.

▶ 내가 월급을 좀 더 많이 받는다면, 나의 삶이 보다 나을 텐데.

11. (ter / levar)

Se eu _____ um carro, _____ minhas crianças para

o Parque de Everlândia.

▶ 내가 차가 있다면, 아이들을 에버랜드 공원으로 데리고 갈텐데.

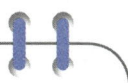

B 조건절 과거 2

(ter tempo / estudar)

Se eu **tivesse** mais tempo, **estudaria** francês.

▶ 만일 내게 시간이 (더) 있다면, 불어를 공부 할텐데.

1. (ter dinheiro / comprar)

   ....

2. (poder / jantar)

   ....

3. (estar frio / ficar em casa)

   ....

4. (estar feliz / sorrir)

   ....

5. (ir ao médico / sarar)

   ....

6. (ser verão / ir à praia)

   ....

7. (querer / ajudar)

   ....

8. (ler / gostar)

   ....

9. (trabalhar / ficar rico)

   ....

C 조건절 과거 3

(ter dinheiro / trabalhar mais)

Ele **teria** mais dinheiro se **trabalhasse** mais.

▶ 만일 그가 일을 더 많이 했다면, 돈을 더 많이 갖고 있을텐데.

1. (ficar em casa / estar frio)

   ....

2. (morar num apartamento / poder escolher)

   ....

3. (sorrir / estar contente)

   ....

4. (gostar / deste livro / ler)

   ....

5. (ficar rico / trabalhar direito)

   ....

6. (resolver problemas / ouvir os amigos)

   ....

7. (ficar doente / comer mal e dormir pouco)

   ....

D 질문에 대답하기

1. O que você faria se fosse milionário?
   ▶ 당신이 만일 백만장자라면, 무엇을 하시겠습니까?

   ....
   ▶ 세계 여행을 하겠어요.

2. O que você faria se fosse um grande jogador de futebol?
   ▶ 만일 당신이 위대한 축구선수라면, 무엇을 하시겠습니까?

   ....
   ▶ 유럽에서 선수생활을 하고 싶습니다.

3. O que você faria se ganhasse (um grande prêmio) na loteria?
   ▶ 만일 당신이 엄청난 복권 당첨금을 갖게 된다면, 무엇을 하시겠습니까?

   ....
   ▶ 가족을 위해 시내에 커다란 아파트를 한 채 사겠습니다.

4. Se você pudesse criar e organizar(=fazer e administrar) uma cidade, como seria ela?
   ▶ 만일 당신이 어떤 도시를 만들어서 행정을 맡게된다면, 그 도시는 어떤 도시가 될까요?

   ....
   ▶ 저는 모든 시민이 걱정없이 살 수 있는 집을 많이 짓도록 하겠습니다.

5. Se você ficasse sabendo que o mundo iria acabar amanhã, o que você faria?
   ▶ 만일 당신이 내일 지구가 멸망한다는 것을 알게 된다면, 삶의 마지막 순간 당신은 무엇을 하시겠습니까?

   ....
   ▶ 사과 나무 한 그루를 심겠습니다.

E 예문처럼 질문하기

(Você sozinho em casa → fazer / ladrão entrar)

Imagine você sozinho em casa!

O que você faria se, de repente, um ladrão entrasse no seu quarto?

▶ 당신이 혼자 집에 있을 때,

   갑자기 도둑이 당신 방으로 들어온다면, 당신은 어떻게 하시겠습니까?

1. Uma festa em sua casa.

   (dizer / vizinho reclamar do barulho)

   ▶ 집에서 파티를 할 때,

      만일 이웃이 소란스럽다고 항의한다면, 당신께서는 무엇이라고 말씀하시겠습니까?

   ....

2. Fazendo acampamento(= Acampando) numa noite de muito frio.

   (como acender o fogo / não ter fósforos)

   ▶ 어느 추운 날 밤 캠핑을 할 때,

      만일 성냥이 없다면, 당신께서는 어떻게 불을 지피시겠습니까?

   ....

3. À noite, numa cidade estranha.

   (onde dormir / hotéis estar fechados)

   ▶ 한 밤중에 어느 이상한 도시에서,

      만일 호텔들이 문을 닫았다면, 당신께서는 어디에서 주무시겠습니까?

   ....

4. Num helicóptero, só você e o piloto.

   (fazer / o piloto morrer de repente)

   ▶ 헬리콥터 안에는 파일럿과 당신뿐입니다.

      만일 갑자기 파일럿이 죽었다고 가정한다면, 당신께서는 어떻게 하시겠습니까?

   ....

5. À noite, numa estrada deserta.

   (fazer / acabar a gasolina)

   ▶ 밤에 어느 황량한 거리에서,

      만일 차의 기름이 떨어졌다면, 당신께서는 어떻게 하시겠습니까?

   ....

불규칙 동사(1) : seguir, perder, valer, medir, caber

▶ 형태: 직설법 현재에서 접속법 현재를 만든다.

SEGUIR		직설법 현재 Eu sig o → 접속법 현재 Eu sig a	
Eu	sig o	Nós	seguimos
Você		Vocês	
Ele	segue	Eles	seguem
Ela		Elas	

PERDER		직설법 현재 Eu perc o → 접속법 현재 Eu perc a	
Eu	perc o	Nós	perdemos
Você		Vocês	
Ele	perde	Eles	perdem
Ela		Elas	

VALER		직설법 현재 Eu valh o → 접속법 현재 Eu valh a	
Eu	valh o	Nós	valemos
Você		Vocês	
Ele	vale	Eles	valem
Ela		Elas	

MEDIR		직설법 현재 Eu meç o → 접속법 현재 Eu meç a	
Eu	meç o	Nós	medimos
Você		Vocês	
Ele	mede	Eles	medem
Ela		Elas	

CABER		직설법 현재 Eu caib o → 접속법 현재 Eu caib a	
Eu	caib o	Nós	cabemos
Você		Vocês	
Ele	cabe	Eles	cabem
Ela		Elas	

* caber동사는 오늘날 1인칭 단수 현재에는 사용되지 않는다는 짐에 유의할 것.

불규칙 동사(2)
-ear, -iar, -uir로 끝나는 동사의 접속법 현재

1) -ear로 끝나는 동사의 접속법 현재
passear, pentear, semear, bloquear, frear, recear

PASSEAR – 직설법 현재			
Eu	passei o	Nós	passeamos
Você		Vocês	
Ele	passeia	Eles	passeiam
Ela		Elas	

PASSEAR – 접속법 현재			
que eu	passei e	que nós	passeemos
que você		que vocês	
que ele	passeie	que eles	passeiem
que ela		que elas	

A -ear로 끝나는 불규칙 동사 연습: 알맞은 시제 넣기

> (passear)
> Antigamente nós **passeávamos** mais.
> ▶ 옛날에 우리들은 더 많이 놀러 다니곤 했는데.

1. (pentear-se)
   Eu sempre _____ pela manhã.
   ▶ 나는 언제나 아침에 머리를 빗는다.

2. (pentear-se)
   Ela proibiu que eu _____ ali.
   ▶ 그녀는 내가 거기서 머리 빗는 것을 금지했다.

3. (passear)
   Não quero que você _____ à noite.
   ▶ 나는 네가 밤에 놀러 나가는 것을 원하지 않아 (= 나는 네가 밤에 외출하는 것을 원하지 않아).

4. (frear)

Ontem eu _____ rápido, por isso não bati.

Se eu não _____, o acidente seria grave.

= Se eu não _____, o desastre teria ocorrido(=teria acontecido).

▶ 어제 나는 급정거 했다. 그래서 부딪히지 않았다.

　= 만약 내가 멈추지 않았다면, 큰 사고가 났(었)을 것이다.

5. (passear)

Quando éramos crianças, _____ sempre pela praia com nossos pais.

▶ 우리가 어렸을 적에, 우리들은 항상 부모님과 함께 해변을 걷곤 했다.

6. (recear / bloquear)

Eu _____ que a polícia _____ a rua e que não possamos passar.

▶ 나는 경찰이 우리들이 지나가지 못하게 그 길을 막을 것을 염려한다.

7. (passear / recear)

Ontem foi domingo, mas ninguém _____ na praia por causa do frio. Eu _____ que este verão não seja muito bom.

▶ 어제는 일요일이었지만, 날이 추워서 아무도 해변을 산책하지 않았다.

　나는 이번 여름의 날씨가 그리 좋지 않을 것이 걱정된다.

8. (semear)

"Quem _____ ventos colhe tempestades".

▶ 바람을 심으면, 태풍을 맞게 될 것이다(=되로 주고, 말로 받는다).

9. (pentear-se)

O professor não permite que nós _____ na sala.

▶ 그 선생님은 우리가 교실에서 머리를 빗는 것을 금지했다.

10. (semear)

No ano que vem eles _____ outros tipos de legumes.

▶ 내년에 그들은 다른 종류의 채소들을 심을 것이다.

2) -iar로 끝나는 동사의 접속법 현재
odiar, copiar, pronunciar, renunciar, presenciar

-iar로 끝나는 동사의 대부분은 규칙동사 변화를 하지만,
몇몇 동사들은 직설법 현재와 접속법 현재에서 다음과 같이 불규칙으로 변화한다.

ODIAR – 직설법 현재

Eu	odei o	Nós	odiamos
Você		Vocês	
Ele	odeia	Eles	odeiam
Ela		Elas	

ODIAR – 접속법 현재

Que eu	odei e	Que nós	odiemos
Que você		Que vocês	
Que ele	odeie	Que eles	odeiem
Que ela		Que elas	

▶같은 군 동사들의 직설법 현재와 동사 파생 명사

* copiar
  Eu copio　　　　ele copia　　　　명사(a cópia)

* pronunciar
  Eu pronuncio　　ele pronuncia　　명사(a pronúncia)

* renunciar
  Eu renuncio　　　ele renuncia　　　명사(a renúncia)

* presenciar
  Eu presencio　　ele presencia　　명사(a presença)

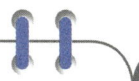

A **-iar**로 끝나는 (   ) 속의 동사를 알맞은 시제로 써넣기

1.(odiar)

Eu _____ vocês!

▶ 저는 당신들을 혐오합니다.

2.(odiar)

Eu o amo, embora ele me _____ .

▶ 비록 그가 나를 싫어하지만, 나는 그를 사랑합니다.

3.(copiar / odiar)

Na escola, antigamente, as crianças _____ páginas e páginas. Todo mundo _____ copiar.

▶ 옛날 학교에서는, 학생들이 손으로 몇 페이지씩 배껴 써야만 했다. 모든 학생들이 베껴 쓰는 것을 아주 싫어했다.

4.(odiar)

Vou dizer-lhe o que penso. Não me _____ por isso.

▶ 저는 당신께 제가 생각하는 것을 말씀드리려 합니다. 그렇다고 저를 미워하지는 마십시오.

5.(pronunciar)

É necessário que vocês _____ as palavras claramente.

▶ 너희들은 이 단어들의 발음을 명확하게 할 필요가 있다.

6.(odiar)

Todo mundo aqui nos _____, mas nós não _____. ninguém.

▶ 여기 있는 모든 사람들이 우리를 싫어하지만, 우리는 아무도 싫어하지 않는다.

참고) 4번의 경우, 동사 odiar 대신 culpar를 써서,

"그렇다고 저를 탓하지는 마십시오"라고 쓸 수 있다.

Vou dizer-lhe o que penso. Não me culpe por isso.

3) -uir로 끝나는 동사의 접속법 현재
destruir, atribuir, retribuir, substituir, poluir

~uir로 끝나는 동사의 대부분은 규칙동사이다.
단지 **construir**와 **distribuir**는 예외로
직설법 현재에서 다음과 같이 불규칙으로 변화한다.

CONSTRUIR	직설법 현재 eu constru o → 접속법 현재 eu constru a		
Eu	construo	Nós	construímos
Você		Vocês	
Ele	constrói	Eles	constroem
Ela		Elas	

DISTRIBUIR	직설법 현재 eu distribu o → 접속법 현재 distribu a		
Eu	distribuo	Nós	distribuímos
Você		Vocês	
Ele	distribui	Eles	distribuem
Ela		Elas	

(A) **-uir**로 끝나는 (   ) 속의 동사를 알맞은 시제로 써넣기

(construir)

Que tipo de casa sua fírma **constrói**?

▶ 당신의 회사는 어떤 형태의 집을 짓습니까?

1.(construir)

Engenheiros _____ edifícios.

▶ 엔지니어들이 건물을 짓는다.

2. (destruir)

Dinamites _____ edifícios.

▶ 다이너마이트가 건물을 파괴한다.

3. (substituir)

As máquinas _____ os operadores.

▶ 기계들이 공장직공들을 대체했다.

4. (construir)

Duvido que eles _____ uma casa maior.

▶ 과연 그들이 더 큰 집을 지을까요? (저는 그렇지 않을 것이라고 생각합니다.)

5. (poluir / destruir)

As indústrias _____ o ambiente e _____ a tranqüilidade da população.

▶ 산업이 환경을 오염시키고 사람들의 평온함을 깨뜨려 버렸다.

* 내용상 destruir a tranquilidade 대신 acabar a tranquilidade 를 쓸 수 있음.

6. (destruir / construir / reconstruir)

Há alguns dias uma grande tempestade _____ a ponte que nós tínhamos _____. Agora precisamos _____ -la.

▶ 며칠전 태풍이 우리가 건설한 다리를 파괴했다. 그래서 지금 그것을 재건설할 필요가 있다.

7. (construir / distribuir)

O governo _____ casas e _____ alimentos para a população.

▶ 정부가 집을 짓고 사람들에게 음식을 나누어 주었다.

8. (diminuir)

Você sempre fica doente, _____ o peso.

▶ 당신은 항상 아프군요, 몸무게를 줄이세요.

직설법과 접속법(현재와 과거) 총복습

Ⓐ (   ) 속의 동사를 알맞은 시제로 써넣기

(medir)
Quanto você **mede**?
▶ 너는 키가 몇이니?

---

1. (medir)
   Eu _____ 1,60m e ele _____ 1,70m.
   ▶ 저는 160센티미터이고, 그는 170센티미터입니다.

2. (medir)
   Ele não quer que você _____ a sala. Ele já _____ ontem.
   ▶ 그는 당신이 그 방 크기를 측정하는 것을 원하지 않습니다. 그가 어제 이미 측정했습니다.

3. (valer)
   Este carro está muito maltratado. Já não _____ mais nada.
   ▶ 이 자동차는 너무 험하게 다루어졌습니다. 따라서 더 이상의 가치가 없습니다.

4. (valer)
   Gosto do meu carro, embora ele não _____ grande coisa.
   ▶ 비록 제 자동차가 비싼 것은 아니지만, 저는 제 차가 좋습니다.

5. (valer)
   Se minha casa _____ mais, eu a trocaria por um apartamento.
   ▶ 만일 제 집이 가치가 더 있다면, 저는 그것을 아파트와 바꾸겠습니다.

6. (caber)
   Esta bagagem não _____ em seu carro. É muito grande.
   ▶ 이 짐은 당신의 차에 들어가지 않습니다. 가방이 너무 큽니다.

7. (caber)

Para que sua mala _____ no armário, precisaremos tirar as caixas.
▶ 당신의 가방이 옷장 안에 들어갈 수 있도록, 우리는 박스들을 빼낼 필요가 있습니다.

8. (caber)

Para que os adultos _____ no sofá, as crianças sentarão no chão.
▶ 어른들이 소파에 앉으실 수 있도록, 아이들이 바닥에 앉을 것입니다.

9. (perder)

Preciso trabalhar. Já _____ muito tempo conversando com vocês.
▶ 저는 일을 해야 합니다. 당신들과 말하느라고, 이미 많은 시간을 잃었습니다.

10. (perder)

Se fosse mais cedo para a cama, não _____ a hora no dia seguinte.
▶ 좀 더 빨리 잠자리에 든다면, 그 다음날 지각하지 않을 겁니다.

11. (perder)

Se eu _____ o ônibus das 7 horas, com certeza perderia a reunião.
▶ 만일 제가 7시 버스를 놓친다면, 분명히 회의에 참석하지 못할 겁니다.

12. (perder)

Eu _____ o sono quando estou preocupado.
▶ 저는 뭔가 걱정이 있을 때, 잠을 거의 자지 못합니다.

13. (perder)

Vou dar-lhe um mapa para que você não se _____ .

▶ 당신이 길을 잃지 않도록 제가 당신께 지도 하나를 드리지요.

14. (seguir)

Eu _____ pela praia e meu cachorro sempre _____ atrás de mim.

▶ 제가 해변을 따라 걸으면, 제 강아지가 항상 제 뒤를 따라옵니다.

15. (seguir)

_____ aquele homem!

▶ 저 사람을 따라가세요!

16. (conseguir)

Veja! Eu não _____ acabar este desenho. O João também não

_____. Talvez você _____.

▶ 이것 좀 보세요! 저는 아직 이 그림을 완성하지 못했습니다. **João**도 마찬가지입니다. 아마 당신은 완
성할 수 있을 겁니다.

17. (conseguir)

Seria bom se você _____ duas entradas para o *show.*

▶ 당신이 그 쇼 입장권 2장을 얻을 수 있다면 참 좋을 텐데요.

18. (conseguir)

Ele estava aborrecido porque não tinha _____ um aumento de salário.

▶ 그는 월급 인상을 받는데 성공하지 못해서 화가 났(었)습니다.

19. (conseguir)

Ele está sempre muito ocupado, mas talvez nós _____ falar com ele.

▶ 그는 항상 바쁘지만 아마 우리는 (어떻게든) 그와 이야기 할 수 있을 겁니다.

20. (conseguir)

Ele duvidou que nós _____ acabar o trabalho em três dias. Mas

nós conseguimos!

▶ 그는 우리가 그 일을 3일 내에 끝낼 수 있을지 의문을 품었지만, 우리는 해냈습니다.

▶ 주의

직설법 현재의 경우:

* pedir, ouvir 동사

   (eu peço, ele pede / eu ouço, ele ouve)

*seguir, conseguir, perseguir, prosseguir 동사

   (eu sigo, ele segue / eu consigo, ele consegue)

* vestir, servir 동사

   (eu visto, ele veste / eu sirvo, ele serve)

* dormir 동사

   (eu durmo, ele dorme)

* rir 동사

   (eu rio, ele ri)

* sentir 동사

   (eu sinto, ele sente)

* subir 동사

   (eu subo, ele sobe)

* conferir, advertir, refletir 동사

   (eu confiro, ele confere / eu advirto, ele adverte / eu reflito, ele reflete)

직설법 과거의 경우:

* saber, trazer, caber 동사

   (soube, trouxe, coube)

명령법(Imperativo) 총복습

Ⓐ 불규칙동사

1. (abrir a porta porque ...)

   Felipe, por favor, abra a porta porque a sala está abafada.
   ▶ Felipe, 부탁인데, 이 교실이 숨이 찰 정도로 답답하니, 문 좀 열어줘.

2. (não perder a hora senão ...)

   ....
   ▶ 시간을 잘 지켜봐 (= 늦지 마) 그렇지 않으면 …⋯

3. (ouvir o que ele está dizendo para que ...)

   ....
   ▶ 그가 하는 말을 들어, ∼하기 위해서 …⋯

4. (sentir-se à vontade pois ...)

   ....
   ▶ 편하게 느껴라, 그러면 …⋯

5. (descobrir o que aconteceu senão ...)

   ....
   ▶ 무슨 일이 벌어졌는지 살펴봐라, 그렇지 않으면 …⋯

6. (ficar em casa porque ...)

   ....
   ▶ 집에 있어라, 왜냐하면 …⋯

7. (medir a mesa senão ...)

   ....
   ▶ 그 테이블의 크기를 재라, 그렇지 않으면 …⋯

8. (não odiar matemática pois ...)

....

▶ 수학을 혐오하지 마라, 왜냐하면 … …

9. (não mentir senão ...)

....

▶ 거짓말 하지 마라, 그렇지 않으면 … …

10. (repetir a informação pois ...)

....

▶ 그 정보(=소식)를 반복해라, 왜냐하면 … …

11. (não fugir senão ...)

....

▶ 도망가지 마라,그렇지 않으면 … …

12. (não tossir durante o concerto porque ...)

....

▶ 콘서트 중에 재채기 하지 마라, 왜냐하면 … …

13. (pedir mais ingressos para a palestra pois ...)

....

▶ 그 강연을 들을 수 있게 더 많은 입장권을 요구해라, 왜냐하면 … …

14. (vir mais cedo senão ...)

....

▶ 더 일찍 와라, 그렇지 않으면 … …

15. (acessar(=ir) aquele site e procurar pelo produto que você quer comprar.)

....

▶ 그 사이트에 가서 네가 사고싶어 하는 상품을 찾아봐.

B Sofia여사가 자신의 딸들 Ângela와 Beatriz 에게 남긴 다음의 메모를 명령법으로 작문하기 (다음 페이지의 직설법 문장을 참고 할 것)

Ângela 와 Beatriz 에게

나는 오늘 하루 밖에서 지낼 거야. 나는 너희들이 오늘 무엇을 해야하는지 너희들에게 상기시키려고 해(=얘기하려고 해). 우선 숙제를 하고 그 다음에 친구들과 놀도록 해. 11시 반에 점심을 먹고, 1시에는 학교에 가도록 해. (너희들은) 정신차려서 학교에 늦지 않게 도착하도록 해. 그렇게 하기위해서는, 옷을 입고 일찍 집을 나서도록 해. 그리고 깨끗한 블라우스를 입도록 해. (너희들은) 수업시간에 얌전히 있고, 그리고 모든 숙제들은 다 끝내도록 해.

학교에서 집에 도착하면, (너희들이) 원한다면 텔레비젼을 봐도 좋아.

이따 저녁에 보자. 안녕!

엄마가

Ângela e Beatriz

Vou passar o dia fora. Estou lhes lembrando o que vocês têm para hoje. Primeiro, vocês farão suas lições e só depois brincarão com suas amigas. Às onze e meia, vocês almoçarão e à uma hora irão para o colégio. Vocês ficarão atentas e não chegarão atrasadas. Para isto, vocês vão vestir-se e sair com antecedência e porão uma blusa limpa. Vocês serão comportadas durante as aulas e terão todos os deveres prontos.

Chegando do colégio, se quiserem, verão televisão.

Até o jantar. Beijos.

Mamãe

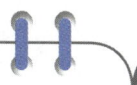

....
....
....
....
....
....
....
....
....
....

C 여행을 하기 전, 엄마와 동생에게 메모를 각각 남기려 한다.

• 부재기간 동안 엄마에게 부탁할 일을 명령법으로 작성해 보기.

....
....
....
....
....
....

• 동생이 집에서 해야 할일을 명령법으로 작성해 보기.

....
....
....
....
....
....

D ( )속의 동사를 명령법으로 바꾸어 넣기

1. (subir / descer / lambiscar)

   Baratinha, _____ pelo copo, _____ pela parte de dentro e
   _____ o vinho.

   ▶ 바퀴벌레야, 컵을 따라 올라가서, 컵 안으로 내려가. 그리고 포도주를 핥아봐.

2. (salvar)

   Gatinho, _____-me.

   ▶ 고양이야, 날 좀 구해줘.

3. (sair)

   Que é isso, baratinha. _____ já daí.

   ▶ 이게 뭐야! 바퀴벌레야, 거기서부터 빨리 나와.

4. (acreditar)

   Gatinho, não _____ em barata velha e bêbada.

   ▶ 고양이야, 늙고 취한 바퀴벌레를 믿지마.

5. (ser)

   Gatinho, não _____ tão imbecil.

   ▶ 고양이야, 그렇게 비겁하게 굴지마.

6. (fugir)

   Não _____ !

   ▶ 도망가지마!

7. (sequir)

   _____ ele!

   ▶ 그를 따라가!

••••▶ Perder 동사의 용법

1. **Perder alguma coisa** : 어떤것을 잃어버리다.

   Perdi meu guarda-chuva. Preciso comprar outro.

   ▶ 나의 우산을 잃어버렸다. 다른 우산을 사야 한다.

2. **perder a aula** : 수업을 빼먹다. 땡땡이 치다.

   Não posso perder esta aula.

   ▶ 나는 이 수업에 빠질 수 없다.

3. **perder o ônibus, o avião** : 버스(비행기)를 놓치다.

   Por causa do trânsito, perdi o avião.

   ▶ 교통체증 때문에, 비행기를 놓쳤다.

4. **perder a chance** : 기회를 잃다.

   Não perca esta chance!

   ▶ 이 기회를 놓치지 마라!

5. **perder tempo** : 시간을 허비하다.

   Você está perdendo tempo. Trabalhe!

   ▶ 당신은 시간을 허비하고 있다. 일을 해라!

6. **perder o sono** : 잠이 안오다.

   Perdi o sono e dormi pouco. Estou cansado.

   ▶ 잠이 오지 않아서 조금밖에 자지 못했다. 그래서 지금 피곤하다.

7. **perder a hora** : 시간이 가는 줄 모르다.

   Para não perder mais a hora, comprei um despertador.

   ▶ 더이상 지각하지 않기 위해서 자명종 시계를 하나 샀다.

▶ 관련단어

bêbado (술에 취한)	–	álcool (술)
debater-se (발버둥치다)	–	luta (투쟁, 싸움)
deparar (갑자기 마주치다)	–	surpresa (놀람)
engolir (삼키다)	–	comida (음식)
gargalhada (큰 웃음)	–	alegria (즐거움)
pata (고양이의 앞발)	–	pé (발)
cérebro (뇌)	–	pensamento (생각)
escorrer (물을 흘러내려가게하다)	–	líquido (액체)

▶ 같은표현

largar = permitir (허락하다)

tonto = confuso (어지러운, 혼란스러운)

lambiscar = comer beber um pouquinho (핥다, 조금씩 먹다)

implorar = pedir com desespero (간절하게 요청하다, 구걸하다)

deixar = abandonar (내버려두다, 포기하다, 놓다)

imbecil = bobo (멍청한)

▶ 구절풀이

cumprir uma promessa : 약속을 지키다

sair a trabalhar : 일하러 나가다

cair dentro do buraco : 구멍에 빠지다

começar correndo : 달리기 시작하다.

cair na gargalhada : 한바탕 웃다

acreditar em alguém : 누군가를 믿다

⋯▶ 어원이 같은 단어들: 명사에서 파생한 형용사, 부사, 동사

명사	형용사	부사
a força	forte	fortemente
a dúvida	duvidoso	duvidosamente
a verdade	verdadeiro	verdadeiramente
a saúde	saudável	saudavelmente
a timidez	tímido	timidamente
a felicidade	feliz	felizmente
a largura	largo	largamente
a altura	alto	altamente
a bobagem	bobo	bobamente
a inteligência	inteligente	inteligentemente
a ansiedade	ansioso	ansiosamente
a economia	econômico	economicamente
o cuidado	cuidadoso	cuidadosamente
o perigo	perigoso	perigosamente
o silêncio	silencioso	silenciosamente

명사	형용사	동사
a sujeira	sujo	sujar
a mentira	mentiroso	mentir
a permissão	permitido	permitir
a proibição	proibido	proibir
a confusão	confuso	confundir
a vida	vivo	viver
a vivência	vivido	vivenciar
a preocupação	preocupado	preocupar
a limpeza	limpo	limpar
a promessa	prometido	prometer
o cansaço	cansado	cansar

Para você que vai se casar.

Taubaté. 10 de março...

Minha querida amiga Laura

Aqui vão alguns conselhos para você que vai se casar dentro em breve. Seja paciente com seu marido e aprenda a ouvir e a não dizer nada. (É melhor não dizer nada do que criar problemas.) Use suas habilidades para conseguir dele o que está acontecendo.

Quando ele chegar em casa, exausto, irritado, seja agradável, converse, sorria, não discuta. Se ele quiser sair com você, vista sua roupa mais bonita para que ele se sinta feliz. Enquanto ele estiver assistindo ao futebol pela televisão, não o perturbe, mas, sempre que for possível, ofereça-lhe um cafezinho, um suco, talvez uns biscoitinhos…

Aconteça o que acontecer, fique sempre a seu lado. Confie nele. Acredite sempre em tudo o que ele lhe disser. Assim, querida amiga, haverá tranquilidade em seu lar e ele será um marido feliz. E você, esposa dedicada, com certeza encontrará a sua felicidade. Boa sorte!

Um abraço cheio de amizade,
da Susana

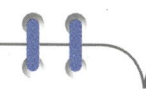

곧 결혼하는 친구에게 주는 충고

Taubaté, 3월 10일

나의 친구 Laura에게

내가 곧 결혼하는 네게 몇 가지 충고를 할께. 우선 남편에게 인내심을 갖어. 그리고 그가 하는 말을 귀담아 듣고, 아무말도 하지마. (문제를 만드는 것보다는 가만히 있는 것이 더 낫기 때문이야.) 어떤 일이 일어나고 있다면, 무슨일이 생기면 그의 도움을 받을 수 있게끔 네 능력을 발휘해봐.

그가 지치고 신경이 곤두서서 집에 돌아오면, 그와 기분좋게 웃으면서 대화하고, 그와 논쟁은 하지마. 그가 만일 너와 외출하고 싶어하면 그가 기분이 좋아지도록 네 옷중에서 가장 예쁜 옷을 입어. 그리고 그가 텔레비젼으로 축구경기를 관람하고 있을땐, 그를 방해하지마. 대신 가능하면 그에게 언제든지 커피나 주스 그리고 비스켓을 갖다 줘......

무슨 일이 있더라도, 그를 믿고 언제나 그의 곁에 있어. 그가 네게 하는 말 모두를 믿어. 그렇게 하면, 너는 아주 평화로운 가정을 유지하고 또한 너의 남편은 아주 행복해 할 거야. 네가 헌신적인 아내가 되면 틀림없이 너의 행복을 찾을 수 있을거야. 행운을 빌어!

너의 진정한 친구
Susana가

▶ 구절풀이

confiar em ~:	~을 믿다.
dar alguns conselhos para alguém:	~에게 충고를 하다.
aprender a ouvir e a não dizer nada.:	어떤 말을 듣고 아무말 하지 않는 것을 배우기.
	어떤 말을 듣고 전하지 않기 (= 침묵하기).

Cinco anos depois...

Florianópolis, 20 de outubro...

Querida Susana

Guarda bem guardada aquela carta que você me mandou há tanto tempo. Ela é minha Biblia, minha Tábua dos Dez Mandamentos. Sempre achei que, seguindo os conselhos que você me deu, eu seria feliz.

Mas acontece, eu não sei porquê, que meu casamento não está dando certo. O Arnaldo não é a marido com que eu sonhava. Imagine, ele não gosta de televisão e odeia futebol. Quando estou cansada, ele corre para a cozinha e traz um chá para mim! Nunca saimos à noite porque, diz ele, gosta de ficar sozinho comigo, ouvindo música.

Dinheiro, Susana, não é problema: desde a início de nosso casamento, tenho uma conta no banco só para mim. Posso fazer a que quiser sem dar explicações a ninguém! Como se isso não bastasse, o Arnaldo pede minha opinião sobre tudo e acha importante tudo o que eu diga. Eu não o entento...

Não aguento mais! Digam o que disserem, vou me separar dele. Amanhã mesmo, depois que ele sair para o trabalho, arrumarei minhas malas e abandonarei esta casa. Vou para a casa de mamãe. Não posso mais me sujeitar a viver com um homem que não me trata como esposa! Que desilusão!

Laura

Florianópolis, 10월 20일…

나의 친구 **Susana**에게

네가 오래 전 내게 보낸 그 편지를 나는 마치 성경의 **10**계명처럼 잘 간직하고 있어. 그동안 난늘 너의 충고를 잘 따르기만 하면 내가 행복해 질 것이라고 생각했어.

그런데 왜그런지 모르겠지만 내 결혼생활은 순탄치가 않아. **Arnaldo**는 내가 꿈꾸었던 그런 남편이 아니야. 생각해봐. 그는 텔레비젼 시청을 좋아하지도 않고, 축구는 아주 싫어해. 내가 피곤해 하면, 그는 부엌에 뛰어 들어가서 내게 차를 만들어 와! 우리는 그동안 밤에 외출한 적이 한번도 없어. 그이 말에 의하면 음악 들으면서 나랑 둘이있는게 좋대.

Susana, 돈은 문제가 아니야, 결혼 초부터 내명의의 통장이 있었거든. 난 누군가에게 어떠한 변명이나 설명을 할 필요 없이, 내가 원하는건 뭐든지 할 수 있어. 내 남편 **Arnaldo**는 그것으로 부족한지 모든것에 내 의견을 묻고 내가 말하는건 뭐든 중요하게 생각해. 나는 그를 이해할 수가 없어……

나는 더 이상 참을 수가 없어. 사람들이 뭐라고 하든, 나는 그와 이혼하려고 해. 바로 내일 그가 출근하면, 내 짐을 챙겨서 이 집을 떠날거야. 나는 나의 엄마집으로 갈 거야. 나는 더이상 나를 부인으로 취급하지 않는 남자와 함께 살 수가 없어. 결혼생활에 대한 환상이 깨졌어!

Laura가

조건절 미래에 사용되는 접속법 미래 (Modo subjuntivo – Futuro)

1군 동사 – AR
MORAR

Quando eu	morar	Quando nós	morarmos
Quando você		Quando vocês	
Quando ele	morar	Quando eles	morarem
Quando ela		Quando elas	

2군 동사 – ER
VENDER

Quando eu	vender	Quando nós	vendermos
Quando você		Quando vocês	
Quando ele	vender	Quando eles	venderem
Quando ela		Quando elas	

3군 동사 – IR
ABRIR

Quando eu	abrir	Quando nós	abrirmos
Quando você		Quando vocês	
Quando ele	abrir	Quando eles	abrir
Quando ela		Quando elas	

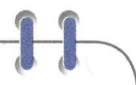

▶ 형태

직설법 3인칭 복수 과거에서 어미 –am을 빼고 만든다.

예) Eles tiveram → Quando eu tiver.

	직설법 3인칭 복수 과거	접속법 미래
beber	(Eles beberam)	Quando você beber

1. comer	(Eles comeram)	Quando eu comer
2. conseguir	(Eles conseguiram)	Quando você coneguir
3. sair	(Eles saíram)	Quando nós sairmos
4. pôr	(Eles puseram)	Quando eles puserem
5. dizer	(Eles disseram)	Quando vocês disserem
6. ir	(Eles foram)	Quando nós formos
7. **vir**	(Eles **vieram**)	Quando eu **vier**
8. **ver**	(Eles **viram**)	Quando eu **vir**
9. acabar	(Eles acabaram)	Quando nós acabarmos
10. fazer	(Eles fizeram)	Quando elas fizerem
11. atrair	(Eles atrairam)	Quando a Coréia atrair
12. trazer	(Eles trouxeram)	Quando eles trouxerem

조건절 미래

▶ 용법

1) 종속절이 미래를 나타낼 때

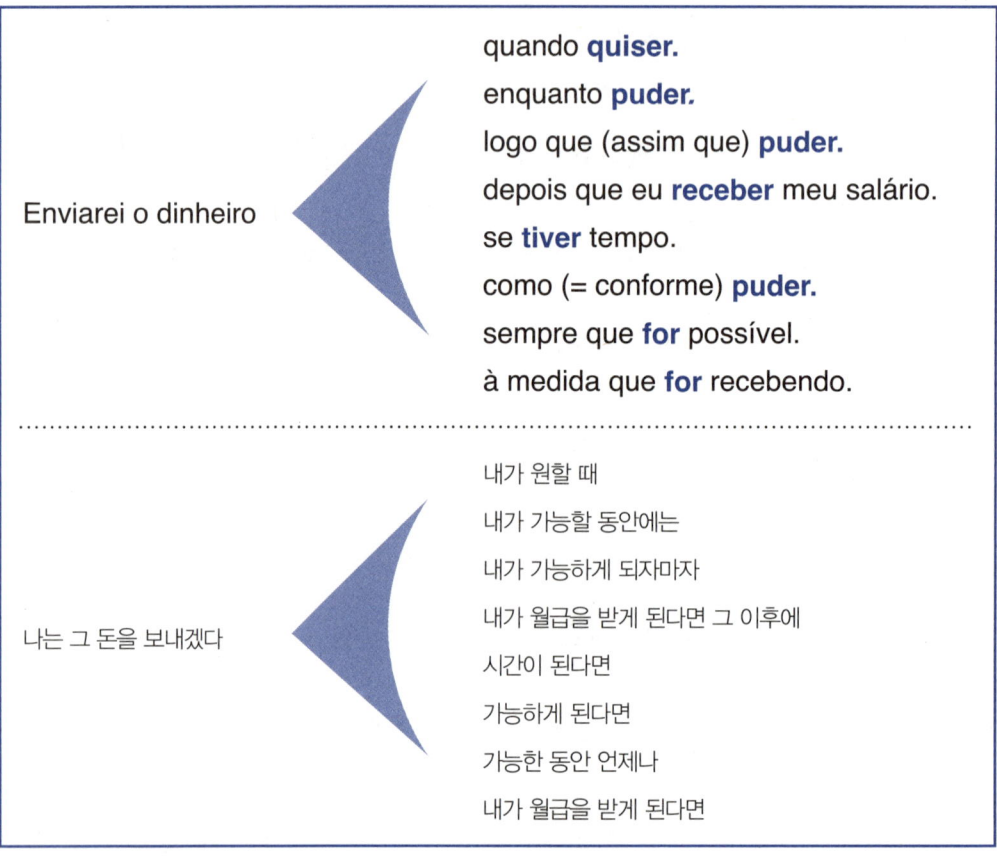

Enviarei o dinheiro

quando **quiser.**
enquanto **puder.**
logo que (assim que) **puder.**
depois que eu **receber** meu salário.
se **tiver** tempo.
como (= conforme) **puder.**
sempre que **for** possível.
à medida que **for** recebendo.

나는 그 돈을 보내겠다

내가 원할 때
내가 가능할 동안에는
내가 가능하게 되자마자
내가 월급을 받게 된다면 그 이후에
시간이 된다면
가능하게 된다면
가능한 동안 언제나
내가 월급을 받게 된다면

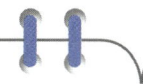

2) 관계절에서

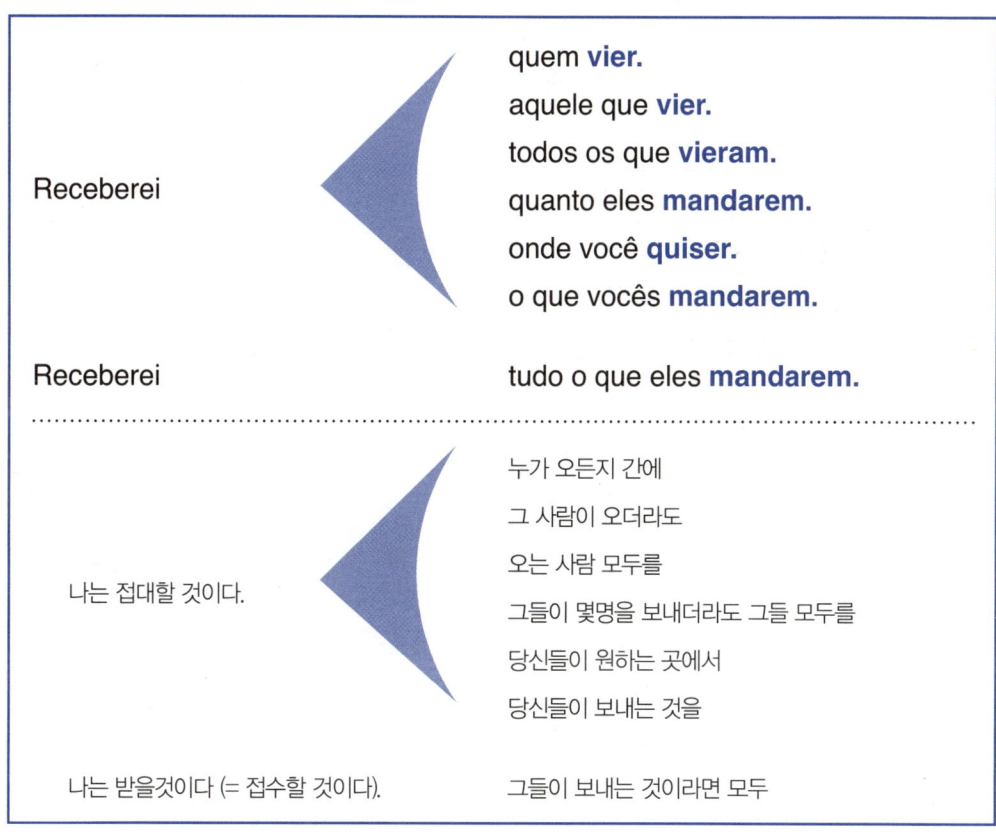

Receberei	quem **vier**.
	aquele que **vier**.
	todos os que **vieram**.
	quanto eles **mandarem**.
	onde você **quiser**.
	o que vocês **mandarem**.
Receberei	tudo o que eles **mandarem**.

나는 접대할 것이다.	누가 오든지 간에
	그 사람이 오더라도
	오는 사람 모두를
	그들이 몇명을 보내더라도 그들 모두를
	당신들이 원하는 곳에서
	당신들이 보내는 것을
나는 받을것이다 (= 접수할 것이다).	그들이 보내는 것이라면 모두

3) 관용어구에서

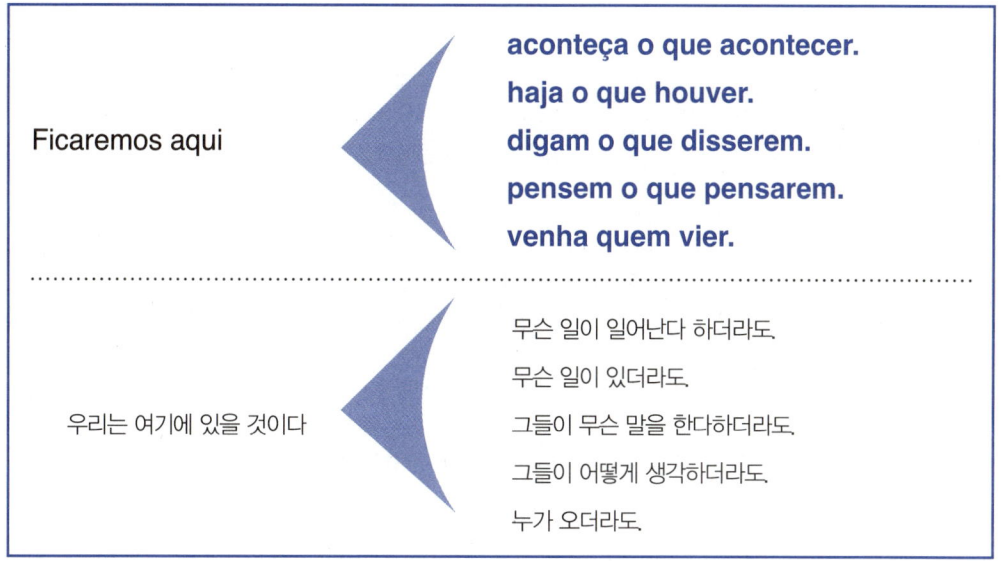

Ficaremos aqui	**aconteça o que acontecer**.
	haja o que houver.
	digam o que disserem.
	pensem o que pensarem.
	venha quem vier.

우리는 여기에 있을 것이다	무슨 일이 일어난다 하더라도.
	무슨 일이 있더라도.
	그들이 무슨 말을 한다하더라도.
	그들이 어떻게 생각하더라도.
	누가 오더라도.

조건절 미래에서 접속법 대신 직설법이 오는 경우

→ 조건절의 동사가 과거나 현재에서 어떤 행위를 나타낼 때

〈직설법 현재〉

Quando eu venho aqui, eu sempre o vejo.

▶ 내가 여기에 오면, 나는 그를 언제나 본다.

〈직설법 반과거〉

Quando eu vinha aqui, eu sempre o via.

▶ 나는 여기에 올 때마다, 그를 언제나 보곤했(었)다.

〈직설법 과거〉

Quando eu vim aqui, eu o vi.

▶ 내가 여기에 왔을 때, 나는 그를 보았다.

〈직설법 미래〉

Quando eu vier aqui, eu o verei.

▶ 만일 내가 여기에 온다면, 나는 그를 보게 될 것이다.

Ⓐ 조건절 미래 1

(poder)

Ele vai telefonar quando **puder**.

▶ 그는 그가 할 수 있을 때 (=가능할 때), 전화할 것이다.

1. (entrar)

Não gosto dele. Vou sair da sala quando ele _____.

▶ 나는 그를 좋아하지 않는다. 그가 사무실에 들어온다면, 나는 나갈 것이다.

2. (poder)

A situação é difícil, mas aguentaremos enquanto _____.

▶ 상황이 어렵지만, 우리는 가능한 한 인내할 것이다.

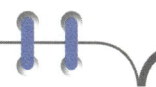

3. (estar)

O aluno não falará enquanto o professor _____ explicando a matéria.

▶ 선생님이 그 과목에 대해 설명하는 동안 (= 설명한다면), 학생들은 말하지 않을 것이다.

4. (ser)

O menino disse que será médico quando _____ grande.

▶ 그 소년은 커서 (= 어른이 되면) 의사가 될 것이라고 말했다.

5. (saber)

Telefonarei para você se _____ de alguma novidade.

▶ 어떠한 소식이라도 알게 된다면, 당신께 전화하겠습니다.

6. (chegar)

João trocará de roupa assim que _____ em casa.

▶ João은 집에 도착하자마자 (= 집에 도착한다면) 옷을 갈아입을 것이다.

7. (vender)

Teremos mais lucro à medida que _____ mais.

▶ 우리가 많이 팔면 팔수록, 더 많은 이익을 갖게 될 것이다.

8. (estar)

Venham visitar-me sempre que _____ livres.

▶ 시간이 나면 (= 시간이 나게 되면), 언제든지 나를 보러오세요 (= 저를 방문해 주세요).

9. (caber)

Levarei sua bagagem se ela _____ no carro.

▶ 만일 당신의 가방이 그 차에 들어간다면, 제가 가지고 갈께요.

10. (querer)

Se Deus _____ , tudo dará certo.

▶ 만약 신께서 원하신다면 (= 신의 뜻이라면), 모든 일이 잘 될 겁니다.

11. (dar licença)

Sairei logo que o professor _____.

▶ 선생님께서 허락하시면 (=허락하신다면), 나는 곧 나가겠습니다 (떠나겠습니다).

12. (ter)

Avisaremos quando _____ notícias.

▶ 새로운 소식을 알게 되면, 우리가 알려드릴게요.

13. (querer)

Faça como _____ .

▶ 당신이 원하는 대로 하세요.

14. (fazer / chover)

Se _____ calor ficaremos na praia, se _____ ficaremos em casa.

▶ 만일 날이 더우면 우리는 해변에 있을 것이고, 만일 비가 온다면 집에 있을 것이다.

15. (fazer)

Conforme o trabalho que nós _____ , ganharemos muito dinheiro.

▶ 우리가 일을 하는 것에 따라, 돈을 많이 벌게 될 것이다.

16. (fechar)

Depois que nós _____ as janelas, trancaremos todas as portas.

▶ 우리가 창문을 닫은 후에서야, 모든 문들을 잠글 것이다.

17. (estar)

Enquanto o sinal _____ vermelho, não poderemos passar.

▶ 신호등이 빨간색일 동안에는, 우리는 길을 건널 수 없다.

18. (ver)

Lembrarei o que aconteceu sempre que _____ José.

▶ 나는 José를 볼 때마다, 과거에 무슨 일이 일어났었는지를 언제나 기억할 것이다.

19. (vir ou chegar)

Quando nós _____ , traremos um presente.

▶ 만약 우리가 가게된다면, 선물을 가지고 가겠습니다.

20. (pedir)

Ajude-os, quando eles _____ auxílio.

▶ 그들이 도움을 요청할 때, 그들을 도와주세요.

21. (poder)

Pense em nós sempre que _____.

▶될 수 있는대로 (=가능하면) 우리를 생각해 주세요.

B 조건절 미래 2

1. (dar)

Aquele que _____ informações sobre meu cachorro será bem gratificado.

▶나의 개에 대한 정보를 주는 사람에게 감사의 뜻을 표할 것이다.

* "보상을 받게 될 것이다"라고 하려면 **será bem compensado** 라고 하면 된다.

2. (querer)

Todos os que _____ fazer o curso, deverão deixar o nome na secretaria.

▶그 과정을 하고자 하는 사람들은 모두 사무실에 이름을 남겨두세요.

3. (chegar)

Quem _____ primeiro escolherá o melhor lugar.

▶첫번째로 도착하는 사람이 가장 좋은 자리를 선택할 것이다.

4. (estar)

Levante a mão quem _____ contra.

▶반대하는 사람은 손을 드세요.

5. (estar)

Fique sentado quem _____ de acordo.

▶찬성하는 사람은 앉아 계세요.

6. (dizer)

Tudo quanto vocês _____ será gravado.

▶당신들이 말하는 모든 것이 녹음될 것이다.

7. (pagar)

Todos os que _____ em dia terão um desconto de 10%.

▶ 기한내에 돈을 지불하는 모든 사람들은 모두 10% 할인을 받게 될 것이다.

8. (poder)

O barco está afundando! Salve-se quem _____ .

▶ 배가 가라앉고 있다. 가능한 사람은 스스로가 자신을 구해야 한다.

9. (mandar)

Prometo que faremos tudo o que vocês _____.

▶ 당신들이 명령한 모든 것을 우리들이 할 것이라고 제가 약속합니다.

10. (trazer)

Receberemos bem todas as pessoas que eles _____.

▶ 그들이 만일 사람들을 데려온다면, 우리는 그들을 잘 맞이할 (=접대할) 것입니다.

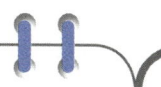

C 조건절 미래 3 (관형어구 만들기)

> "**Aconteça** o que **acontecer** ... " 　　　"무슨 일이 일어나든지 간에··· "
>
> <명령법> + <접속법 미래>

1.(ser)

_____ quem _____ , diga que não estou.

▶ 누구라고 하더라도, 내가 없다고 말해요.

2. (doer)

_____ a quem _____, diremos toda a verdade.

▶ 누구를 아프게 하더라도, 우리는 모든 진실을 말하겠다.

3. (haver)

_____ o que _____, continuaremos bons amigos.

▶ 무슨 일이 있어도, 우리는 좋은 친구관계를 유지할 것이다.

4. (dar)

_____ quanto _____, nunca pagará sua dívida.

▶ (그 돈이) 얼마가 되던지 간에, 너는 네가 진 빚을 절대 갚지 못할 것이다.

5. (ir)

_____ aonde _____, ele sempre será reconhecido.

▶ 어디를 가든 그는 항상 인정받게 될 것이다.

6. (fazer)

Não adianta, João. _____ o que _____, você não
resolverá o problema.

▶ João, 아무 소용없어. 네가 무슨 짓을 한다 해도, 너는 그 문제를 해결하지 못할 거야.

7. (estar)

Eu o encontrarei algum dia, _____ onde _____ .

▶ 그가 어디에 있든지간에, 나는 언젠가 그를 만나게 될 거야.

8. (chover)

_____ o quanto _____ , o calor não diminuirá.

▶ 비가 아무리 더 오더라도, 더위는 꺾이지 않을 것이다.

9. (ser)

Diga-me a verdade, _____ ela qual _____ .

▶ 진실이 어떻든간에, 내게 그것을 말해다오.

10. (dizer)

Vocês não me farão mudar de idéia, digam o que disserem.

▶ 당신들이 무슨 말을 할지라도, 내 생각을 바꿀 수는 없어요.

11. (custar)

Você me ouvirá _____ o que _____ .

▶ 당신은, 어떤 비용을 치르더라도, 나의 말을 듣게 될 겁니다.

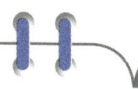

D 다음은 Laura가 남편 Arnaldo에게 남긴 편지이다.
내용에 따라 (   ) 속의 동사를 알맞게 변화시켜 보기.

Querido Arnaldo,

Sinto muito, mas esta é uma carta de despedida. Não posso mais continuar a seu lado porque o futuro será igual a todos os dias que passamos juntos até agora. Receio que, haja o que houver, você não mude de atitude. (custar)_____ o que _____, você continuará me tratando como se eu fosse apenas uma grande amiga sua, não sua esposa. Mas acredite, (estar) _____ onde _____ eu o amarei do mesmo do modo. (ir)_____ para onde _____, levarei você comigo no coração. E eu voltarei correndo, (acontecer)_____ o que _____ se você me quiser de volta. Basta chamar.

Sua Laura

사랑하는 **Arnaldo**,

미안하지만, 이 편지는 이별의 편지입니다. 미래에도 우리가 이제까지 함께 지내왔던 날들과 같을 것이기 때문에, 당신의 옆자리를 계속해서 지킬 수 없습니다. 나는 당신의 태도가 무슨 일이 있어도 변하지 않을 것이라 생각합니다. 내가 무슨 수단을 쓰더라도 당신은 나를 아내가 아닌, 단순히 매우 친한 여자친구로 대할 것입니다. 하지만 내가 어디에 있든지 간에, 나는 당신을 같은 방법으로 (= 예전처럼 똑같이) 사랑할 것입니다. 내가 어디를 가든지 간에, 당신을 내 가슴 속에 품고 다닐 것입니다. 그리고 만일 당신이 내가 돌아오기를 원한다면, 불러만 주세요. 무슨 일이 있어도, 저는 당신에게 달려서 돌아오겠습니다.

당신의 **Laura**가

비강세형 목적격 인칭대명사 (Pronome Átono)

목적격 인칭대명사에는 강세형(pronome tônico)과 비강세형(pronome átono)가 있는데 그 차이는 다음과 같다.

1) 강세형 목적격 인칭대명사(pronome tônico)란

comigo, conosco, para mim, para você, para ele, para ela, para nós, para vocês, para eles, para elas 처럼 전치사의 목적격을 말하는 것이고,

2) 비강세형 목적적 인칭대명사(pronome átono)란

직접목적어: me, te, o, a, nos, vos, os, as

간접목적어: me, lhe, nos, lhes

재귀대명사: se 를 말하는 것이다.

▶ 특징

1. o pronome átono 로는 절대로 문장을 시작할 수 없다.

2. o pronome átono를 동사 사이에 넣는 것은 문법에 어긋나지만,
   문어체에서 예외적으로 쓰일 수도 있다.

3. 그런데 브라질에서는 o pronome átono를 일반적으로 동사 앞에 놓는 경향이 있다.
   Eu me chamo Maria. (제 이름은 Maria 입니다.)
   Mariana nos visitou. (Mariana가 우리를 방문했다.)

▶ 위치 (1)

일반적으로 "Conte-me tudo." 처럼 동사 뒤에 오는 것이 원칙이지만
다음의 경우에는 동사 앞에 온다.

1. 부정을 나타내는 부사나 명사 다음에:
   não, nunca, ninguém, nada, nem 등

Ninguém me viu.

▶ (아무도 나를 보지 못했다.)

Nada me fará mudar de idéia.

▶ (아무것도 나의 생각을 바꾸지 못할 것이다.)

2. 부정 대명사 다음에:

tudo, vários, pouco, muito 등

Alguém me disse que você estava aqui.

▶ (누군가가 내게 너가 여기 있다고 말해주었다.)

Tudo se esquece.

▶ (모든 것은 잊혀진다)

3. 관계대명사 다음에:

que, quem, onde, o qual, cujo 등

A pessoa que nos atendeu estava ...

▶ (우리를 접대한 그 사람은 … 하고 있었다.)

4. 종속절을 이끄는 다음의 부사 다음에:

embora, para que, quando, se 등

Vou esperar até que você me diga o que aconteceu.

▶ (나는 네가 그동안 무슨 일이 일어났었는지를 말할 때까지 기다리겠다.)

5. 다음의 특정 부사 다음에:

sempre, já, bem, aqui, mais 등

Já lhe expliquei tudo.

▶ (나는 네게 이미 모든 것을 설명했다.)

6. 간절한 소망이나 욕망을 나타내는 절 속에서:

Deus me livre!

▶ (신이시여 저를 자유롭게 해주소서)

Deus te acompanhe!

▶ (하나님이 늘 너와 함께 하시기를!)

O diabo te carregue!

▶ (귀신이 너를 잡아가기를!)

7. 의문문과 감탄문에서:

Quem lhe disse isso?

▶ (누가 네게 그것을 말해주었니?)

Como você se chama?

▶ (너 이름은 뭐니?)

Como eles se amam!

▶ (그들이 어찌 그리 서로 사랑하던지!)

Quanto tempo me custou este trabalho!

▶ (이 일을 끝내기 위해 내가 얼마나 많은 시간을 투자했는지!)

▶ 위치 (2)

동사가 직설법 미래나 직설법 과거미래가 쓰일 경우, 비강세형 목적격 인칭대명사(pronome átono)의 위치는 다음의 예문처럼 반드시 동사의 활용 중간에 위치한다.

Dar-lhe-ei notícias.

▶ (제가 당신께 소식을 전해드리겠습니다)

Dir-lhe-ia tudo se pudesse.

▶ (만일 가능하다면, 제가 당신께 모든 것을 다 말씀드릴 텐데)

참고)*
    그런데 위의 경우들은 주로 문어체에서 멋을 부릴 때 사용된다.

A 비강세형 목적격 인칭대명사(pronome átono)의 위치 연습

(lhe)

Não **lhe** disse nada.

▶ 너에게(그에게,그녀에게) 아무 말도 하지 않았다.

*부정을 나타내는 단어 **não** 때문에 **lhe**가 동사 바로 앞에 위치.

---

1. (lhe)

Não telefonei ontem.

▶ 나는 어제 너 / 그(녀)에게 전화하지 않았다.

....

2. (me)

Diga o que sabe.

▶ 당신이 알고 있는 것을 내게 말해주세요.

....

3. (as)

Dei para meu melhor amigo.

▶ 나는 그것들을 나의 가장 친한 친구에게 주었다.

....

4. (se / lhe)

Nunca esqueça do que dissemos.

▶ 우리가 네게 말한 것을 절대 잊지 마라.

....

5. (se)

Alguém sentou na minha cadeira.

▶ 누군가가 내 의자에 앉았다.

....

6. (me)

Quando chamaram, já era tarde.

▶ 그들이 나를 불렀을 때, 이미 때는 늦었다.

....

7. (lhe)

Daria tudo para que dissesse a verdade.

▶ 당신이 진실을 말하게 하기 위해서, 나는 모든 것을 줄 수 있다.

....

8. (lhe / me)

Tudo daria para que dissesse a verdade.

▶ 당신이 내게 진실을 말하게 하기 위해서 (말해 준다면), 모든 것을 줄 수 있다.

....

9. (lhes)

Farei alguns favores.

▶ 나는 그들에게 약간의 호의를 베풀려고 한다.

....

10. (lhes)

Não farei nenhum favor.

▶ 나는 그들에게 어떠한 호의도 베풀지 않을 것이다.

....

11. (nos / nos)

Embora conte muita coisa, ele não conta tudo.

▶ 비록 그는 우리에게 많은 말을 하지만, (우리에게) 모든 것을 말하지는 않는다.

....

12. (lhe / me)

Peço que ouça.

▶ 나는 네게 / 그(녀)에게 간청한다. 내가 하는 말을 듣기를.

....

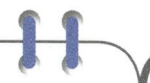

⋯▶ 목적격 인칭대명사 (4)

직접목적어:

1) 1인칭 복수+목적어 → mos – lo / la ("l" 첨가)

Bebemos o vinho → Bebe**mo-lo.** 우리가 그 포도주를 마셔버렸다.

Mandamos a carta → Manda**mo-la.** 우리가 그 편지를 부쳤다.

위와 같은 직접목적어 변화는 오늘날 잘 쓰이지 않는다.
단지 포르투갈어로 된 옛 문헌에서만 찾아볼 수 있는 표현이다.
하지만 우리가 이미 제1권 6과 목적격 인칭대명사 (1)에서 배운 형태와 같은 맥락이으로,
기억하기는 쉬울 것이다.

2) 조동사+동사원형+목적어 → ("l" 첨가)

Preciso pagar a conta → Preciso pag**á-la.**

계산할 필요가 있다. (= 돈을 지불할 필요가 있다.)

3) 3인칭 복수+목적어 → _am – mo / ma ("m" 첨가) → ("m" 이 "n"으로 변함)

Quebraram esta cadeira → Quebrar**am-na.**

그들이 이 의자를 부수어버렸다.

Ⓐ 이탤릭체로 쓰인 단어를 알맞은 목적격 대명사로 대체시키기

1. Infelizmente não podemos ajudar *nosso amigo.*
   ▶ 불행하게도 우리는 우리의 친구를 도와줄 수 없다.

   ....

2. Fiz tudo para destruir *as suspeitas.*
   ▶ 나는 그 용의자들을 파멸시키기 위해 모든 것을 했다.

   ....

3. Veremos *nosso filho* alegre.
   ▶ 우리는 우리의 아들이 기뻐하는 모습을 보게 될 것이다.

   ....

4. Levarei *a mala* comigo.
   ▶ 나는 그 가방을 가지고 갈 것이다.

   ....

5. Deixaremos *os documentos* na gaveta.
   ▶ 우리는 서랍에 그 서류들을 놓을 것이다.

   ....

6. Escreveremos *a carta* amanhã.
   ▶ 우리는 내일 그 편지를 쓸 것이다.

   ....

7. Não mandaremos *estas notícias* hoje.
   ▶ 우리는 이 소식을 오늘 전하지 않을 것이다.

   ....

8. Você sabia que recusei *a oferta?*
   ▶ 당신은 제가 그 제안을 거절한 것을 알고 계셨나요?

   ....

9. Se levarmos *as crianças*, não teremos sossego.
   ▶ 만약 우리가 아이들을 데려간다면, 우리에게 평화로움은 없을 것이다.

   ....

10. Conte tudo *para nós.*
    ▶ 우리에게 모든 것을 말해주세요.

   ....

11. Tudo será negado *aos nossos inimigos.*
    ▶ 모든 것이 우리들의 적들에게 거절될 것이다 (= 우리의 적들은 모든 것을 거절할 것이다).

   ....

12. Nada posso dizer *a você.*
    ▶ 나는 당신에게 아무 것도 말할 수 없다.

   ....

13. Queremos *as informações* agora.

   ▶ 우리는 지금 당장 그 정보들을 얻고 싶습니다.

   ....

14. Vimos *os rapazes* correndo.

   ▶ 우리는 그 청년들이 달려가는 것을 보았다.

   ....

15. Escutamos *a mesma música* três vezes.

   ▶ 우리는 똑같은 음악을 3번이나 들었다.

   ....

16. Os convidados beberam toda *a cerveja*.

   ▶ 그 초대된 손님들이 모든 맥주를 다 마셔버렸다.

   ....

17. Vocês deram *os bilhetes* a João?

   ▶ 당신들은 João에게 그 표들을 주었습니까?

   ....

18. Consegui trocar *a blusa*.

   ▶ 나는 그 블라우스를 바꾸는데 성공하였다.

   ....

19. Quero ler *o relatório* mais uma vez.

   ▶ 나는 그 보고서를 한 번 더 읽고 싶다.

   ....

20. Precisamos completar *o exercício* agora.

   ▶ 우리는 지금 그 연습문제를 끝내야 한다.

   ....

접두사(Prefixo) des- : 반대의 뜻을 나타냄

> (embrulhar) ↔ (**des**embrulhar)
>
> Desembrulho a garrafa de vinho que um amigo me enviou de lembrança.
>
> ▶ 나는 지금 내 친구가 나를 기억하고 보낸 포도주 병 포장을 뜯고 있다.
>
> (arrumar) ↔ (**des**arrumar)
>
> Se desarrumou o quarto, então arrume!
>
> ▶ 방을 어질러 났으면, 치워라!

1. (embrulhar)   ▶ 포장을 풀었으면, 그러면 포장을 해라!

   Se_____ , então _____ !

2. (amarrar)   ▶ 매듭을 지었으면, 풀어라! (결자해지)

   Se _____, então _____ !

3. (fazer)   ▶ 망쳤으면, 새로 다시 만들어라!

   Se _____, então _____ !

4. (aparecer)   ▶ 사라졌으면, 나타나라!

   Se _____, então _____ !

5. (cobrir)   ▶ 덮개를 벗겼으면, 덮어라!

   Se _____, então _____ !

6. (montar)   ▶ 분해했으면, 다시 맞춰라!

   Se _____, então _____ !

7. (pentear)   ▶ 머리카락이 엉켰으면, 빗어라!

   Se _____, então _____ !

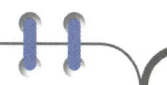

••••▶ 전치사(Preposições)

> 1. Penso no meu ex-namorado **sem** saudade, nem mágoa, nem arrependimento ...
> ▶ 나는 나의 옛 남자친구를 생각한다. 그리움 없이, 고통과 후회는 말할 필요도 없이.
>
> 2. Prefiro ficar sozinho **em** casa quieta, curtindo um filme.
> ▶ 나는 조용한 집에서, 영화 한편을 보는 것을 더 즐긴다.(= 선호한다).

▶ 단순 전치사와 그 밖의 전치사들

단순 전치사(들)				그 밖의 전치사(들)
a	ante			
com	contra	após		segundo = conforme (~에 의하면)
de	desde		até	
em	entre	por		durante (~ 하는 동안)
para	perante			
sem	sob	sobre		exceto (~을 예외로, ~을 제외하고)

Ⓐ 단순 전치사 1

1. O navio partiu _____ a tripulação completa, (승객을 가득 싣고)
   ▶ 그 배는 떠났다.   _____ mim,   (나 없이)
   _____ muita demora,   (아주 늦게)
   _____ uma chuva de confetes, (색종이 폭죽 속에서)
   _____ Lisboa.   (리스본을)

2. Os convidados estão chegando _____ pé,   (걸어서)
   ▶ 초대된 사람들이 도착하고 있다. _____ automóvel, (차로)
   _____ avião,   (비행기로)
   _____ atraso,   (늦게)
   _____ontem,   (어제부터)
   _____forte chuva.   (폭우 속에)

3. Ele ficará aqui

_____ amanhã.

_____ mim.

_____ toda a família.

_____ trabalhar.

_____ silêncio.

_____ minha vontade.

_____ a família.

_____ três semanas.

_____ o contrato.

B 단순 전치사 2

1. Ele falou _____ todos.
   ▶ 그는 모든 사람들에게 말했다.

2. Não venho aqui _____ os meus 10 anos.
   ▶ 나는 열살 이후부터는 한번도 여기에 오지 않았다.

3. Só vamos jantar _____ (o) cinema.
   ▶ 그 영화를 보고난 이후에 저녁을 먹자.

4. O prisioneiro fugiu_____ à noite.
   ▶ 수감자가 밤에 도망쳤다.

5. O réu apresentou-se _____ o júri.
   ▶ 피고가 자신을 배심원에게 소개했다.

6. Todos chegaram na hora, _____ ele.
   ▶ 그를 제외한 모든 사람들이 제 시간에 도착했다.

7. Comprei este presente _____ o Mário.
   ▶ Mario를 위해 이 선물을 샀다.

8. O ator deixou o palco _____ aplausos.

   ▶ 그 영화배우가 박수갈채를 뒤로하고 무대를 떠났다.

9. Infelizmente nada pudemos fazer _____ ele.

   ▶ 불행하게도 우리는 그를 위해 아무 것도 할 수 없었다.

10. Temos que agir _____ o regulamento.

    ▶ 우리는 법에 따라 행동해야 한다.

11. Não posso comprar este livro, estou _____ dinheiro.

    ▶ 나는, 돈이 없어서, 이 책을 살 수 없다.

12. Nossos atletas receberam a medalha _____ ouro.

    ▶ 우리의 운동선수들이 금메달을 받았다.

13. Há muitos buracos na rua. Ande _____ cuidado.

    ▶ 이 길에 구덩이가 많이 파져있다. 길을 걸을 때 조심해라.

14. Ela merece o prêmio: estudou _____muita dificuldade e lutou
    _____ muitos obstáculos.

    ▶ 그녀는 그 상을 받을 만한 자격이 있다. 왜냐하면 수많은 장애물과 싸우며 매우 어렵게 공부를 했기
    때문이다.

15. Margarida, só a aceitaremos _____ uma condição: não converse
    no telefone _____ seus amigos.

    ▶ Margarida, 당신이 당신의 친구들과 전화 통화를 하지 않는다는 조건 하에서, 당신을 채용하겠습니다.

전치사 관형어구(Locuções prepositivas)

através de	junto de	em lugar de
apesar de	longe de	por causa de
além de	perto de	de acordo com
a fim de	depois de / antes de	por trás de ...
antes de	em vez de	
atrás de	em cima de	

Ⓐ 전치사 관형어구 써넣기

1. Ele ultrapassou carros _____ chegar mais depressa.
   ▶ 그는 서둘러 도착하기 위해서, 차들을 추월했다.

2. _____ sair, fechou as janelas e apagou as luzes.
   ▶ (그는) 나가기 전에, 창문을 닫고 불을 껐다.

3. _____ o nosso regulamento, ninguém pode ficar com as chaves das salas.
   ▶ 우리의 규칙에 의하면, 아무도 교실 열쇠를 갖고 있을 수 없다.

4. Já procurei por toda a parte, _____ (a) mesa, _____ (os) armários, _____ (o) telefone, mas não achei o caderno de endereços.
   ▶ 나는 이미 모든 곳을 다 찾아보았다. 책상 위와, 서랍 안, 전화기 근처를. 하지만 그 주소록을 찾지 못했다.

5. Tudo deve estar pronto _____ (o) convidado chegar.
   ▶ 손님이 도착 하기 전에, 모든 것이 준비되어 있어야 한다.

6. Não gostei do jantar porque, _____ vinho ou cerveja, serviram água.

▶ 나는 그 저녁식사가 마음에 들지 않았다. 왜냐하면 그들은 와인이나 술대신, 물을 대접했기 때문이다.

7. _____ (a) minha dor de cabeça, vou sair com você.

▶ 두통에도 불구하고, 나는 너와 외출하겠다.

8. Ele gastou uma fortuna com a festa: _____ vinho, havia também champanhe.

▶ 그는 그 파티에 엄청난 비용을 사용했다. 왜냐하면 와인뿐만 아니라, 샴페인도 준비했기 때문이다.

9. Eles brigaram _____ dinheiro.

▶ 그들은 돈때문에 싸웠다.

10. Ontem ela passou _____ mim e nem me cumprimentou.

▶ 어제 그녀는 나를 가깝게 스쳐지나갔지만, 내게 인사조차 하지 않았다.

B 같은 뜻의 관용어구 연결하기

1. por isso   •   • isto é

2. pelo menos   •   • mas

3. em relação a   •   • senão

4. exceto   •   • pois

5. graças a   •   • mas

6. quer dizer   •   • no mínimo

7. só que   •   • a respeito de

8. a não ser que •   • por causa de

9. portanto   •   • menos

10. entretanto   •   • por esse motivo

⋯▶ CRASE à(s)

▶ 형태

〈전치사 a +여성형 관사 a(s)〉의 축약

Vou **ao** banco e depois **à** escola. ▶ 나는 은행에 간 다음에 학교에 간다. (a + o) (a + a)	

▶ 용법 (1) : 문법적 기능

1) CRASE à가 사용되는 경우

1. (ir a)
   Ele vai a   a escola   = Ele vai à escola.
                                                      ▶ 그는 학교에 간다.

2. (escrever a)
   Ele escreve a   as amigas   = Ele escreve às amigas.
                                                      ▶ 그는 여자친구들에게 편지를 쓴다.

3. Dei o livro à menina.
        ▶ 나는 그 책을 그 소녀에게 주었다.

4. Mostre a casa às pessoas!
        ▶ 그 사람들에게 그 집을 보여주세요!

5. Ele foi à festa do amigo ontem.
        ▶ 그는 어제 그 친구 파티에 갔다.

6. Ele explicou os problemas às alunas, mas nada disse à diretora.
        ▶ 그는 여학생들에게 그 문제들에 대해 설명했지만, 여자 교장 선생님에게는 아무 말도 하지 않았다.

2) CRASE à가 사용되지 않는 경우 :

전치사나 정관사가 없는 경우, crase à 는 사용되지 않는다

1. (dizer a)

   Ele disse isto a + alguém   = Ele disse isto a alguém.
   ▶ 그는 그것을 누군가에게 말했다.

2. (entender)

   Ele entendeu + a explicação   = Ele entendeu a explicação.
   ▶ 그는 그 설명을 이해했다.

3. (escrever a)

   Ele escreveu + a elas   = Ele escreveu a elas.
   ▶ 그는 그녀들에게 편지를 썼다.

4. Dei o livro a uma menina.
   ▶ 나는 그 책을 어느 한 소녀에게 주었다.

5. Ele sempre vai a festas.
   ▶ 그는 언제나 파티에 간다.(=어떠한 파티라도 간다.)

6. Ninguém entregou nada a ela.
   ▶ 아무도 그녀에게 아무 것도 주지 않았다.

7. Não tenho nada a dizer a vocês, só a Mônica.
   ▶ 나는 Mônica 빼고는, 너희들에게 할 말이 없다.

8. Ele se referiu a alguém, talvez a pessoa com quem ele trabalha.
   ▶ 그는 누군가를 언급했다. 아마도 그가 함께 일하는 사람일 것이다.

9. Ele começou a conversar enquanto nos dirigíamos a porta de saída.
   ▶ 우리가 출구로 나가려고 할 때, 그는 대화하기 시작했다.
   (= 우리가 나가려 하자, 그는 말하기 시작했다.)

▶ 용법 (2) : 부사구를 만들 때

다음의 표들이 나타내는 것처럼 시간, 방법, 장소를 나타내는 부사구를 만들 때, 특히 여성형 명사가 만드는 부사구의 경우, 반드시 **crase à**가 사용된다.

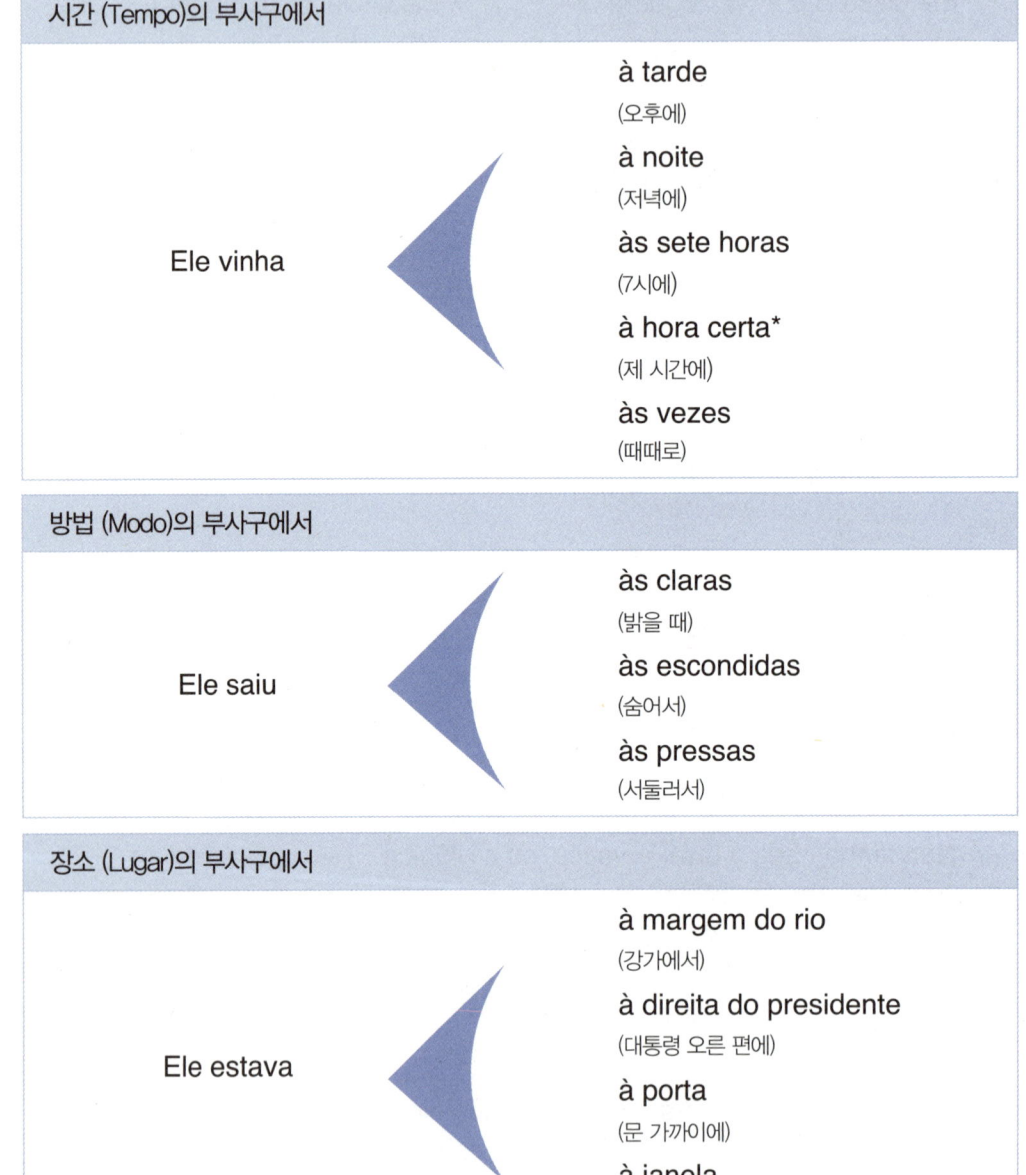

시간 (Tempo)의 부사구에서

Ele vinha

à tarde
(오후에)

à noite
(저녁에)

às sete horas
(7시에)

à hora certa*
(제 시간에)

às vezes
(때때로)

방법 (Modo)의 부사구에서

Ele saiu

às claras
(밝을 때)

às escondidas
(숨어서)

às pressas
(서둘러서)

장소 (Lugar)의 부사구에서

Ele estava

à margem do rio
(강가에서)

à direita do presidente
(대통령 오른 편에)

à porta
(문 가까이에)

à janela
(창문 가까이에)

* 브라질에서는 "**Ele vinha à hora certa**" 보다는 "**Ele vinha na hora certa**"를 더 많이 쓰고 있다.

1 . Gosto de sair à noite. A noite, nesta época do ano, é muito agradável.

▶ 나는 밤에 외출하는 것이 좋다. 1년 중 이 맘 때 밤은 매우 쾌적하다.

2. Ele estava à espera do amigo que chegaria às 8.

▶ 그는 8시에 도착할 그 친구를 기다리고 있었다.

3. Eles conversaram à beira da piscina antes de ir à sauna.

▶ 그들은 사우나로 가기 전에, 수영장 가장자리에서 대화했다.

4. As vezes fico triste com ele. Todas as vezes que estive na casa dele, não consegui conversar com ele.

▶ 나는 때때로 그 남자 때문에 슬프다. 왜냐하면 내가 그의 집에 갔을 때 마다, (아무리 노력해도) 그와 대화하는데 성공하지 못했기 때문이다.

5. Minha sala fica à esquerda do elevador. A direita é a sala do meu chefe.

▶ 내 사무실은 엘리베이터 왼쪽에 있다. 오른쪽에 있는 것이 회장님 사무실이다.

6. Comprei um barco à motor e um carro à álcool.

▶ 나는 모터 보트와 알코올 차를 샀다.

 * um barco à motor 는 um barco motorizado 로도 쓸 수 있다.

Desastre!

A : Meu Deus! O que foi que aconteceu?

B : Um desastre! Bati o carro.

A : Mas como?

B : Na hora H, o freio falhou.

A : Alguém se machucou?

B : Não, ninguém. Foi só o susto. Mas meu carro acabou .

A : Ninguém? Ainda bem!
Então não se aborreça.
A gente, que anda o dia inteiro de carro, para cima e para baixo,
está sujeito a essas coisas.
A batida parece que foi feia, mas talvez você tenha tido sorte.
Poderia ter sido pior.
E o seu seguro, naturalmente, vai pagar o prejuízo...

B : É aí que está o problema. Sempre tive seguro.
Mas ultimamente tenho tido problemas no escritório.
Poucos clientes, pouco dinheiro, você sabe como é.
Por isso deixei de pagar o seguro.
Anos e anos pagando e nenhum acidente. Agora ...

A : Que situação!
Garanto que se você tivesse pago o seguro direitinho, você não teria batido.
É sempre assim.

B : É, eu sei. Azar meu!

* "Na hora H" 는 "바로 그 순간"이라는 뜻이다.

재앙! (어휴! 재수 더럽게 없네!)

A : 어머! 무슨 일입니까?

B : 재수가 되게 없었어요. 차 사고가 났거든요.

A : 그런데 어떻게 그런 일이 일어났어요?

B : 하필 그 순간, 타이어가 펑크났어요.

A : 누가 다치니는 않았어요?

B : 아니오, 아무도 다치지는 않았어요. 그저 놀랐을 뿐에요. 하지만 제 차는 더 이상 못 쓰게 되었어요 .

A : 아무도 다치지 않아서 참 다행입니다!

    그렇다면 화를 내지는 마십시오.

    하루종일 운전하고 사는 우리는, 언제나 이런 사고를 당할 수 있습니다.

    사고가 난 것은 나쁜 일이지만, 어쩌면 당신은 운이 좋았는지도 몰라요.

    상황이 더 나쁠 수도 있었으니까요

    그리고 차 사고 처리비용은 마땅히 보험회사가 지불할 것이고 ……

B : 문제는 바로 거기에 있습니다. 저는 언제나 보험을 들어왔지요.

    그러나 최근에 회사에 문제가 좀 있었어요.

    당신도 손님 없고, 돈 없는 경우가 어떤 것인지 아시지요?

    그래서 보험료를 지불하지 못하고 있었어요.

    보험을 내는 수년 동안 사고 한번 나지 않더니, 지금은 ……

A : 어머 상황이 그렇게 되었군요!

    제가 장담하지요. 만일 당신이 보험료를 계속 잘 내었(었)다면, 사고가 일어나지 않았을 것이라고.

    인생이란 언제나 이렇게 굴러가지요.

B : 네, 저도 알아요. 제가 운이 더럽게 없었어요.

직설법 복합시제
(Tempos compostos do indicativo)

▶ 형태

직설법 복합시제는 다음의 표처럼 현재완료, 과거완료, 미래완료, 과거미래 완료가 있다.

1) 현재완료 (**Perfeito composto**의 원래의 뜻은 복합 완전과거)

MORAR – 현재완료			
Eu	tenho morado	Nós	temos morado
Você		Vocês	
Ele	tem morado	Eles	têm morado
Ela		Elas	

2) 과거완료 (**Mais-que-perfeito composto**의 원래의 뜻은 복합 대과거)

MORAR – 과거완료			
Eu	tinha morado	Nós	tínhamos morado
Você		Vocês	
Ele	tinha morado	Eles	tinham morado
Ela		Elas	

3) 미래완료 (**Futuro do presente composto**의 원래의 뜻은 복합 현재미래)

MORAR – 미래완료			
Eu	terei morado	Nós	teremos morado
Você		Vocês	
Ele	terá morado	Eles	terão morado
Ela		Elas	

4) 과거미래완료 (**Futuro do pretérito composto**의 원래의 뜻은 복합 과거미래)

MORAR – 과거미래완료			
Eu	teria morado	Nós	teríamos morado
Você		Vocês	
Ele	teria morado	Eles	teriam morado
Ela		Elas	

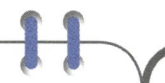

▶ 용법

직설법 복합시제는 **완료**나 혹은 **선행성**(먼저 일어난 행위)을 나타낸다.

1) 현재완료는

과거에 시작된 어떤 행위가 현재까지 반복되거나 지속되는 동작이나 상태를 표현한다.
(참고로 현재완료 시제는 과거시제와 같은 용법으로 쓰인다.)

- Tenho tido problemas ultimamente.
  ▶ 최근에 내게는 문제가 끊이지 않고 일어났다.

2) 과거완료는

과거보다 더 앞선 시제를 표현할 때 쓰인다.

- Eu já tinha parado de pagar o seguro quando bati o carro.
  ▶ 차 사고가 났을 때, 나는 (보험료를 더 이상 내지 않아) 보험이 이미 중지된 상태였다.

3) 미래완료는

어떤 가정에 대한 추측이나 가능성을 표현할 때 쓰인다.

- Quando ele chegar, já terei saído.
  ▶ 그가 도착할 때 즈음에는 나는 이미 외출하고 없을 것이다.
  *조건절 2 – 가정법 미래

4) 과거미래완료는

과거에 일어날 수 있었던 가능성을 표현할 때 쓰인다.

- Eu também teria desistido.
  ▶ 나 역시 포기했었을 것이다.
  *과거의 시점에서

직설법 현재완료 연습

A 예문처럼 자유롭게 문장만들기

(viajar muito)

Ultimamente eu tenho viajado muito, por isso hoje quero ficar em casa.

Ultimamente eu tenho viajado muito, por isso não tenho visto meus colegas.

▶ 최근 저는 여행을 많이 했습니다. 그래서 오늘은 집에 있고 싶어요.

▶ 최근 저는 여행을 많이 했습니다. 그래서 (그동안) 동료들을 보지 못했어요.

1. (trabalhar muito)

   ▶ 최근에 나는 일을 많이 했다.

   → Ultimamente eu ....

2. (ficar em casa)

   ▶ 최근 나는 집에 있었다.

   → Ultimamente eu ....

3. (dormir até tarde)

   ▶ 최근 나는 늦게까지 잤다.

   → Ultimamente eu ....

4. (descansar)

   ▶ 최근 나는 휴식을 취했다.

   → Ultimamente eu ....

5. (ir ao cinema)
   ▶ 최근 나는 영화관에 (자주) 갔다.

   → Ultimamente eu ....

6. (não fazer nada)
   ▶ 최근 나는 아무 것도 하지 않았다.

   → Ultimamente eu ....

7. (gastar muito dinheiro)
   ▶ 최근 나는 돈을 매우 많이 썼다.

   → Ultimamente eu ....

8. (não vir aqui)
   ▶ 최근 나는 여기 오지 않았다.

   → Ultimamente eu ....

9. (não telefonar)
   ▶ 최근 나는 전화하지 않았다.

   → Ultimamente eu ....

10. (comer fora)
   ▶ 최근 나는 외식을 했다.

   → Ultimamente eu ....

B 예문처럼 질문에 자유롭게 대답하기(직설법 현재완료로)

O que vocês têm feito desde que chegaram?
  - Desde que chegamos, nós só temos trabalhado.
  - Desde que chegamos, não temos tido tempo para mais nada.

▶ 당신들은 도착한 이후, 무엇을 했습니까?
  – 우리가 도착한 이후부터 (지금까지) 우리는 일만 하고 있습니다.
  – 우리가 도착한 이후부터 (지금까지) 아무것도 할 시간이 없었습니다.

1. (só estar doente)
  ▶ 우리는 도착한 이후, 아프기만 했다.
  → Desde que chegamos, ...
    ....
  → Desde que chegamos, ...
    ....

2. (só ter problemas)
  ▶ 우리가 도착한 이후, 문제만 생겼다.
  → Desde que chegamos, ...
    ....
  → Desde que chegamos, ...
    ....

3. (só falar em vocês)
  ▶ 우리는 도착한 이후, 너희들 얘기만 했다.
  → Desde que chegamos, ...
    ....
  → Desde que chegamos, ...
    ....

4. (só escrever cartas)

▶ 우리는 도착한 이후, 편지만 썼다.

→ Desde que chegamos, ...

....

→ Desde que chegamos, ...

....

5. (só comer e dormir)

▶ 우리는 도착한 이후, 먹고 자기만 했다.

→ Desde que chegamos, ...

....

→ Desde que chegamos, ...

....

6. (só ouvir bobagens)

▶ 우리는 도착한 이후, 바보 같은 소리만 들었다.

→ Desde que chegamos, ...

....

→ Desde que chegamos, ...

....

7. (só ficar em casa)

▶ 우리는 도착한 이후, 집에만 있었다.

→ Desde que chegamos, ...

....

→ Desde que chegamos, ...

....

8. (só chover)

▶ 우리가 도착한 이후, 비만 왔다.

→ Desde que chegamos, ...

....

→ Desde que chegamos, ...

....

9. (só fazer frio)

▶ 우리가 도착한 이후, 날씨가 춥기만 했다.

→ Desde que chegamos, ...

....

→ Desde que chegamos, ...

....

10. (não fazer sol)

▶ 우리가 도착한 이후, 해가 나지 않았다 (=날씨가 좋지 않았다).

→ Desde que chegamos, ...

....

→ Desde que chegamos, ...

....

C 알맞은 시제 써넣기 (현재완료〈tenho falado〉나 단순과거〈falei〉 중)

O rapaz está feliz porque **tem feito** bons negócios ultimamente.
▶ 그 청년이 지금 행복한 것은, 최근에 사업이 잘 되어가고있기 때문이다.

1. (vir)

Ontem nós _____ aqui mas não havia ninguém.
▶ 우리는 어제 여기 왔지만 아무도 없었다.

2. (vir)

Ultimamente Manoel _____ aqui duas vezes por semana.
▶ 최근 **Manoel**은 여기에 일주일에 두 번씩 왔다.

3. (perder)

Eu _____ muito tempo com você desde que você chegou.
▶ 당신이 도착한 이후로 나는 당신에게 많은 시간을 낭비하고 있다.

4. (fazer)

Depois que _____ fortuna, ele não trabalhou mais.
▶ 그는 재산을 모은 후, 더 이상 일을 하지 않았다.

5. (fazer)

O rapaz está feliz porque _____ bons negócios ultimamente.
▶ 그 청년이 행복한 것은, 최근 좋은 거래를 성사시켰기 때문이다.

6. (ter)

Desde o início do mês, eles _____ reuniões diariamente
porque estão preparando um grande projeto.
▶ 그들은 큰 프로젝트를 준비하기 때문에, 이달 초부터 매일 회의를 하고 있다.

7. (perder)

Ele _____ o relógio no cinema.

▶ 그는 영화관에서 그 시계를 잃어버렸다.

8. (telefonar)

Desculpe, eu não _____ mais porque estava muito ocupado.

▶ 죄송해요, 제가 너무 바빠서 더이상 전화를 하지 않았어요.

9. (ter economizado)

Eles _____ muito ultimamente porque querem comprar uma casa maior.

▶ 그들이 최근 절약을 많이 해온 것은, 더 큰 집을 사길 원하기 때문이다.

10. (ver)

Eu não o _____ nas nossas festas ultimamente.

Por onde ele anda?

▶ 나는 최근에 우리 파티에서 그를 보지 못했다.

그는 도대체 어디를 돌아다니는 거지? (= 그는 도대체 무엇을 하고 있는 걸까?)

D 직설법 현재로 문장 완성하기

Ela está muito nervosa.

Ela tem tido problemas no escritório ultimamente.

▶ 지금 그녀는 신경이 예민해 있다. 최근에 그녀는 회사에 골치아픈 문제가 있었다.

(= 지금 그녀가 신경이 예민해 있는 것은, 최근에 회사에 문제가 있었기 때문이다.)

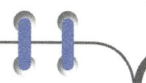

1. Ela está mais magra.

....

▶ 그녀는 지금 더 말랐다 (= 살이 더 빠졌다).

2. Ela está sem dinheiro.

....

▶ 지금 그녀는 돈이 없다.

3. Ela está só pensando em viajar.

....

▶ 그녀는 지금 여행할 생각만 하고 있다.

4. Ela vai receber um aumento de salário.

....

▶ 그녀의 월급이 인상될 것이다.

5. Ela vai se casar no mês que vem.

....

▶ 그녀는 다음 달에 결혼 할 것이다.

Ⓔ 최근 몇 달 동안 한 일에 대해 써보기

Eu tenho ....

....

....

....

....

....

....

•••▶ # 직설법 미래완료 연습

A 질문에 자유롭게 답하기

Você vai estar livre às 11 horas?

(a reunião - acabar)

- Vou. Até lá, a reunião já **terá acabado**.

▶ 11시에 시간 있으세요?

– 네. 그때까지는 회의가 끝날 겁니다.

1. Você precisa devolver o livro no dia 18.

(ler)

- Sem problema ....

▶ 너는 18일에 그 책을 반납해야 한다.

– (네 알아요.) 그때까지 아무 문제 없이 책을 읽을 것입니다.

2. Você vai estar livre às 6?

(terminar meu trabalho).

- Vou. Até lá, eu já ....

▶ 6시에 한가하세요?

– 네. 그때까지 제 일이 끝날 겁니다.

3. Você pode me dar uma resposta até 5ª feira?

(falar com os diretores)

- Posso. Até 5ª feira ....

▶ 당신은 목요일까지 제게 답을 줄 수 있습니까?

– 네. 가능합니다. 목요일까지 제가 부장님들과 얘기하겠습니다.

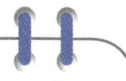

4. Vamos jantar fora? Lá pelas 8 horas?

   (dar a última aula)

   - Ótimo! Até lá, eu já ....

   ▶ 밖에서 저녁 먹을까요? 8시쯤에?

   – 좋아요! 그때까지 제 마지막 수업이 끝날 겁니다.

5. O que você acha? Podemos fechar o negócio até 4ª feira?

   (advogado ler o contrato)

   - Claro! ....

   ▶ 당신은 어떻게 생각하십니까? 수요일까지 그 협상을 끝내겠지요?

   – 물론이지요! 변호사가 그때까지는 그 계약서를 읽을 겁니다.

B 지금부터 5년뒤, 당신이 성취했을 일에 대해 써보세요.

....
....
....
....
....
....
....
....
....
....
....
....
....
....

C 직설법 미래완료로 빈칸 완성하기

1. (conhecer)

   Até o fim do ano eu _____ todos os estados brasileiros.

   ▶ 연말까지 나는 브라질의 모든 주(州)들의 여행을 끝낼 것이다.

2. (receber)

   Até amanhã ele _____ as informações que pediu.

   ▶ 내일까지 그는 자신이 요청한 그 정보들을 받게 될 것이다.

3. (fazer)

   Até o fim da semana ela _____ todo o trabalho.

   ▶ 주말까지 그녀는 그 일을 전부 끝낼 것이다.

4. (recuperar)

   Daqui a dois anos nós _____ nosso capital.

   ▶ 향후 2년 내에, 우리는 우리의 자본(손실)을 모두 회복할 것이다.

5. (ver)

   Até o fim do dia nós _____ todos os documentos.

   ▶ 오늘이 지나기 전에, 우리는 이 모든 서류들에 대한 검토를 끝낼 것이다.

6. (aprender)

   Até o fim do curso eles _____ todos os verbos.

   ▶ 그 과정이 끝날 때까지, 그들은 모든 동사들을 배우게 될 것이다.

7. (conseguir)

   Daqui a um ano eu _____ o que desejo.

   ▶ 지금부터 1년 후에, 나는 내가 원하는 목표를 달성하게 될 것이다.

8. (gastar)

   Até o dia 15 ela _____ todo o seu salário.

   ▶ 15일까지 그녀는 자신의 월급을 모두 다 쓸 것이다.

9. (vir)

Até o fim do mês eles _____ aqui dez vezes.

▶ 이번 달 말까지 그들은 여기에 열번은 올 것이다.

10. (chegar)

Amanhã a estas horas ele já _____ lá.

▶ 내일 이 시간쯤, 그는 이미 거기에 도착해 있을 것이다.

11. (ler)

Daqui a dois dias eu _____ o livro todo.

▶ 지금부터 이틀 내에, 나는 그 책을 모두 읽을 것이다.

12. (pôr)

Até 2ª feira eu _____ tudo em ordem.

▶ 월요일까지 나는 모든 것을 제대로 정리해 놓을 것이다.

●●●▶ 직설법 과거미래완료 연습

Ⓐ 빈칸 채우기

> (achar)
> Sem você, eu não **teria achado** o caminho.
> ▶ 당신이 없었다면, 나는 그 길을 찾지 못했을 것이다.

1. (chegar)

Sem você, eu não _____ até aqui.

▶ 당신이 없었다면, 저는 여기까지 오지 (=도착하지) 않았을 것입니다.

2. (ficar)

Com um bom contrato, nós _____ ricos.

▶ 좋은 계약을 하나만 할 수 있었다면, 우리는 부자가 되었을 것이다.

3. (ser)

Com ela, ele _____ mais feliz.

▶ 그녀와 함께라면, 그는 더욱 행복했을 것이다.

4. (fazer)

Com mais tempo, eu _____ um trabalho melhor.

▶ 만일 시간이 더 있었다면, 나는 좀 더 나은 일을 했을 것이다.

5. (conseguir)

Com paciência, Joana _____ fazê-lo.

▶ 만일 Joana가 인내심을 가졌더라면, 그 일을 어떻게 해서든지 끝냈을 것이다.

6. (abrir)

Com medo, eu não _____ aquela porta.

▶ 만일 내가 두려워 했다면, 저 문을 열지 못했을 것이다.

7. (sair)

Dependendo de mim, ela não _____ da firma.

▶ 만일 내게 결정권이 있었다면, 그녀가 회사를 그만두지는 않았을 것이다.

8. (convencer)

Com diplomacia, você o _____ .

▶ 만일 당신이 외교를 잘 했다면 (=처신을 잘 했더라면), 그를 설득했었을 것이다.

9. (sarar)

Com o tratamento adequado, Jorge já _____ .

▶ 만일 적절한 치료를 받았더라면, Jorge는 벌써 (병으로부터) 회복했었을 것이다.

10. (obedecer)

Sem ameaças, eles não me _____ .

▶ 만일 협박하지 않았다면, 그들은 내게 복종하지 않았었을 것이다.

11. (perder)

Sem nossa ajuda, todos vocês _____ essa oportunidade.

▶ 만일 우리의 도움이 없었다면, 당신들 모두가 이 기회를 놓쳤었을 것이다.

12. (sair)

Com chuva, ninguém _____ .

▶ 만일 (그 때) 비가 왔었다면, 아무도 외출하지 않았을 것이다.

13. (ver)

Sem óculos, eu não _____ nada.

▶ 만일 안경이 없었다면, 나는 아무 것도 볼 수 없었을 것이다.

14. (viajar)

Com mais dinheiro, nós _____ mais tempo.

▶ 만일 우리가 돈을 더 많이 갖고있었다면, 더 오랜 기간동안 여행을 할 수 있었을 것이다.

15. (descobrir)

Acho que, com jeito, você _____ a verdade.

▶ 당신은 / 당신이라면 어떠한 방법으로도 그 진실을 밝혀낼 수 있었을 것이라고 나는 생각한다.

B 직설법 과거미래로 작문하기

1. 어제는 일요일이었습니다. 비가 와서 당신은 집에 있었습니다. 만약에 날이 좋았었다면 당신은 무슨 일을 했었을까요? 최소한 다섯 가지 경우를 써 보세요.

....
....
....
....
....
....
....
....

2. 당신은 지금 당신의 생활이 만족하십니까? 예를 들면 당신의 가족, 당신이 하는 일, 당신의 인생에 대해 만족하십니까? 만일 그렇지 못한다면, 과거 시점에서 당신이 어떻게 했었으면 좋았을 것이라는 후회되는 일이 있나요? 말해보세요.

....
....
....
....
....
....
....
....

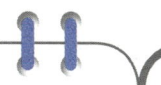

•••▶ 브라질 노래 (1)

Garota de Ipanema

이빠네마의 소녀

(Vinícius de Moraes – Antônio Carlos Jobim)

Olha que coisa mais linda	저 아름답고
Mais cheia de graça	사랑스러운
É ela menina	소녀를 좀 봐요
Que vem e que passa	그녀가 사뿐사뿐 예쁜 걸음으로 다가왔다가
Num doce balanço, a caminho do mar	바다를 향해 스쳐 지나는군요
Moça do corpo dourado	이빠네마의 태양에
Do sol de Ipanema	온 몸이 황금빛으로 그을린 당신이
O seu balançado é mais que um poema	춤추듯 걷는 모습은 한편의 시 이상이요
É a coisa mais linda que eu já vi passar	내 앞을 지나쳐간 여인네들 중에 가장 아름답군요
Ah, por que estou tão sozinho	아, 나는 지금 왜 이렇게 외로운 걸까?
Ah, por que tudo é tão triste	아, 모든 것이 왜 이렇게 슬픈 걸까?
Ah, a beleza que existe	아, 그 아름다운 소녀가 존재하기 때문이지
A beleze que não é só minha	나만의 사람이 아닌
E também passa sozinha	저 아름다운 소녀 역시 홀로 지나가네
Ah, se ela soubesse	아, 만일 그녀가 (내 마음을) 안다면 (얼마나 좋을까?)
Que quando ela passa	그녀가 (내 옆을) 지나갈 때
O mundo inteirinho se enche de graça	온 세상이 행복으로 가득 차고
E fica mais lindo	또한 사랑 때문에
Por causa do amor	이 세상이 더욱 아름답게 느껴진다는 것을!

* Garota de Ipanema는 Vinicius de Moraes 작사에 Antônio Carlos Jobim이 작곡한 곡이다. 브라질 음악장르인 보사노바를 대표하는 이 노래는 리우 데 자네이루가 팽창함에 따라 Copacabana, Flamengo, Leblon 외에 새롭게 조성된 Ipanema 해변을 배경으로 노래한 것이다. 1962년 발표되자마자 세계적인 인기를 얻어 1965년에는 그래미상을 수상했다. 시기적으로 라틴 아메리카의 "근대화의 완성"이라는 브라질의 인공수도 브라질리아로의 천도 이후 발표되어 더욱 주목을 받았다

SUA MELHOR VIAGEM DE FÉRIAS COMEÇA EM CASA

Não tenha medo de sair por este vasto Brasil, não tenha surpresas desagradáveis, não perca tempo com atrações secundárias, não gaste dinheiro em voltas inúteis: planeje sua viagem de férias.

Planejar a viagem é tão importante quanto viajar. Suponha que você tenha entrado em férias e, logo na manhã seguinte, sai a esmo. Como não planejou, no meio do engarrafamento você se descobre acompanhando a multidão que vai sempre ao mesmo lugar, ao mesmo tempo, por uma estrada que não é a melhor.

Cansado e aborrecido, você se hospeda naquele hotel caríssimo de que lhe falou um amigo, para logo descobrir que nem sempre os preços indicam qualidade. E assim, de engano em engano você volta para casa para descobrir que deixou de aproveitar o melhor da viagem.

Nada do que você leu é exagero. Se você tivesse planejado todos os passos da viagem, com certeza não teria tido nenhuma dificuldade. Nos países de melhor infraestrutura turística, os guias de viagem são sofisticados e detalhados, porque há uma relação direta entre planejar e aproveitar a viagem, válida sobretudo neste país de grandes distâncias. Se não planejar, você não terá tempo para aproveitar as melhores atrações, gastará excessivamente com combustível, e desperdiçará a vantagem única da diversidade de lugares. Planejando, você poderá optar pelo tipo de praia a seu gosto. Ou talvez prefira uma estância hidromineral com clima de tipo europeu ou a excitação da floresta, do rio caudaloso. É possível que você deixe de conhecer um lugar maravilhoso porque lhe disseram que o acesso era o pior possível e que não havia hotel algum.

Planejando, você saberá que a estrada foi asfaltada e que um hotel foi construído na cidadezinha próxima - mudanças rápidas são frequentes no turismo brasileiro. É, portanto, fundamental que você se prepare para sua viagem. Assim, quando suas férias tiverem chegado ao fim, você voltará tranquilo e refeito ao trabalho.

휴가 여행을 잘 하려면 집에서부터 계획을 잘 세워야 한다

당신이 휴가여행 계획을 잘 세운다면,
이 광활한 영토의 브라질을 여행하는데 겁먹을 필요는 없습니다.
여행 중 생길 수 있는 생각지 않은 불쾌한 일에 놀랄 필요도 없습니다.
그리 중요하지 않은 관광지를 다니며 시간을 낭비할 필요도 없습니다.
여기 저기 쓸데 없이 다니면서 돈을 낭비할 필요도 없습니다.

여행계획을 잘 세우는 것은 여행하는 것만큼 중요합니다.
당신이 휴가를 받아, 바로 그 다음날 아침 급하게 여행을 떠난다고 생각해 보세요.
여행계획을 세우지 않았기 때문에,
당신은 다른 사람들이 가려고 하는 휴양지로 그 사람들이 가려는 시간에 가려고 할 겁니다
따라서 당신은 그 휴양지로 가는 도로에 꽉 막혀 옴짝달싹 하지 못하고 갇혀있는 당신을 발견하게 될 겁니다.

당신은 당신 친구가 얘기해준 호텔에 엄청난 값을 치르며 숙박을 하게 될 겁니다.
그리고 곧 호텔 숙박비가 호텔의 질과 일치하지 않는다는 것을 곧 깨닫게 될 겁니다.
이렇게 실수와 잘못을 반복하면서, 당신은 지치고 화가 난 상태로 집으로 돌아오게 될 겁니다.
그리고 당신은 곧 당신이 여행의 진수를 즐기지 못했다는 것을 깨닫게 될 겁니다.

지금까지 당신이 읽은 이 이야기는 전혀 과장된 것이 아닙니다.
만일 당신이 여행계획을 단계별로 잘 세웠다면, 분명 어떠한 어려움도 겪지 않게 될 겁니다.
관광 인프라가 잘 구축된 선진국가들에선, 여행가이드들이 세련되어 섬세한 부분까지 신경을 써줍니다.
왜냐하면 먼 데까지 간 이런 선진국가에서는 여행계획을 세우는 것과 여행을 가치있게 즐기는 것 사이에 직접적인 관계가 있기 때문이다.
만약에 여행계획을 잘 세우지 않는다면,
당신은 그곳 최고의 명소들을 방문 할 시간이 없을 것이며, 별 볼일 없는 명소들을 이리 저리 다니다가 자동차 연료를 지나치게 많이 소비하게 될 것입니다.
당신이 여행계획을 세운다면,
계획 중에 당신의 취향에 맞는 해변을 선택하게 될 수도 있을 겁니다.
그것이 아니라면, 유럽풍의 기후를 가진 온천 휴양지를 더 선호하며 선택할 수도 있겠지요.
아니면 울창하게 우거진 숲 강 상류에서, 급류를 타는 rafting을 하며 만끽할 수도 있을 겁니다.
그런데 당신이 여행계획을 세우지 않는다면
여행 중 사람들이 하는 말을 듣고 진짜 꼭 가봐야 할 경이로운 명소를 가지 못하고 돌아올 수도 있습니다. 왜냐하면 사람들은 당신에게 그 명소로 가는 길은 접근이 불가능하며 또한 그곳에는 호텔도 없다고 이야기 할 수도 있기 때문입니다.

당신은 여행계획을 세우면서, 도로가 아스팔트로 덮혀 있다는 것도 알게되고, 또한 호텔도 도심에서 가깝게 위치하고 있다는 사실을 알게 될 겁니다.
브라질 관광에는 변칙적인 일들이 자주 일어나기 때문에, 당신 스스로가 당신의 여행을 준비하는 것이 아주 중요합니다.
따라서 당신 스스로가 당신의 여행 준비를 하고 여행을 떠나게 되면, 휴가가 끝날 때 쯤 당신은 편안하고 회복된 상태로 직장으로 돌아갈 수 있을 것입니다.

같은표현과 반대표현

▶같은 표현 1

1. Não tenha medo de sair.
   = Não receie sair.
   = Não tema sair.
   = Não tenha receio de sair.

2. Não tenha surpresas.
   = Não tenha medo de surpresas.
   = Não receie surpresas.
   = Não tenha receio de surpresas.

3. Não perca tempo.
   = Não desperdice seu tempo.
   = Poupe seu tempo.

4. Não gaste dinheiro.
   = Não desperdice dinheiro.
   = Poupe seu dinheiro.

5. Planeje sua viagem.
   = Façam planos de viagem.
   = Organizem sua viagem.

6. Prepare sua viagem com cuidado.
   = Organizem sua viagem com cuidado.
   = Preparem sua viagem cuidadosamente.

7. Sai a esmo.
   = Sai sem objetivo.
   = Sai sem lugar de destino.

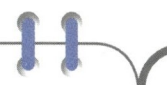

▶ 같은 표현 2

1. atrações secundárias
   = atrações de menor importância

2. voltas inúteis
   = voltas desnecessárias

3. desperdiçar a vantagem única da diversidade de lugares
   = deixar de visitar lugares diferentes uns dos outros – uma grande
   vantagem

4. O acesso era o pior possível.
   = A estrada não podia ser pior.

5. de engano em engano
   = de errro em erro

6. válida sobretudo neste país de grandes distâncias
   = importante principalmente neste país tão grande

▶ 같은 표현 3

〈부정형용사 + 명사〉를 〈명사 + 부정형용사〉로 바꿀 때, 같은 의미가 되는 경우

> **nenhuma** dificuldade ⇒ dificuldade **alguma**

1. Você nâo teve nenhuma dificuldade.
   → Você nâo teve dificuldade alguma.
   ▶ 당신은 어떠한 어려움도 겪지 않았다.

2. Ele não convidou nenhum amigo.
   → Ele não convidou amigo algum.
   ▶ 그는 어떤 친구도 초대하지 않았다

3. Nós não tivemos nenhuma chance no concurso.

   → Nós não tivemos chance alguma no concurso.

   ▶ 우리는 그 선발대회에서 어떠한 기회도 갖지 못했다.

4. Meus parentes não me mandaram nenhuma notícia.

   → Meus parentes não me mandaram notícia alguma.

   ▶ 나의 친척들은 나에게 아무 소식도 보내지 않았다.

5. Fiz tudo sem nenhuma ajuda.

   → Fiz tudo sem ajuda alguma.

   ▶ 나는 아무런 도움없이 모든 일을 해냈다.

6. Hoje não atenderei nenhum cliente.

   → Hoje não atenderei cliente algum.

   ▶ 나는 오늘 아무 손님도 받지 않겠다.

▶ 반대 표현

〈부정형용사 + 명사〉를 〈명사 + 부정형용사〉로 바꿀 때, 반대의 의미가 되는 경우

> **nenhuma** dificuldade ⇔ dificuldade **alguma**

1. Nenhum jornal deu a notícia.
   ⇔ Jornal algum deu a notícia.

   ▶ 아무 신문도 그 소식을 전하지 않았다.
   ⇔ 어떤 (일부) 신문은 그 소식을 전했다.

2. Nenhuma resposta está certa.
   ⇔ Resposta alguma está certa.

   ▶ 어떠한 답도 정답이 아니다.
   ⇔ 어떤 (일부) 답은 정답이다.

3. Nenhum plano deu certo.
   ⇔ Plano algum deu certo.

   ▶ 어떠한 계획도 성공하지 못했다.
   ⇔ 어떤 (일부) 계획은 성공하였다.

4. Nenhum sócio teve lucro neste negócio.
   ⇔ Sócio algum teve lucro neste negócio.

   ▶ 어느 동업자도 이 비지니스에서 이득을 얻지 못했다.
   ⇔ 어떤 동업자는 이 비지니스에서 이득을 얻었다.

••▶ Deixar 와 Deixar de~ 용법

▶ deixar + Adj(형용사) / N(명사) = ~ 하게 놔두었다.

1. Esta música me deixa triste. (= Esta música me torna triste.)
   ▶ 이 음악은 나를 슬프게 한다.

2. Ele deixou o emprego. (= Ele saiu do empregov
   ▶ 그는 그 직장을 그만두었다.

3. Ele não me deixou falar. (= Ele não permitiu que eu falasseb
   ▶ 그는 내가 말하는 것을 허락하지 않았다.

4. Deixe tudo como está. (= Não mexa em nadab
   ▶ 모든 것을 그대로 놓아 두어라 (= 아무 것도 손대지 마라).

▶ deixar de + V(동사원형) = ~ 하는 것을 그만두다.

1. Você deixou de aproveitar o melhor da viagem. (=Você não aproveitou.)
   ▶ 너는 그 여행의 진수를 즐기지 않았다.

2. Não deixe de ir à festa! (Vá à festa!)
   ▶ 그 축제에 꼭 가십시오.

3. Ele deixou de fumar. (Ele parou de fumar.)
   ▶ 그는 담배를 끊었다.

A 관련 번호 써넣기

1. Não deixe de assistir ao filme.
2. Se você quiser ter saude, deixe de fumar.
3. Ele não deixou ninguém entrar.
4. Ele não me deixa falar.
5. Não deixe de me telefonar.
6. Deixe o rapaz ir embora.
7. Ele deixou a sala quando eu entrei.
8. Deixe o livro em cima da mesa, por favor.
9. Não deixe de falar com ele. É importante .
10. Deixe de falar sobre seus problemas! Pense em outra coisa!

(   ) 내게 꼭 전화하세요.

(   ) 그와 꼭 대화하세요. 중요한 일입니다.

(   ) 내가 그 방에 들어갔을 때, 그는 나가고 없었다.

(   ) 그 청년이 집에 가도록 해주세요.

(   ) 그는 내가 말하는 것을 허락하지 않는다.

(   ) 부디 그 탁자 위에 그 책을 놓아두세요.

(   ) 만일 건강하길 원한다면, 금연하세요.

(   ) 그는 누구도 들어오지 못하게 했다.

(   ) 당신의 문제들에 대해 그만 말하세요. 다른 것을 생각해 보세요!

(   ) 그 영화를 꼭 보세요.

B 다음은 해외여행을 처음하는 친구에게 조언을 하는 편지다.
이탤릭체로 된 표현을 deixar와 deixar de로 대체시켜 보기

Caro Dalton

Essa é a sua primeira viagem internacional. ***Permita-me*** dar-lhe alguns conselhos. ***Não saia do hotel*** sem seus documentos. Não os ***largue*** em lugar algum. Tome cuidado com seu dinheiro, não é? A língua estrangeira ***pode fazer*** com que você ***ficar*** confuso, mas não perca a calma. ***Aproveite*** tudo o que o pais lhe oferecer. Viajar é sempre uma grande experiência.

Pare de trabalhar um ou dois dias antes da partida, assim você terá tempo de tomar as últimas providências com alguma tranquilidade.

Mande notícias.

Um abraço,

Felipe

나의 친구 Dalton에게

이번 여행이 너의 첫 해외여행이지? 네게 몇 가지 조언을 하려고 해. 신분증 없이 호텔을 떠나서는 안돼. 신분증을 아무 데나 두어서도 안 되고, 돈도 잘 간수해야해! (귀에 익숙하지 않은) 외국어가 너를 혼란에 빠뜨릴 수도 있겠지만, 평정을 잃지 않도록 해. 그리고 그 나라가 제공하는 모든 것을 즐기도록 해. 여행을 한다는 것은 언제나 하나의 위대한 경험이거든.

출발 전 하루 또는 이틀은 일을 하지 마. 그렇게 함으로써 너는 침착하게 여행을 위한 마지막 준비를 할 수 있어. 소식 전해 줘.

사랑하는 친구

Felipe가

접속법 복합시제
(Tempos compostos do subjuntivo)

▶ 형태 :

접속법 복합시제에는 다음의 표처럼 현재완료, 과거완료, 미래완료가 있다.

MORAR
접속법 현재완료 (Perfeito)

Eu	tenha morado	Nós	tenhamos morado
Que você		Que vocês	
Que ele	tenha morado	Que eles	tenham morado
Que ela		Que elas	

* 형태는 접속법 현재완료지만, 내용은 과거 시제를 나타낸다.

MORAR
접속법 과거완료 (Mais-que-perfeito)

Se eu	tivesse morado	Se nós	tivéssémos morado
Se você		Se voces	
Se ele	tivesse morado	Se eles	tivessem morado
Se ela		Se elas	

* 형태는 접속법 과거완료지만, 내용은 과거보다 앞선 과거시제, 즉 선행성을 나타낸다.

MORAR
접속법 미래완료 (Futuro composto)

Quando eu	tiver morado	Quando nós	tivermos morado
Quando você		Quando voces	
Quando ele	tiver morado	Quando eles	tiverem morado
Quando ela		Quando elas	

▶용법 :

직설법 복합시제처럼 어떠한 행위의 **완료**나 **선행성**을 나타낸다.

1) 〈접속법 현재완료〉

Duvido que ele tenha vendido a casa.

▶ 나는 의심한다. 과연 그가 집을 팔았는지를.

Ele foi?

- Duvido que tenha ido.

▶ 그는 갔니?

 - 나는 그가 갔다는 사실을 믿지 않아.(=설마 그가 벌써 갔을까?)

2) 〈접속법 과거완료〉

Duvidei que ele tivesse vendido a casa.

▶ 나는 의심했다. 과연 그가 집을 (이미) 팔았었는지를.

Você entendeu?

- Não. Mas talvez o Luiz tenha entendido.

▶ 너는 이해 했니?

 - 아니. 아마 Luiz는 그것을 이해했을 거야

Ele disse que tinha tido problemas.

- Eu sei. Lamentei que ele tivesse tido problemas.

▶ 그는 최근에 문제가 있었다고 말했어.

- 나도 알아. 그에게 문제가 있어서 내 마음이 몹시 아팠어.(=내가 한탄을 했지.)

3) 〈접속법 미래완료〉

Ele comprará uma fazenda quando tiver vendido suas ações.

▶ 그는 농장 하나를 살 것이다. 그가 자신의 주식을 처분하게 된다면.

  (= 그는 주식을 처분한다면 농장을 하나 살 것이다.)

  *내용상 조건절

Até lá terei terminado isto.

Ótimo. Daremos uma festa quando você tiver terminado.

▶ 그 때까지 이 일을 끝내겠습니다.

- 좋아요. 당신이 그 일을 끝내게 되면 파티를 합시다

●●●▶ 접속법과 조건절의 복합시제 총복습

Ⓐ 〈접속법 현재완료〉로 대답하기 1

Quem disse isto?   - Eu não disse. Talvez ele **tenha dito.**

▶ 누가 그것을 말했지요?   ▶ 저는 아닙니다. 아마 그가 말했을 겁니다.

1. Quem trouxe essas coisas?

   ....

   ▶ 누가 그것들은 가져왔지요?

2. Quem escreveu esta carta?

   ....

   ▶ 누가 그 편지를 썼지요?

3. Quem levou minhas chaves?

   ....

   ▶ 누가 내 열쇠들을 가져갔습니까?

4. Quem pagou a conta?

   ....

   ▶ 누가 그 계산서를 지불했습니까?

5. Quem viu o ladrão?

   ....

   ▶ 누가 그 도둑을 봤습니까?

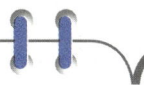

B 〈접속법 현재완료〉로 대답하기 2

> Ele perdeu todos os documentos.
>
> ▶ 그는 모든 서류들을 잃어버렸습니다
>
> → Não é possível! Não acredito que ele **tenha perdido** todos os documentos!
>
> ▶ 말도 안돼요! 나는 그가 서류를 모두 잃어버렸다는 것을 믿지 않습니다!

1. Eles saíram de casa tarde. Não sei se chegaram ao aeroporto na hora certa.

   ▶ 그들은 오후에 집을 나섰다. 그러나 나는 그들이 제 시간에 공항에 도착했는지 모르겠다.

   → Tomara que ....

   ....

2. Imagine! Ele convidou todo mundo para a festa!

   ▶ 생각해봐! 그는 모든 사람들을 그 파티에 초대했어!

   → Todo mundo?!?Não é possível que ....
     É muita gente!

3. Ele teve problemas, mas não desistiu.

   ▶ 그는 문제가 있었지만, 포기하지 않았다.

   → Eu sei. Embora ele ....

   ....

4. A Mônica disse que a Luciana desistiu da idéia.

   ▶ Mônica는 Luciana가 그 아이디어를 포기했다고 말했다.

   → Não acredito. Duvido que a Luciana ....

   ....

5. Ele vendeu a fazenda. Você acha que foi bobagem?

   ▶ 그는 그 농장을 팔았어. 너는 그것이 바보짓이라고 생각하니?

   → Acho. Receio que ....

   ....

C 〈접속법 과거완료〉로 문장 바꾸기 1

> Eles prepararam a reunião com cuidado, mas a reunião não foi boa.
> → **Embora eles tivessem preparado** a reunião com cuidado,
>   ela não foi boa.
>
> ▶ 그들은 그 회의를 조심스럽게 준비했지만, 그 회의의 결과는 좋지 않았다.

1. Estou desanimado! Acho que ela não me ama.
   → Embora eu lhe tivesse escrito cartas de amor, nada mudou.
   ▶ 나는 절망하고 있어! 그녀가 나를 사랑하지 않는 것 같아.
      → 내가 그녀에게 사랑의 편지를 보냈지만, 아무 것도 달라진 것이 없어.

2. Eu compus um lindo poema, mas nada mudou.
   → ....
   ▶ 비록 내가 아름다운 시를 지었지만, 변한 것은 없어.

3. Eu a levei aos melhores restaurantes, mas ela nada mudou.
   → ....
   ▶ 나는 그녀를 가장 좋은 식당에 데리고 갔지만, 그녀는 아무 것도 변하지 않았어.

4. Eu lhe dei presentes caros, mas nada mudou.
   → ....
   ▶ 나는 그녀에게 비싼 선물을 했지만, 아무 것도 변한 것이 없어.

5. Eu a convidei para um cruzeiro no Caribe, mas a situação nada mudou.
   → ....
   ▶ 나는 그녀를 카리브의 크루즈 여행에 초대했는데, 상황은 아무것도 변하지 않았어.

6. Eu preparei um grande jantar para eles, mas eles não apareceram.
   → ....
   ▶ 나는 그들을 위한 성찬을 준비했지만, 그들은 나타나지 않았다.

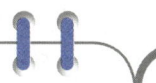

D 〈접속법 과거완료〉로 문장 완성하기 2

> Você disse aquilo. Lamentei que você **tivesse dito** aquilo.
> ▶ 너는 그것을 말했다. 나는 네가 그것을 말했다는 것을 통탄했다.

1. Você teve coragem de protestar, mas ninguém acreditou.

   → Todo mundo duvidou que……………………………………………………….

   ▶ 너는 저항할 용기를 가졌지만, 아무도 믿지 않았다.

2. Vocês só chegaram às 7?

   → Pensei que vocês ……………………………às 6.

   ▶ 너희들은 7시나 되어서야 도착했니? 나는 너희들이 6시에는 도착했었을 것이라고 생각했어.

3. Você trabalhou mesmo no domingo?

   → Eu não acreditei que você ……………………………………………………….

   ▶ 너는 일요일에도 일을 했구나? 나는 네가 일요일에 일했다는 것을 믿지 않았어.

4. Eles foram de ônibus?

   → Pensei que eles ………………….…… de avião.

   ▶ 그들은 버스로 갔니? 나는 그들이 비행기를 타고 갈 것이라고 생각했어.

5. Ele fez o trabalho em três horas, mas eu não acreditei.

   → Eu duvidei que ele……………………………………………………………………….

   ▶ 그는 그 일을 세 시간 동안 했지만, 나는 믿지 않았다.

E 〈조건절 과거 (접속법 과거완료)〉로 문장 완성하기

1. Com mais tempo, eu o teria convencido.

   → Se eu tivesse tido mais tempo, eu a teria convencido.

   ……………………………………………………………………………………………….

   ▶ 시간이 더 있었더라면, 나는 그녀를 설득할 수 있었을 것이다.

2. Falando com ele, a gente teria resolvido o problema.

   → Se a gente tivesse falado com ele, ………………………………………………
   …….

   ▶ 만일 우리가 만일 그와 상의했더라면, 그 문제를 해결할 수 있었을 것이다.

3. Sem autorização, não teríamos entrado.

   → Se não tivéssemos autorização, …………………………………………………..

   …….

   ▶ 만일 허가를 받지 못했더라면, 우리는 들어오지 못했을 것이다.

4. Sem sua ajuda, eu não teria feito o que fiz.

   → Se não tivesse a sua ajuda, ………………………………………………………

   …….

   ▶ 만일 너의 도움이 없었다면, 나는 그 일을 해내지 못했을 것이다.

5. De avião, você já estaria lá.

   → Se tivesse tomado um avião,……………………………………………......………

   …….

   ▶ 만일 비행기를 탔었더라면, 너는 벌써 거기에 있었을 것이다.

6. Dependendo de nós, tudo teria sido diferente.

   → Se dependesse de nós, ……………………………………………………………

   …….

   ▶ 만일 우리에게 결정권이 있었다면 모든 것이 달라졌을 것이다.

7. Com sol, a gente teria ido ao clube.

   → Se tivesse feito sol, ………………………………………………………………

   …….

   ▶ 만일 해가 났다면, 우리는 클럽에 갔을 것이다..

8. Com chuva, o piquenique teria sido um fracasso.

   → Se tivesse chovido, ………………………………………………………………

   …….

   ▶ 만일 비가 왔다면, 그 소풍은 실패했을 것이다.

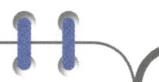

9. Com jeito, teríamos conseguido um desconto .

→ Se tivessemos fieto com jeito ....

....

▶ 만일 우리가 요령있게 굴었다면, 가격을 할인받을 수 있었을 것이다.

10. Com um bom xarope, ele já teria acabado com esta tosse(a gripe).

→ Se tivesse tomado um bom xarope, ...

....

▶ 만일 그가 좋은 시럽(약)을 복용했다면, 그는 벌써 이 기침(감기)에서 나았을 것이다.

F 〈조건절 미래 (접속법 미래완료)〉로 대답하기 1

> Quando eu vou poder sair? 언제 제가 외출할 수 있을까요?
>
> - Só depois que você **tiver terminado** seu trabalho.
>   단지 네가 네 일을 끝낸 후에야 (가능해).

- Quando eles vão se casar? 그들은 언제 결혼할까요?

1. (alugar uma casa)　　　 - Só depois que tiverem alugado uma casa.
   ▶ 집을 얻은 다음에야만

2. (comprar móveis)　　　 - Só depois que ....
   ▶ 가구를 산 이후라야만

3. (ter um aumento de salário) - Só depois que ....
   ▶ 월급이 오른 후에야만

4. (conseguir uma promoção) - Só depois que ....
   ▶ 승진을 한 이후에야만

5. (fazer um bom pé de meia) - Só depois que ....
   ▶ 돈을 모은 이후에야만

G 〈조건절 미래(접속법 미래완료)〉로 풀어쓰기 2

Lida a carta

(= Terminado de ler a carta), eu a responderei.

Quando eu tiver lido a carta

(= Quando eu tiver terminado de ler a carta), eu a responderei.

▶ 그 편지를 다 읽으면, 내가 답장할게.

1. Uma vez lido o livro, vocês farão um resumo com facilidade.

→ Quando vocês tiverem ....

▶ 만일 너희들이 그 책읽기를 끝낸다면, 쉽게 요약을 할 수 있을 것이다.

2. Uma vez escrita a carta, eu a mandarei.

→ Quando ....

▶ 만일 내가 그 편지를 쓴다면, 나는 그것을 그녀에게 보낼 것이다.

3. Feitas as compras, poderemos ir para casa.

→ Depois de termos finalizado as compras, poderemos ir para casa.

→ Assim que ....

▶ 쇼핑을 끝낸 후에야, 우리는 집에 갈 수 있을 것이다.

4. Feitas as contas, você verá que nosso lucro é pequeno.

→ Depois de fazer as contas, você verá que nosso lucro é pequeno.

→ Depois que ....

▶ 계산을 마치고 난 후에야, 너는 우리의 이익이 적다는 것을 알게 될 것이다.

5. Acabada a reunião, ele irá embora.

   → Depois de acabar a reunião, ele irá embora.

   → Logo que tiver acabado a reunião,

   ....

    ▶ 회의가 끝나면, 그는 갈 것이다. = 회의가 끝나자마자, 그는 갈 것이다.

6. Compradas as passagens, poderemos tomar o trem.

   → Depois de comprar as passagens, poderemos tomar o trem.

   → Logo que ....

    ▶ 기차표를 산 후에서야, (우리는) 기차를 탈 수 있을 것이다.

7. Feitos os cálculos, poderemos dar o nosso preço.

   → Depois de fazer os cálculos, poderemos dar o nosso preço.

   → Assim que ....

    ▶ 가격 계산을 한 후에서야, 우리는 값을 말해 줄 수 있을 것이다.

8. Posta a mesa, poderemos almoçar.

   → Depois de pôr a mesa, poderemos almoçar.

   → Depois que ....

    ▶ 식탁을 차린 후에서야, 우리는 점심을 먹을 수 있을 것이다.

9. Atendido o último cliente, o dentista fechará o consultório.

   → Depois de atender o último cliente, o dentista fechará o consultório.

   → Assim que ....

    ▶ 마지막 환자를 본 후에서야, 그 의사는 병원(=진찰실)을 닫을 것이다.

10. Terminados os exames, terei tempo para viajar.

   → Depois de terminar os exames, terei tempo para viajar.

   → Depois que ....

    ▶ 시험을 끝낸 후에서야, 나는 여행할 시간을 갖을 수 있을 것이다.

H 〈조건절 미래(접속법 미래완료)〉로 대답하기 3

Nossa casa está pronta. Quando poderemos nos mudar?

▶ 우리 집이 준비되었습니다. 언제 이사할 수 있을까요?

---

1. (fazer os armários)

Logo que o marceneiro tiver feito os armários.

▶ 가구쟁이가 가구를 완성한 이후에

= 완성시키는 것이 끝나면 = 완성하자마자

2. (entregar o fogão)

Logo que a loja ....

▶ 그 가게가 가스렌지를 배달한 이후에

= 배달을 완료하면 = 가스렌지 배달을 하자마자

3. (plantar a grama)

Logo que o jardineiro ....

▶ 정원수가 잔디를 심은 이후에

= 심는 것을 완료한 이후에 = 잔디 심는 것을 끝내자마자

4. (pintar a casa)

Logo que os pintores ....

▶ 페인트공들이 집을 칠한 이후에

= 칠하는 것을 완료한 즉시 = 끝내자 마자

5. (ligar a luz)

Logo que a Companhia de Energia Elétrica

....

▶ 전기회사가 전기를 연결한 이후에

= 연결을 완료하면 = 연결을 하자마자

6. (pôr a casa em ordem)

Logo que a faxineira ....

▶ 청소부가 집을 정리한 이후에

= 완전히 정리한 이후에 = 정리하자마자

❶ 〈접속법 복합시제〉 총복습

> (acabar)
> Quando eu **tiver acabado** meu trabalho, falarei com ele.
> ▶ 내가 일을 끝내게 되면, 그와 대화하겠다.

1. (insistir)

   Eu não teria vindo se você não _____.

   ▶ 네가 고집을 부리지 않았다면, 나는 오지 않았을 것이다.

2. (terminar)

   Logo que eu _____ o trabalho, falarei com ele.

   ▶ 내가 그 일을 끝내게 되면, 그와 얘기 할 것이다.

3. (receber)

   Embora não _____ muito dinheiro, fiquei contente.

   ▶ 비록 많은 돈을 받은 것은 아니지만, 나는 만족했다.

4. (conseguir convencê-lo)

   Embora eu não _____, não vou desistir.

   ▶ 비록 나는 그를 설득하지 못했지만, 나는 포기하지 않을 것이다.

5. (insistir muito)

   Mesmo que _____, não teria conseguido nada.

   ▶ 억지를 많이 부렸더라도, 아무 것도 얻지 못했을 것이다.

6. (chegar)

   Tomara que _____ bem.

   ▶ 그들이 잘 도착했기를 바란다.

7. (ver)

   Era possível que _____ ele.

   ▶ (그 당시엔) 그를 보는 것이 가능했다.

8. (concluir)

Volte para casa assim que _____.

▶ 그 일을 끝내게 되면 곧 집으로 가세요.

9. (ser famosa)

Embora _____, ninguém a reconheceu.

▶ 그녀가 유명한 사람이 되었음에도 불구하고, 아무도 그녀를 알아보지 못했다.

10. (distribuir)

Quando os prêmios _____, irei embora.

▶ 그 상들이 분배되면 (=수여되면), 나는 집으로 갈 것이다.

11. (receber)

Telefone-me quando _____ notícias.

▶ 소식을 듣게되면 내게 전화해 주세요.

12. (entender)

Embora já _____, ela continuou fazendo perguntas.

▶ 그녀는 이미 이해했음에도 불구하고, 계속 질문했다.

13. (perder tempo)

Senti que _____.

▶ 당신의 시간을 낭비하게 해서 (=빼앗아서) 죄송했습니다.

14. (fazer muito sucesso / ser famoso)

Embora _____, ninguém se lembrava dele.

▶ 비록 그가 크게 성공을 했음에도 불구하고 (=그가 유명해졌음에도 불구하고), 아무도 그를 기억하지 못했다.

•••▶ 브라질 노래 (2)

Asa Branca
(Luís Gonzaga/ Humberto Teixeira)

내 고향 Asa Branca

Quando olhei a terra ardendo
Qual fogueira de São João

São João 축제의 불꽃처럼
고향 땅이 뜨겁게 달아오르는 것을 보고

Eu perguntei a Deus do céu
Ah! Por que tamanha judiação

} bis 후렴 {

난 신께 물었지
왜 이렇게 가혹하시냐고… …

Que braseiro, que fornalha
Nem um pé de plantação

마치 화덕 속의 불꽃처럼 타오르고 있어서
농작물이라곤 전혀 찾아 볼 수가 없네

Por falta d'água, perdi meu gado
Morreu de sede meu alazão

} bis {

물 부족으로 내 소가 죽고,
또 말도 목말라 죽었네.

Até mesmo a Asa Branca
Bateu asas do sertão
Então eu disse:
-Adeus, Rosinha, guarda contigo
Meu coração

} bis {

내 고향 Asa Branca 마저도.
오지의 날개 짓으로 사라졌어.
그래서 난 여자친구 Rosinha에게 말했지
– 난 고향을 떠나.
하지만, 내 마음을 간직해 줘.

Hoje longe muitas leguas
Numa triste solidão
Espero a chuva cair de novo
Pra eu voltar pro meu sertão

} bis {

나는 지금 타향에서
슬픈 외로움에 빠져
비가 다시 오기를 고대하고 있네
고향으로 돌아가기 위해.

Quando o verde dos teus olhos
Se espalhar na plantação
Eu te asseguro, nao chore nao, viu
Que eu voltarei, viu, meu coração

} bis {

Rosinha! 너의 초록색 눈동자처럼
들판이 푸르게 물들게 되면
내가 널 지켜줄께! 울지마, 알았지?
내가 꼭 돌아갈께! 알았지? 내 사랑?

"Asa Branca"는 브라질 북동부 사람들이 가뭄때문에 고향을 등지고 타지로 이동하는 슬픔을 노래하고 있다.
이 노래는 **Luis Gonzaga**의 시에 곡을 붙인 것인데, 오늘날 브라질을 대표하는 전통 대중음악이 되었다.

어원이 같은 단어들: 직업과 관련이 있는 동사와 명사

동사	명사(직업을 가진 사람 _ or)
administrar	administrador
cantar	cantor
cobrar	cobrador
comprar	comprador
dirigir (uma empresa)	diretor
escrever	escritor
esculpir	escultor
ganhar	ganhador
inventar	inventor
perder	perdedor
pintar	pintor
traduzir	tradutor
vender	vendedor

참고)

chefiar	chefe
dirigir	motorista

*dirigir uma empresa :   기업을 운영하다.

*dirigir um carro :   자동차를 운전하다.

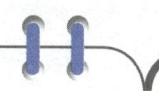

명사	명사(직업을 가진 사람 _ eiro)
banco	banqueiro (은행 주인) bancário (은행원)
barba	barbeiro
cabelo	cabeleireiro
carta	carteiro
costurar	costureiro
cozinha	cozinheiro
engenharia	engenheiro
fazenda	fazendeiro
hotel	hoteleiro
jornal	jornaleiro (신문 팔이)
leite	leiteiro
pão	padeiro
pedra	pedreiro (벽돌 쌓는 사람)
porta	porteiro
sapato	sapateiro

명사	명사(직업을 가진 사람 _ ista)
arte	artista
dente	dentista
jornal	jornalista
massagem	massagista
motor	motorista
piano	pianista
samba	sambista
tênis	tenista
violão	violonista
violino	violinista

Como? Fale mais alto!

Beatriz:	Então ele me perguntou: - Você quer sair comigo à noite?
Cecília:	Não consigo ouvi-la, Beatriz. Fale mais alto.
Beatriz:	Então ele me perguntou se eu queria sair com ele à noite.
Cecília:	E o que foi que você respondeu?
Beatriz:	Eu lhe respondi: Sinto muito, mas não dá.
Cecília:	O que foi que você lhe respondeu, Beatriz?
Beatriz:	O telefone está uma droga.
	Eu lhe respondi que sentia muito, mas não dava.
Cecília:	E daí?
Beatriz:	Eu lhe expliquei:
	É que fui convidada para uma festa e não posso deixar de ir.
Cecília:	Como? Fale mais alto.
Beatriz:	Eu lhe disse que tinha sido convidada para uma festa e não podia deixar de ir.
Cecília:	E era verdade?
Beatriz:	Não. Depois fiquei com pena dele e lhe disse:
	Não me leve a mal. Telefone-me um dia desses.
Cecília:	Como?
Beatriz:	Eu lhe disse para não me levar a mal e telefonar-me um dia qualquer.
Cecília:	E agora?
Beatriz:	Agora estou sozinha aqui em casa, sentada ao lado do telefone, à espera de que ele se lembre de mim.
	Sou mesmo uma boba, Cecília.

뭐라고요? 좀 더 크게 말해주세요!

Beatriz: 그래서 그가 내게 "당신 나와 함께 밤에 외출할 마음이 있어요?"라고 물어 보았어요.

Cecília: 당신이 하는 말이 잘 들리지 않아요, Beatriz. 좀 더 크게 말해주세요.

Beatriz: 그래서 그는 제가 혹시 그와 함께 외출하는 것을 원하는지를 물어 보았어요.

Cecília: 그래서 당신은 뭐라고 대답했어요?

Beatriz: 제가 그에게 "죄송하지만, 사정이 안됩니다."라고 대답했어요.

Cecília: Beatriz! 그에게 뭐라고 대답했다고요?

Beatriz: 지금 전화 상태가 좋지 않군요.

제가 그에게 미안하지만 상황이 안된다고 대답했어요.

Cecília: 그래서요, 그 다음은요?

Beatriz: 제가 그에게 설명했습니다.

제가 어느 파티에 이미 초대되어서 그 파티에 가지 않을 수가 없다고요.

Cecília: 뭐라고요? 좀 더 크게 말해주세요..

Beatriz: 제가 그에게 어떤 파티에 이미 초대가 되어있기 때문에 가지 않을 수 없다고 얘기했어요.

Cecília: 사실이었어요?

Beatriz: 아니오, 말을 한 다음 그가 불쌍하게 생각되었어요.

그래서 "저를 나쁘게 생각하지 마세요"라고 말했어요.

그리고 가까운 시일 내에 제게 전화하라고 말했어요.

Cecília: 뭐라고요?

Beatriz: 그에게 저를 나쁘게 생각하지 말고 언제든지 제게 전화하라고 말했어요.

Cecília: 그럼 지금은요?

Beatriz: 저는 지금 혼자 집에서 전화기 옆에 앉아 있어요.

(제가 한 말을) 그가 기억하기를 고대하면서. (= 그가 전화하기를 기다리면서.)

저 정말 바보지요, Cecília?

⋯▶ 직접화법과 간접화법의 차이

▶ 직접화법(Discurso direto) :
　　　선언문이나 질문, 그리고 명령문 등이 해당된다.

　1) 선언문(Declarações)
　　- Eu estou cansado porque trabalhei muito hoje. Amanhã trabalharei menos.

　2) 질문(Perguntas)
　　- Onde você mora? Você pode me ajudar?

　3) 명령문(Ordens)
　　- Fique quieto! Não diga nada sobre isto!

▶ 간접화법(Discurso indireto) :
　　　직접화법을 나중에 다른 사람에게 옮길 때 사용한다.

　- Ele disse que estava cansado porque tinha trabalhado muito naquele dia,
　　mas que trabalharia menos no dia seguinte.
　▶ 그는 그날 일을 많이해서 피곤했고, 따라서 그 다음 날 일을 덜 할 것이라고 말했다.

　- Ela perguntou onde eu morava e se eu podia ajudá-la.
　▶ 그녀는 내가 어디에 사는지 그리고 그녀를 도와줄 수 있는지를 물었다.

　- Ele mandou-me ficar quieto e não dizer nada sobre aquilo.
　= Ele mandou que eu ficasse quieto e não dissesse nada sobre aquilo.
　▶ 그는 내게 입을 다물고, 그것에 대해 아무말도 하지 않을 것을 명령했다.

···▶ 간접화법 (1) : 나중에 전할 때

▶ 직접화법을 간접화법으로 바꿀 때 적용되는 규칙 :

1) 시제가 다음처럼 바뀐다.

직접화법	→	간접화법
직설법 현재 (Presente do indicativo) 접속법 현재 (Presente do subjuntivo)	→	직설법 반과거 (Imperfeito do indicativo) 접속법 반과거 (Imperfeito do subjuntivo)
직설법 과거 (Perfeito do indicativo) 접속법 반과거 (Perfeito do subjuntivo)	→	직설법 과거완료 (Mais-que-perfeito do indicativo) 접속법 과거완료 (Mais-que-perfeito do subjuntivo)
직설법 미래 (Futuro do presente)	→	직설법 과거미래 (Futuro do pretérito)
접속법 미래 (Futuro do subjuntivo)	→	접속법 반과거 (Imperfeito do subjuntivo)

2) (시간이나 장소를 나타내는) 명사, 대명사, 부사가 다음처럼 바뀐다.

직접화법	→	간접화법
este, esse	→	aquele
isso	→	aquilo
aqui, aí	→	lá, ali
hoje	→	naquele dia
agora	→	naquele momento
ontem	→	no dia anterior, na véspera
amanhã	→	no dia seguinte

Ⓐ 평서문을 간접화법으로 바꾸기

"Eu estou contente porque terminei este trabalho", disse ele.

→ Ele disse que estava contente porque **tinha terminado** aquele trabalho.

▶ "나는 이 일을 끝내서 기쁘다"라고 그가 말했다.

→ 그는 그 일을 끝내서 기쁘다라고 말했다.

1. "Eu moro num apartamento perto do centro e vou para o escritório a pé", explicou-me ela.

▶ 그녀가 "나는 시내에서 가까운 아파트에 살아서 사무실에 걸어서 간다"고 나에게 설명했다.

   ....

   ....

2. "Meu telefone está quebrado, por isso não pude telefonar-lhe ontem", disse-me ele.

▶ 그는 나에게 "내 핸드폰이 고장 나서 어제 네게 전화할 수 없었다" 라고 말했다.

   ....

   ....

3. "Amanhã sairemos bem cedo e só voltaremos no fim do dia", avisou-me ela.

▶ 그녀는 나에게 "우리는 내일 아침 일찍 나가서 해가 질 무렵 돌아올 것이다"라고 미리 말해 주었다.

   ....

   ....

4. "Não quero que você fale sobre isto com ninguém", advertiu-me ela.

▶ 그녀는 내게, "나는 당신이 이것에 대해 아무에게도 말하지 않기를 바란다"라고 경고했다.

   ....

   ....

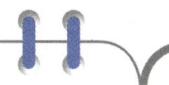

5. "Quando eu tiver mais dinheiro, comprarei uma chácara. Adoro a vida no campo", disse ela.

▶ 그녀는 "내가 더 많은 돈을 갖게 될 때 (= 갖게 된다면), 작은 농장을 하나 사려합니다. 나는 전원의 삶을 사랑하니까요."라고 말했다.

....

....

B 의문문을 간접화법으로 바꾸기

"Você **sabe** o endereço dele?" perguntou-me ela.

→ Ela me perguntou **se** eu **sabia** o endereço dele.

▶ "당신은 그의 주소를 아세요?" 그녀가 나에게 물었다.

→ 그녀는 내가 그의 주소를 아는지를 물었다.

《(주절)직설법 과거》 + 〈**se**〉+《(종속절)직설법 반과거》

1. "Quanto custou o conserto da máquina?", quis saber o marido.

....

....

▶ 남편은 그 기계의 수리비가 얼마 들었는지 알기를 원했다.

2. Meu filho perguntou, "A gente vai a pé até lá? Você sabe quando a gente vai chegar lá?"

....

....

▶ 나의 아들은 우리가 거기까지 걸어갈 것인지 그리고 언제 거기 도착할 것인지를 물었다.

3. "Vocês viram meu guarda-chuva?", perguntou Mariana.

....

....

▶ Mariana는 우리가 자기 우산을 보았는지 물었다.

4. A moça quis saber, "O que vocês farão agora?"

....

....

▶ 그 아가씨는 우리가 그 순간 무엇을 하려하는지를 알고 싶어했다.

5. "Você quer que eu fique?", perguntou ela.

....

....

▶ 그녀는 내게 자신이 머물기를 원하는지를 물었다.

ⓒ 명령문을 간접화법으로 바꾸기

"Espere um pouco!", disse-me ela.
   → Ela me disse **para esperar** um pouco.
   → Ela me disse **que esperasse** um pouco.
      《(주절)과거》 + 《명사구 para + V (동사원형)》
      《(주절)과거》 + 《명사절 que + 접속법 (과거)》

▶ "잠시만 기다려주세요!", 그녀가 내게 말했다.
      → 그녀는 내게 잠시만 기다려달라고 말했다.

1. A mãe disse para o menino. "Tire o cotovelo da mesa."
   ▶ 엄마는 아들에게 "상에서 팔꿈치를 떼 (=턱을 괴지마)"라고 말했다.

....

....

2. O dentista falou para a mocinha. "Fique quieta e não feche a boca!"
   ▶ 치과의사는 그 작은 소녀에게 "가만히 입을 다물지 말고 있어봐"라고 말했다.

....

....

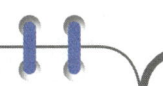

3. "Esteja aqui às 5 horas!", disse-me Carolina.

 ▶ Carolina는 "다섯 시에 꼭 여기에 있어야 해!"라고 말했다.

....

....

4. "Tenha paciência! Não perca a cabeça!", aconselhou-me Virgínia.

 ▶ Virgínia가 나에게 "인내심을 가져! 이성을 잃지 마!"라고 충고했다.

....

....

5. João chamou a mulher, "Veja o que fiz!"

 ▶ João은 자기 집사람을 불러서, "자 봐! 내가 무슨 일을 했는지!"라고 말했다.

....

....

•••▶ 브라질 노래 (3)

CANÇÃO DO ANIVERSÁRIO	**생일축하노래**
Parabéns para você	당신을 축하합니다
Nesta data querida	이 뜻 깊은 날에
Muitas felicidades	많이 행복하시고
Muitos anos de vida	오래 장수하시길 바랍니다
(Mais uma vez com rapidez!)	(빨리 다시 한 번 반복)
É pique, É pique,	
É pique É pique É pique	
É hora, É hora,	
É hora É hora É hora	
Ha, Tchim, Bum	
Nome do Aniversariante	(생일인 사람의 이름 불러주기)

•••▶ 간접화법 (2) : 곧바로 전할 때

▶ **같은장소에서 곧바로 전할 때는 현재의 시제를 그대로 쓴다.**

A: Você vai comigo ao cinema?
B: O que ele está perguntando? / O que ele perguntou?
C: Ele está perguntando(perguntou) se você vai com ele ao cinema.

B: Ah! Não posso.
A: O que ela disse?
C: Ela disse que não pode.
A: Que pena.

A: 당신 저와 같이 영화보러 가시겠습니까?

B: 그가 지금 뭐라고 물어보고 있습니까? / 지금 뭐라고 물어봤어요?

C: 그가 당신보고 자기와 함께 영화보러 가지 않겠느냐고 물어보았어요

B: 아! 안돼요.

A: 그녀가 뭐라고 말했어요?

C: 그녀가 갈 수 없다고 말했어요.

A: 안타깝군요!

Ⓐ 간접화법으로 바꾸기 1 (즉시 전할 때는 현재의 시제 그대로)

A: "Não vamos sair hoje porque está chovendo."
B: Eles disseram que não vão sair hoje porque está chovendo.

A: "우리는 오늘 비가 오고 있기 때문에 나가지 않을 것이다."
B: 그들은 오늘 비가 와서 나가지 않을 것이라고 말했다.

1. "Não estou entendendo nada", disse o aluno.
    ▶ 그 학생은 "나는 지금 아무 것도 이해하지 못하고 있다"라고 말했다.

2. "Você fez tudo errado", reclamou meu chefe.

   ▶ 나의 직장상사는 나에게 "당신이 한 일은 모두 틀렸어" 라고 항의했다.

   ....

3. "Vocês fizeram tudo errado", reclamaram nosso chefe.

   ▶ 우리의 직장상사는 우리들에게 "당신들이 한 일은 모두 틀렸어" 라고 불평을 토했다.

   ....

4. "Amanhã vocês farão tudo de novo", disse ele.

   ▶ 그는 "내일 당신들은 모든 것을 다시 해야할 것이다"라고 말했다.

   ....

5. "Isso vai dar certo?", ele perguntou.

   ▶ 그는 "이 일이 제대로 될까요?" 라고 물었다.

   ....

6. "Você não tem uma idéia melhor?", perguntou-me ele.

   ▶ 그는 내게 "당신은 더 나은 아이디어가 없단 말입니까?" 라고 물었다.

   ....

7. "Vamos ter problemas amanhã", avisou o zelador.

   ▶ 그 건물 경비원은 "내일 문제가 생길 것"이라고 경고했다.

   ....

8. "Por favor, tenha paciência. Não fique bravo comigo", pediu-me ela.

   ▶ 그녀는 내게 "부디 인내심을 가지세요. 제게 화내시지 마시고요"라고 부탁했다.

   ....

9. "Ele está preocupado porque até agora ninguém telefonou", diz a secretária.

   ▶ 그 여비서는 "지금까지 아무도 전화를 하지 않았기 때문에 그가 염려하고 있다"라고 말했다.

   ....

10. "Não tive tempo para nada, por isso ainda não lhe escrevi", explicou-me o rapaz.

    ▶ 그 청년은 내게 "시간이 없어서 당신께 / 그(녀)에게 아직 편지를 쓰지 못했다"라고 설명했다.

    ....

다음은 *브라질 소설가 Erico Veríssimo의 작품 <시간과 바람(O Tempo e o Vento)> 중 "Rodrigo 대장(Um Certo Capitão Rodrigo)"에서 발췌한 글이다.

O capitão Rodrigo, tomando seu terceiro copo, disse:

- Pois garanto que estou gostando deste lugar. Quando entrei em Santa Fé, pensei cá comigo: Capitão, pode ser que você só passe aqui uma noite, mas também pode ser que passe o resto da vida ... Um cheiro de lingüiça frita espalhava-se no ar.

Rodrigo sorriu e começou a bater com a mão no balcão:
- Como é, amigo Nicolau, essa lingüiça vem ou não vem?

Do fundo da casa, o vendeiro respondeu:
- Tenha paciência, patrão.

Rodrigo 대장은 자신의 세 번째 잔을 마시면서 말했다.

- "나는 이곳 Santa Fé가 마음에 들어. 이곳에 처음 왔을 때 나는 혼자 생각했지.
'여기서 하룻밤만 자고 떠나거나, 혹은 남은 여생을 평생 지낼 수도 있다…'고 "말이야.
그 때 소시지 튀기는 냄새가 났다.

Rodrigo 대장은 웃으며, 탁자(=balcão)를 손으로 두드리기 시작했다.
- "Nicolau, 어떻게 된거야? 소시지는 오는 거야 안 오는 거야?"

음식점 깊은 곳에서 그 점원(=Nicolau)이 대답했다.
- "주인님! 참을성을 가지세요(=조금만 기다리세요, 곧 갑니다)."

Patricia : Eu gosto muito de você, Leonardo!

Leonardo : E eu de você, Patrícia!

Patricia : Você acha que poderemos nos casar este ano?

Leonardo : Acho que sim, meu bem.

Patricia : Mas você já conversou com seu chefe?

Você já lhe disse que quer se casar e,

por isso, precisa de um aumento de salário?

Leonardo : Falei, falei, mas ele nem me ouviu.

Patricia : Não faz mal, Leonardo. Vamos achar uma solução.

O que é importante é que nos amamos.

Leonardo : É isso mesmo, meu amor. Tudo vai dar certo, tenho

certeza. Abrace-me.

여: Leonardo, 당신을 많이 좋아해요!

남: Patricia, 나도 그래.

여: 우리 올해 결혼할 수 있을까요?

남: 자기야, 그럴 수 있을 거야.

여: 그런데 당신 직장상사하고 얘기해 봤어요? 결혼하고 싶다고?

그래서 월급 인상이 필요하다고?

남: 그럼, 말했지. 하지만 그는 내 말을 들으려고 하지 않았어.

여: 괜찮아요, Leonardo. 우리 함께 해결책을 찾아보도록 해요.

중요한 것은 우리가 사랑한다는것이니까요

남: 바로 그거야, 내 사랑. 나는 모든 것이 다 잘 될거라고 확신해.

나를 안아 줘.

D 간접화법 4 (직접화법을 간접화법으로 바꾸기)

esposa : Preciso de dinheiro para o supermercado.

marido : De novo? O que eu dei ontem era para um mês.

esposa : Você não especificou de que ano.

부인 : 슈퍼마켓에 갈 돈이 필요해요.

남편 : 또? 내가 어제 준 돈은 한달 생활비였는데.

부인 : 그런데 당신은 그것이 몇 년도 생활비였는지 정확히 말하지 않았어요.

....

....

....

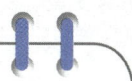

···▶ 과일 나무 이름(Nomes de Árvores das Frutas)

A árvore da laranja é a laranjeira. (오렌지 나무)

A árvore da maçã é a macieira. (사과 나무)

A árvore do caju é o cajueiro. (캐슈 나무)

A árvore da manga é a mangueira. (망고 나무)

A árvore da pêra é a pereira. (배나무)

A árvore do pêssego é o pessegueiro. (복숭아 나무)

A árvore da banana é a bananeira. (바나나 나무)

A árvore da goiaba é a goiabeira. (구아바 나무)

A árvore da ameixa é a ameixeira (자두 나무)

A árvore do coco é o coqueiro. (코코넛 나무)

A árvore do mamão é o mamoeiro. (파파야 나무)

A árvore do abacate é o abacateiro. (아보카도 나무)

A árvore da uva é a parreira. (포도나무)

A árvore do figo é a figueira. (무화과 나무)

A árvore do limão é o limoeiro. (레몬 나무)

A árvore da jabuticaba é a jabuticabeira. (jabuticaba 나무)

수동태와 능동태

•••▶ 능동태(Voz ativa)와 수동태(Voz passiva)의 시제

능동태(Voz ativa)에 쓰일 수 있는 동사의 시제들 :

직설법	Todo mundo **lê** este jornal. ▶ 모든 사람들이 이 신문을 읽는다. Todo mundo **lia** este jornal. Todo mundo **leu** esta notícia. Todo mundo **lerá** esta notícia. Todo mundo **leria** esta notícia. Todo mundo **está lendo** estes artigos. Todo mundo **estava lendo** estes artigos. Todo mundo **tem lido** estes artigos.z Todo mundo **tinha lido** estas cartas.
접속법	Quero que os alunos **leiam** este livro. Eu quis que meus amigos **lessem** este livro. Vocês entenderão tudo quando **lerem** estas cartas.

수동태(Voz passiva)에 쓰일 수 있는 동사의 시제들 :

직설법	Este jornal **é lido** por todo mundo. ▶ 이 신문은 모든 사람들에 의해 읽혀진다 Este jornal **era lido** por todo mundo. Esta notícia **foi lida** por todo mundo. Esta notícia **será lida** por todo mundo. Esta notícia **seria lida** por todo mundo. Estes artigos **estão sendo** lidos por todo mundo. Estes artigos **estavam sendo** lidos por todo mundo. Estes artigos **têm sido** lidos por todo mundo. Estas cartas **tinham sido** lidas por todo mundo.
접속법	Quero que este livro **seja lido** pelos alunos. Eu quis que este livro **fosse lido** pelos meus amigos. Vocês entenderão tudo quando estas cartas **forem lidas**.

···▶ 수동태 (1)

▶ 형태 : 기본 세가지

ser + p.p. estar + p.p. (일반수동형)	ser + sendo + p.p. estar + sendo + p.p. (진행수동형)	ter sido + p.p. (완료수동형)

▶ 용법 : 목적어를 강조하기 위해 사용한다.

> (1) Pedro Alvares Cabral descobriu o Brasil em 1500. (능동태)
>
> ▶ Pedro Alvares Cabral이 1500년에 브라질을 발견했다.
>
> (2) O Brasil foi descoberto pelo Pedro Alvares Cabral em 1500. (수동태)
>
> ▶ 브라질은 Pedro Alvares Cabral에 의해 1500년에 발견되었다.

기본적으로 위의 두 문장의 뜻은 같다.

그러나

(1)의 능동태 문장에서는

　주어가 동사의 행위 주체이기 때문에, Pedro Alvares Cabral에 대해 이야기 하는 것이고,

(2)의 수동태 문장에서는

　주어가 동사의 행위의 대상이 되는 것이기 때문에, 브라질에 대해 이야기 하고 있는 것이다.

Os homens demoliram a casa. 　　→　　 A casa foi demolida.

▶ 사람들이 그 집을 부셔버렸다. 　　　　　▶ 그 집이 부서졌다.

Eles me convidaram para a festa. 　→　 Eu fui convidada para a festa.

▶ 그들이 나를 그 파티에 초대하였다. 　　　▶ 나는 그 파티에 초대되었다.

Ⓐ 수동태 만들기

> Ela faz tudo. → Tudo é feito por ela.
> ▶ 그녀가 모든 일을 한다. ▶ 모든 일이 그녀에 의해 되었다

1. Ele ouve este programa.

   ▶ 그는 이 프로그램을 청취한다.

   ....

2. Nós pomos as chaves na gaveta.

   ▶ 우리는 그 서랍에 열쇠들을 놓아 둔다.

   ....

3. Nós pusemos os papéis no armário.

   ▶ 우리는 그 서류들을 그 장에 넣어두었다.

   ....

4. O Presidente dava entrevistas às 4^{às} feiras.

   ▶ 대통령은 매주 수요일에 인터뷰를 하곤했다 (습관적으로).

   ....

5. Escreveremos o relatório amanhã.

   ▶ 우리는 내일 그 보고서를 쓸 것이다.

   ....

6. Farei o possível.

   ▶ 나는 최선을 다 할 것이다.

   ....

7. Até agora não recebemos nenhuma notícia.

   ▶ 지금까지 우리는 어떠한 소식도 받지 못했다.

   ....

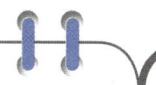

8. Não cobrei as horas extras.

▶ 나는 시간 외 수당을 청구하지 않았다.

⋯⋯⋯⋯⋯⋯⋯⋯⋯⋯⋯⋯⋯⋯⋯⋯⋯⋯⋯⋯⋯⋯⋯⋯⋯⋯⋯⋯⋯⋯⋯⋯⋯.

9. Ninguém entenderia o problema.

▶ 어느 누구도 그 문제를 이해할 수는 없을 것이다.

⋯⋯⋯⋯⋯⋯⋯⋯⋯⋯⋯⋯⋯⋯⋯⋯⋯⋯⋯⋯⋯⋯⋯⋯⋯⋯⋯⋯⋯⋯⋯⋯⋯.

10. Quero que vocês entendam o problema.

▶ 나는 당신들이 그 문제를 이해하기를 바란다.

⋯⋯⋯⋯⋯⋯⋯⋯⋯⋯⋯⋯⋯⋯⋯⋯⋯⋯⋯⋯⋯⋯⋯⋯⋯⋯⋯⋯⋯⋯⋯⋯⋯.

11. A polícia tem procurado o criminoso.

▶ 경찰이 그 범죄자를 찾고 있다.

⋯⋯⋯⋯⋯⋯⋯⋯⋯⋯⋯⋯⋯⋯⋯⋯⋯⋯⋯⋯⋯⋯⋯⋯⋯⋯⋯⋯⋯⋯⋯⋯⋯.

12. Os médicos de plantão estão atendendo os feridos.

▶ 응급실 의사들이 부상자들을 돌보고 있다.

⋯⋯⋯⋯⋯⋯⋯⋯⋯⋯⋯⋯⋯⋯⋯⋯⋯⋯⋯⋯⋯⋯⋯⋯⋯⋯⋯⋯⋯⋯⋯⋯⋯.

13. Não quero que vocês comentem este assunto.

▶ 나는 당신들이 이 주제에 대해서 언급하는 것을 원하지 않는다.

⋯⋯⋯⋯⋯⋯⋯⋯⋯⋯⋯⋯⋯⋯⋯⋯⋯⋯⋯⋯⋯⋯⋯⋯⋯⋯⋯⋯⋯⋯⋯⋯⋯.

14. Lamentei que ele não entendesse minhas palavras.

▶ 나는 그가 내 말을 이해하지 못한 것을 한탄했다.

⋯⋯⋯⋯⋯⋯⋯⋯⋯⋯⋯⋯⋯⋯⋯⋯⋯⋯⋯⋯⋯⋯⋯⋯⋯⋯⋯⋯⋯⋯⋯⋯⋯.

15. Os diretores ainda não tinham discutido a proposta quando a reunião começou.

▶ 그 회의가 시작했을 때, 그 임원들은 그때까지 그 제안에 대해 토론한 바가 없었다.

⋯⋯⋯⋯⋯⋯⋯⋯⋯⋯⋯⋯⋯⋯⋯⋯⋯⋯⋯⋯⋯⋯⋯⋯⋯⋯⋯⋯⋯⋯⋯⋯⋯.

····▶ 과거분사

수동태에 사용되는 과거분사는 규칙과 불규칙으로 나뉜다.

   1) 규칙 과거분사는 능동태에서 완료 시제를 만드는데 사용된다. **<ter/haver + p.p.>**

   2) 불규칙 과거분사는 주로 수동태에서 사용된다. **<ser + p.p.>**

A polícia já tinha prendido dois ladrões à tarde.

  ▶ 경찰은 두 명의 도둑을 이미 오늘 오후에 체포했다. (능동태 과거완료)

O terceiro ladrão só foi preso à noite.(수동태)

  ▶ 세 번째 도둑은 밤이 되어서야 체포되었다.

(aceitar) :

Ela já **tinha aceitado** a nossa oferta quando lhe fizeram outra. (능동태 과거완료)

  ▶ 그들이 그녀에게 다른 제안을 했지만, 그녀는 이미 우리의 제안을 받아들인 후였다.

O convite **foi aceito** com alegria. (수동태)

  ▶ 그 초대는 흔쾌히 받아들여졌다.

▶ 과거분사의 두 가지 형태

동사원형	과거분사 (규칙)	과거분사 (불규칙)
prender	prendido	preso
aceitar	aceitado	aceito
acender	acendido	aceso
entregar	entregado	entregue
limpar	limpado	limpo
matar	matado	morto
pegar	pegado	pego
soltar	soltado	solto

Patroa : ▶ Odete, por que você não acendeu as luzes das vitrinas? (acender)

Gerente : - Eu já tinha _____ , mas o Renato veio e apagou

Patroa : ▶ Mas você sabe que as luzes são _____ às 6 horas e não podem ser apagadas

Gerente : - Eu sei, mas parece que o Renato não sabe

Patroa : ▶ E a loja? Por que você não limpou a loja hoje? (limpar)

Gerente : - Eu não limpei a loja hoje porque eu já tinha _____ ontem.

Patroa : ▶ Mas a loja tem que ser _____ todo dia É novidade para você?

Gerente : - Bom. (entregar)

Patroa : ▶ E as encomendas? Foram _____?

Gerente : - Foram, faz tempo Nós já tínhamos _____ todas quando a senhora chegou

Patroa: ▶ Ótimo

여자 주인: ▶ Odete, 진열장의 불은 왜 켜놓지 않았어요?

매니저: — 제가 일찌감치 불을 켜 놓았는데, Renato가 와서 껐습니다.

여자 주인: ▶ 하지만 당신은 불을 6시에 켜 놓아야 한다는 것을 알잖아요? 그리고 그런 다음에는 꺼져서 안 된다는 것도.

매니저: — 네 잘 알고 있습니다 하지만 Renato는 모르는 것 같습니다.

여자 주인: ▶ 그리고 가게의 청소는 왜 안했어요?

매니저: — 어제 청소를 이미 해놓았기 때문에, 오늘 안 했습니다.

여자 주인: ▶ 하지만 가게는 매일 청소가 되어야 하는데. 이런 소리를 처음 듣는 것은 아니지요?

수동태 (2): 조동사가 있는 경우

▶ 형태: <조동사+ ser동사 + p.p.(과거분사)>
　　　　(조동사 poder, precisar, dever, ter que, ter de)

Não podemos comprar esta casa.

→ Esta casa não **pode ser comprada** por nós.

▶ 이 집은 우리에 의해 구매될 수 없다 (= 우리는 이집을 살 수 없다).

Eu devo pagar as contas hoje.

→ As contas **devem ser pagas** hoje.

▶ 고지서들은 오늘 꼭 지불되어져야한다.

Eu preciso dizer a verdade.

→ A verdade **precisa ser dita.**

▶ 진실은 말해져야 한다.

Eu tenho de resolver o problema.

→ O problema **tem de ser resolvido.**

▶ 그 문제는 해결되어져야 한다.

A 수동태 만들기

Eu preciso dizer a verdade.　　→　　A verdade **precisa ser dita.**

▶ 나는 진실을 말할 필요가 있다　　　　　　　▶ 진실은 말해져야 한다.

1. Sinto muito. Nada pude fazer.

　▶ 죄송합니다. 나는 아무것도 할 수 없었습니다.

....

2. Vocês têm de recebê-lo bem.

　▶ 당신들은 그를 잘 접대해야 한다.

....

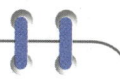

3. Não devemos enganar estas crianças.

▶ 우리는 이 어린이들을 속여서는 안 된다.

....

4. Precisamos fazer o trabalho rapidamente.

▶ 우리는 이 일을 빨리 해야 할(=끝낼) 필요가 있다.

....

5. O povo deve proteger as árvores.

▶ 사람들이 나무를 보호해야 한다.

....

6. Temos que pintar o escritório amanhã.

▶ 우리는 내일 사무실을 페인트칠 해야한다.

....

7. Tomara que ele possa ler o bilhete.

▶ 그가 이 메모를 읽는다면 얼마나 좋을까?

....

8. Você deve trancar a porta.

▶ 당신은 문을 열쇠로 잠궈야 한다.

....

9. Talvez ele pudesse explicar o acidente.

▶ 아마도 그가 이 사건을 설명할 수 있을 것이다.

....

10. Duvido que você precise assinar o contrato.

▶ 나는 당신이 이 계약서에 서명을 할 필요가 있을지 의심스럽다.

....

B 빈칸에 알맞은 시제로 수동태 써넣기

1. (contratar)

   Ontem eles _____ pela companhia.

   ▶ 어제 그들은 그 회사에 고용되었다.

2. (fazer)

   Antigamente o pão _____ em casa.

   ▶ 예전에는 빵을 집에서 만들었다.

3. (dar)

   Ouça! A notícia _____ agora.

   ▶ 지금 그 소식이 전해졌다.

4. (fazer)

   Que pena que descontos não _____ .

   ▶ 할인을 받지 못해 유감이다.

5. (fazer)

   Este contrato _____ há dois anos.

   ▶ 이 계약서는 2년 전에 작성된 것이다.

6. (ver)

   Ultimamente o Jorge _____ por aqui.

   ▶ 최근 Jorge가 이 근처에서 보였다 (=이 근처에 나타났다).

7. (vender)

   No ano que vem todo o nosso estoque _____ .

   ▶ 내년이면 우리의 모든 재고가 팔릴 것이다 (= 팔리고 없을 것이다).

8. (receber)

   Ele não _____ pelo diretor se não fosse amigo dele.

   ▶ 만약 그가 이사님의 친구가 아니었다면, 이사님께서 만나주지 않았을 것이다.

9. (aumentar)

Nossos salários _____ uma vez por ano.

▶ 우리 월급은 일년에 한번 인상된다.

10. (sacudir)

Ontem à noite a cidade _____ por um terremoto.

▶ 어제 밤 이 도시가 지진에 의해서 흔들렸다.

11. (informar)

Escreva-me logo que tiver _____.

▶ 소식을 알게되면 곧바로 내게 알려줘(=편지 써 줘).

12. (avisar)

Ele me disse que já sabia de tudo.

Ele _____ pelo Eduardo um dia antes.

▶ 그는 내게 모든 것을 알고 있었다고 말했다. 그 전날 Eduardo로부터 소식을 들었기 때문이다.

13. (pôr)

No momento em que cheguei,

a mesa já _____ para o jantar.

▶ 내가 도착했을 때, 저녁식탁은 이미 차려져 있었다.

14. (resolver)

Se o problema _____ontem,

não teríamos dor-de-cabeça agora.

▶ 어제 문제가 해결되었더라면, 우리는 지금 머리가 아프지는 않을텐데.

15. (chegar)

Quando a notícia _____, estaremos longe daqui.

▶ 소식이 도착할 때쯤이면, 우리는 여기로부터 멀리 있을 것이다.

수동태 (3) : 재귀대명사 –se를 사용하는 경우

▶ **특징** : 행위자를 드러낼 필요가 없을 때 사용된다.
　　　　　재귀대명사 –se는 3인칭 단수와 복수에 다 쓰일 수 있다.

Vende-se um apartamento.　　→ Um apartamento é vendido.

　▶ 아파트 한채를 매매합니다

Vendem-se casas.　　　　　　→ Casas são vendidas.

　▶ 집을 매매합니다.

Ⓐ 재귀대명사 –se를 사용한 수동태 만들기

Uma loja **é alugada** na rua principal. ▶ 큰 길에 있는 가게를 임대합니다.

→ **Aluga-se** uma loja na rua principal.

1. Uma casa é alugada na praia.　　▶ 해변에 있는 집 한 채를 임대합니다.

　　...

2. Motoristas são admitidos.　　　▶ 운전기사를 채용합니다.

　　...

3. A informação é dada pelo presidente da Fundação de Cultura.

　　　　　　　　　　　▶ Cultura 재단이사장이 그 정보를 제공합니다.

　　...

4. As informações são dadas pelo presidente da Fundação de Cultura.

　　　　　　　　　　　▶ Cultura 재단이사장이 그 정보들을 제공합니다.

　　...

5. Uma secretária é procurada.　　▶ 여비서 한 명을 구합니다.

　　...

6. Duas salas são alugadas.　　　　　　　▶ 사무실 두 개를 임대합니다.

....

7. Um cão foi perdido.　　　　　　　　　　▶ 개 한 마리를 잃어버렸다.

....

8. Todos os documentos foram perdidos.　▶ 모든 문서들이 분실되었다.

....

9. Silêncio é pedido naquela área.　　　　▶ 저 지역에서는 조용히 해야 한다.

....

10. Português é falado aqui.　　　　　　　▶ 여기에서는 포르투갈어가 사용된다.

....

11. Cartas são mandadas pelo Correio.　　▶ 편지들이 우체국을 통해서 보내진다.

....

12. Móveis são consertados.　　　　　　　▶ 가구 수리합니다.

....

13. Os clientes são atendidos às 7 horas.　▶ 7시에 손님을 받습니다.

....

14. Português foi ensinado.　　　　　　　▶ 포르투갈어를 가르쳤습니다.

....

15. Daqui em diante tudo foi visto.　　　　▶ 여기서 부터는 모든 것이 보였다.

....

16. Esses documentos daqui, tudo foi visto.　▶ 여기있는 이 서류들은 모두 검토되었다.

....

B 다음의 문장에서 동사의 법(modo)과 시제 (Tempo)는?

1. Nesta cidade vêem-se muitas casas antigas.
   ▶ 이 도시에는 옛날 집들이 많이 보인다.

   법 (Modo) :　　　(　　　　　　　　　)
   시제 (Tempo) :　（　　　　　　　　　)

2. Todos tinham lido a notícia.
   ▶ 모두가 그 기사를 읽었다.

   법 (Modo) :　　　(　　　　　　　　　)
   시제 (Tempo) :　（　　　　　　　　　)

3. Calculara-se o custo da obra.
   ▶ 그 공사 비용이 정산되었다.

   법 (Modo) :　　　(　　　　　　　　　)
   시제 (Tempo) :　（　　　　　　　　　)

4. A Prefeitura teria desapropriado toda esta rua da Cidade de São Paulo.
   ▶ São Paulo 시청이 (市정부가) 이 거리의 모든 것을 몰수 하려 했다 (하지만 하지 못했다).

   법 (Modo) :　　　(　　　　　　　　　)
   시제 (Tempo) :　（　　　　　　　　　)

5. Do trem, avistavam-se as árvores da cidade.
   ▶ 기차에서 그 도시의 나무들을 볼 수 있었다.

   법 (Modo) :　　　(　　　　　　　　　)
   시제 (Tempo) :　（　　　　　　　　　)

6. Plantou-se café em todo o estado de São Paulo.
   ▶ 커피는 São Paulo 州 전역에서 재배되었다.

   법 (Modo) :　　　(　　　　　　　　　)
   시제 (Tempo) :　（　　　　　　　　　)

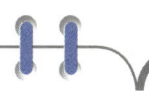

7. Aceitaram-me como representante da classe.

　▶ 그들은 나를 그 수업의 대표로 받아들였다.

　　　　　　　　　법 (Modo) :　　(　　　　　　　　　　　　)
　　　　　　　　　시제 (Tempo) :　(　　　　　　　　　　　　)

8. Ele se vestiu rapidamente.

　▶ 그는 빨리 옷을 입었다.

　　　　　　　　　법 (Modo) :　　(　　　　　　　　　　　　)
　　　　　　　　　시제 (Tempo) :　(　　　　　　　　　　　　)

9. Necessita-se de muita mão-de-obra para a colheita do café.

　▶ 커피를 수확하기 위해서 많은 인력이 필요하다.

　　　　　　　　　법 (Modo) :　　(　　　　　　　　　　　　)
　　　　　　　　　시제 (Tempo) :　(　　　　　　　　　　　　)

10. Observem-se as normas de trânsito.

　▶ 그 교통법규들은 지켜져야 한다.

　　　　　　　　　법 (Modo) :　　(　　　　　　　　　　　　)
　　　　　　　　　시제 (Tempo) :　(　　　　　　　　　　　　)

11. Todos os aparelhos tinham sido desligados.

　▶ 모든 가전제품들의 전원이 꺼져있었다.

　　　　　　　　　법 (Modo) :　　(　　　　　　　　　　　　)
　　　　　　　　　시제 (Tempo) :　(　　　　　　　　　　　　)

12. Talvez ela não tenha entendido.

　▶ 아마도 그녀는 이해하지 못한 것 같다.

　　　　　　　　　법 (Modo) :　　(　　　　　　　　　　　　)
　　　　　　　　　시제 (Tempo) :　(　　　　　　　　　　　　)

C 수동태 만들기

livro

(ler)	O livro foi lido pelos todos alunos.

(escrever) ....

(comprar) ....

(emprestar) ....

(vender) ....

(publicar) ....

(guardar) ....

(perder) ....

(dar) ....

(criticar) ....

(elogiar) ....

(editar) ....

(rasgar) ....

(queimar) ....

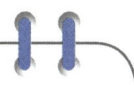

casa

> (comprar)   A casa foi comprada pela minha universidade.

(alugar)   ....

(vender)   ....

(pintar)   ....

(reformar)   ....

(aumentar)   ....

(construir)   ....

(decorar)   ....

(demolir)   ....

(reconstruir) ....

(ver)   ....

(herdar)   ....

(trocar)   ....

(administrar) ....

D 능동태 만들기

> Tudo foi feito por ela. → Ela fez tudo.
> ▶ 모든 일은 그녀에 의해 행해졌다. ▶ 그녀가 모든 일을 했다.

1. As condições propostas foram aceitas por todos os presentes.

....

....

▶ 모든 참석자들이 그 제안조건들을 수락하였다.

2. Fomos acolhidos carinhosamente por eles, na festa.

....

....

▶ 그 파티에서 그들은 우리를 따뜻하게 맞이했다.

3. O trabalho será feito por um grupo de especialistas.

....

....

▶ 전문가 그룹이 그 일을 할 것이다.

4. A situação seria considerada pelo chefe do departamento.

....

....

▶ 그 부서장이 그 상황을 고려할 것이다.

5. A notícia tinha sido publicada por todos os jornais.

....

....

▶ 모든 신문이 그 뉴스를 전했다 (= 기사화했다).

6. Todos os candidatos poderão ser aceitos.

....

....

▶ 우리는 지원자 모두가 채용될 가능성이 있다.

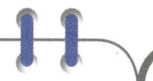

7. Não fomos vistos por ninguém.

....

....

▶ 아무도 우리를 보지 못했다.

8. O livro foi traduzido por um jornalista.

....

....

▶ 어떤 기자가 그 책을 번역했다.

9. Você será orientado por qualquer pessoa daqui.

....

....

▶ 여기 누군가 당신을 지도할 것이다.

10. Muitos livros foram vendidos ontem.

....

....

▶ 어제 그들은 많은 책들을 팔았다.

11. Iniciou-se a reunião com muito atraso.

....

....

▶ 그들은 그 회의를 (예정보다) 늦게 시작했다.

12. Vendem-se estas lojas.

....

....

▶ 우리들은 이 가게들을 매매합니다.

13. Encerraram-se as inscrições ontem à tarde.

....

....

▶ 그들은 등록시간을 어제 오후에 마감했다.

14. Depois da festa, recolheu-se todo o material jogado no chão.

....

....

▶ 파티가 끝난 이후, 그들은 바닥에 떨어진 모든 것을(=쓰레기를) 치웠다.

15. Naquele dia entrevistar-se-iam os últimos candidatos.

....

....

▶ 그날 그들은 최종 후보자들을 인터뷰 하려고 했었다.

E 수동태로 바꾸기

1. É aconselhável que controlem tudo por um circuito fechado de televisão.
   ▶ 텔레비전의 폐쇄회로로 모든 것을 제어하는 것이 좋겠다.

....

....

2. Se alguém tocasse o fio de alta tensão, morreria eletrocutado.
   ▶ 누군가가 고압선을 건드린다면, 감전으로 사망하게 될 것이다.

....

....

3. Haverá sossego só quando o condomínio tomar medidas de segurança.
   ▶ 아파트 (관리사무소)가 안전조치를 취한다면, 안전하게 될 것이다.

....

....

4. Os guardas devem sempre fazer um exame cuidadoso dos crachás.
   ▶ (건물) 경비원들은 언제나 명찰(cracha) 검사를 (신중하게) 잘 해야한다.

....

....

5. No condomínio, os guardas faziam, periodicamente, inspeções rigorosas.
   ▶ 그 아파트에서는, 경비원이 정기적으로 엄격한 검사를 하곤 했다.

....

....

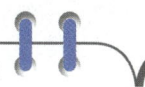

F 재귀동사 **–se** 를 사용해서 수동태로 바꾸기

1. Construíram uma terceira cerca.
   ▶ 세 번째 울타리를 건설하였다.

   ....

   ....

2. Pulavam os muros e assaltavam as casas.
   ▶ (도둑들이) 담을 넘어 그 집들을 강탈했다.

   ....

   ....

3. Decidiram eletrificar os muros.
   ▶ 그들은 담에 전기시설을 설치하기로 결정했다.

   ....

   ....

G 능동태로 바꾸기

1. Toda a área era cercada por um muro alto.
   ▶ 전체 지역이 높은 벽으로 둘러싸여 있었다.

   ....

   ....

2. Foi feito um apelo e reforçada a guarda.
   ▶ (주민들의) 탄원으로, 경비가 강화되었다.

   ....

   ....

3. Além do controle das entradas, passou a ser feito um rigoroso controle das saídas.
   ▶ 입구의 통제뿐만 아니라, 출구의 통제도 엄격하게 되었다.

   ....

   ....

부정법과 인칭부정법

···▶ 인칭부정법

인칭부정법은 포르투갈어의 가장 큰 특징 중 하나이다. 포르투갈어의 부정법에는 영어의 to부정법과 달리 "para(eu / ela) dançar"처럼 전치사와 동사원형 사이에 행위자를 표시할 수 있다.

▶ 형태

그런데 그 행위자가 복수일 때, 뒤에 나오는 동사원형에 복수형 어미 -mos나 -em을 붙여준다.
예를들면 "para nós dançarmos"나 "para elas dançarems"가 된다.

MORAR – 인칭부정법			
Eu	morar	Nós	morar mos
Você		Vocês	
Ele	morar	Eles	morar em
Ela		Elas	

VENDER – 인칭부정법			
Eu	vender	Nós	vender mos
Você		Vocês	
Ele	vender	Eles	vender em
Ela		Elas	

PARTIR – 인칭부정법			
Eu	partir	Nós	partir mos
Você		Vocês	
Ele	partir	Eles	partir em
Ela		Elas	

PÔR – 인칭부정법			
Eu	pôr	Nós	por mos
Você		Vocês	
Ele	pôr	Eles	por em
Ela		Elas	

▶ 용법

1) 주절의 주어와 부정법의 주어가 다를 때 사용한다.

   Ela pediu para nós esperarmos.

   ▶ 그녀는 우리가 기다릴 것을 요청했다.

2) 주절의 주어와 부정법의 주어가 같을 때 생략할 수 있다.

   Por não ter(mos) tempo, não fomos lá.

   ▶ 시간이 없어서, 우리는 그곳에 가지 않았다.

3) 주절의 주어와 부정법의 주어가 같을지라도, 부정법의 행위자를 강조할 때 사용한다.

   Por eles precisarem de dinbeiro, trabalharam mais.

   ▶ 그들은 돈을 필요로 했기 때문에, 일을 더 많이 했다.

   Para nós podermos chegar na hora, precisaremos tomar um táxi.

   ▶ 우리가 제 시간에 도착하기 위해서, 택시를 탈 필요가 있을 것이다.

A 인칭부정법 (1) : 반드시 사용해야 하는 경우

→ 부정법의 행위자가 주절의 주어와 다를 때

(ter)

É necessário nós **termos** paciência.

▶ 우리가 인내심을 가질 필요가 있다.

---

1. (dizer)

   Ele pediu para nós _____ tudo.

   ▶ 그는 우리가 모두 말하기를 요구했다.

2. (ficar)

   É melhor vocês _____ em casa.

   ▶ 너희들은 집에 있는 것이 좋겠다.

3. (ir)

   Para eu _____ até lá, tomarei um táxi.

   ▶ 나는 그곳에 가기 위해서, 택시를 탈 것이다.

4. (ser)

   Eles nos criticaram por (nós) _____ exigentes.

   ▶ 그들은 우리가 너무 많은 것을 요구한다(=엄격하다)고 비난했다.

5. (ter)

   Basta vocês _____ paciência e tudo se resolverá.

   ▶ 당신들이 인내심만 갖고 있다면, 모든 것이 해결될 것이다.

6. (pôr)

   Para nós _____ a casa em ordem, trabalhamos o dia inteiro.

   ▶ 우리는 집을 정리하기 위해서, 하루 종일 일했다.

B 인칭부정법 (2) : 생략해도 좋은 경우

→ 부정법의 행위자가 주절의 주어와 같을 때

> Para fazer o conserto, cobraram um absurdo.
>
> Para **fazerem** o conserto, cobraram um absurdo.
>
> ▶ 그 수리를 위해, (그들은) 터무니 없는 요금을 청구했다.

1. (querer)

   Eles complicaram a situação por não_____ dar explicações.

   ▶ 그들은 상황을 설명하지 않아서 더 복잡하게 만들었다.

2. (estar)

   Por _____ sem dinheiro, ficaram em casa no domingo.

   ▶ 그들은 돈이 없어서 일요일에 집에 있었다.

3. (fazer)

   Para _____ nosso trabalho, nós vamos pedir sua ajuda.

   ▶ 우리의 일을 하기위해, 우리는 당신의 도움을 요청할 것이다.

4. (ter)

   Sem _____ certeza, vocês não poderão decidir nada.

   ▶ 당신들은 확신없이 아무 것도 결정을 할 수 없을 것이다.

5. (ter)

   Para não _____ problemas, desistiram do plano.

   ▶ 그들은 문제가 생기지 않도록 그 계획을 포기했다.

6. (dar ou oferecer)

   Sem _____ ajuda, não vamos receber ajuda mais tarde.

   ▶ 우리가 도움을 주지 않는다면 나중에 도움을 받을 수 없을 것이다.

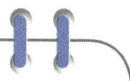

C 인칭부정법 (3) : 목적을 나타내는 부사구 문장 전체를 복수로 바꿀 경우

Ela pediu **para ele ficar**. → Elas pediram **para eles ficarem**.
▶ 그녀는 그에게 머물 것을 요구했다. ▶ 그녀들은 그들에게 머물 것을 요구했다.

1. Ela pediu para eu ficar.

....

▶ 그녀는 내가 머물 것을 요구했다.

2. Ele disse para você telefonar.

....

▶ 그는 당신에게 전화하라고 말했다.

3. Eu pedi para ele chegar logo.

....

▶ 나는 그에게 빨리 도착하라고 부탁했다.

4. Ela sempre pede para eu ajudar.

....

▶ 그녀는 언제나 나에게 도움을 요청한다.

5. É bom você ir embora.

....

▶ 당신이 가는 것(=퇴장하는 것)이 좋겠습니다.

6. O ônibus parou para o passageiro descer.

....

▶ 그 버스는 그 승객이 내릴 수 있도록 멈췄다.

7. O carro parou para eu passar.

....

▶ 그 차는 내가 지나갈 수 있도록 멈췄다.

8. Ela chorou por estar triste.

....

▶ 그녀는 슬퍼서 울었다.

9. Vi o acidente sem poder ajudar.

....

▶ 나는 그 사고를 보았다 (=목격했다). 아무런 도움을 주지 못한 채.

10. Antes de fechar o negócio, converse comigo.

....

▶ 그 협상을 마무리하기 전에, (제발) 나와 얘기해요.

Ⓓ 인칭부정법 (4) : 부사구를 부사절로 바꿀 경우

句(인칭부정법) → 節(직설법 / 접속법)

Ele deu o livro **para eu ler.**

→ Ele deu o livro **para que eu lesse.**

▶ 그는 내가 그 책을 읽을 수 있게 (그 책을) 주었다.

1. Ela explicou de novo para ele compreender.

   Ela explicou de novo para que ....

   ▶ 그녀는 그가 이해하도록 다시 한번 설명했다.

2. Eu ri por estar alegre.

   Eu ri porque ....

   ▶ 나는 행복해서 웃었다.

3. Eu tomei um táxi por estar atrasado.

   Eu tomei um táxi porque ....

   ▶ 나는 늦어서 택시를 탔다.

4. Ele insiste para eu aceitar.

   ....

   ▶ 그는 내가 수락하기를 강요했다.

5. Vou trancar as portas por estar com medo.

....

▶ 나는 무섭기 때문에 문을 잠글 거야.

6. Ela mudou de idéia sem me consultar.

....

▶ 그녀는 나에게 상의도 하지 않고 생각을 바꿨다.

•••▶ 관련단어 연결하기 (3)

Ⓐ 보기의 단어와 연결하기

보기)

| 1. esportes | 2. turismo | 3. artes |

1. o artesanato ( )	2. o estádio ( )
3. a areia ( )	4. o monumento ( )
5. o passeio ( )	6. o esqui ( )
7. o time ( )	8. o campeão ( )
9. o concerto ( )	10. a cerâmica ( )
11. o espetáculo ( )	12. o conto ( )
13. acampar ( )	14. a piscina ( )
15. a exposição ( )	16. a autoestrada ( )
17. o estilo ( )	18. o vôlei ( )
19. a excursão ( )	20. o feriado ( )
21. a reserva natural ( )	22. a personagem ( )
23. a mata ( )	24. o judô ( )
25. a estátua ( )	26. o atletismo ( )
27. o romance ( )	28. o barco a vela ( )
29. o piloto ( )	30. o tênis ( )
31. o programa ( )	32. o músico ( )
33. a bola ( )	34. A máquina fotográfica ( )

포르투갈어에는 〈V (동사) + V (동사)〉가 겹쳐서 나와서
앞의 동사가 조동사처럼 쓰이기도 하고, 혹은 앞의 동사가 반드시 특정 전치사를 동반하여 나타나는데
다음과 같은 문법적 규칙에 따른다.

조동사처럼 쓰이는 동사

▶ <동사 + V(동사원형)>

Eu **odeio trabalhar**. ▶ 나는 일하는 것을 아주 싫어한다 (= 나는 일하는 것을 증오한다).

Ele **tentou ajudar**. ▶ 그는 도우려고 했다 (= 그는 도와주려고 시도했다).

Odeio dizer-lhe isto. Mas, por favor, **evite vir** aqui.

Quando estou trabalhando, **prefiro ficar** sozinho.

▶ 당신한테 이런 말을 하기는 정말 싫지만, 제말 여기에 오지 마세요.
나는 내가 일하는 동안, 혼자 있고 싶어요.

conseguir ....

decidir ....

desejar ....

dever ....

evitar ....

odiar ....

poder ....

precisar ....

preferir ....

pretender ....

procurar ....

querer ....

saber ....

tencionar ....

tentar..

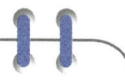

•••▶ 전치사를 동반하는 동사 (1)

▶ <동사 + 전치사 + V(동사원형)>

Ele **aprendeu a** dirigir em 3 dias.	▶ 그는 3일만에 운전하는 것을 배웠다.
Eles **insistiram em** esperar.	▶ 그들은 기다리라고 (고집스럽게) 주장했다.

acabar de, pôr, com ....

aconselhar a ....

acostumar(-se) a ....

ajudar a ....

aprender a ....

arriscar-se a ....

cansar-se de ....

começar a ....

concordar em ....

consentir em ....

continuar a ....

deixar de ....

desistir de ....

discordar de ....

ensinar a ....

esquecer-se de ....

gostar de ....

insistir em ....

lembrar-se de ....

morrer de ....

obrigar a ....

parar de ....

pedir para ....

pensar em ....

preparar-se para ....

recusar-se a ....

sonhar em ....

terminar de ....

전치사를 동반하는 동사 (2)

▶ <동사 + 전치사 + N(명사)>

Ele **desistiu da** viagem.	▶ 그는 그 여행을 포기했다.
Ele **sonhou com** você.	▶ 그는 네 꿈을 꾸었다.

acreditar em ....

agradar a ....

andar de ....

cansar(-se) de ....

casar(-se) com ....

concordar com ....

contar com ....

cuidar de ....

depender de ....

desistir de ....

discordar de ....

falar com, de, sobre ....

fugir de ....

gostar de ....

interessar-se por ....

lutar com ....

morrer de ....

pensar em ....

responder a ....

sonhar com ....

viver de ....

전치사를 동반하는 형용사 (1)

▶ <형용사 + 전치사 + V(동사원형)>

Estou contente em poder ajudar vocês.	▶ 당신들을 도울 수 있어 저는 만족합니다.
Ele não é capaz de fazer o trabalho.	▶ 그는 그 일을 할 능력이 없습니다.

agradável de ....

alegre em, por ....

ansioso por, de, para ....

apto a ....

contente em, por ....

contrário a ....

difícil de ....

duro de ....

fácil de ....

favorável a ....

igual a ....

interessado em ....

satisfeito por, em ....

triste por, em ....

···▶ 전치사를 동반하는 형용사 (2)

▶ <형용사 + 전치사 + N(명사)>

> Estou contente com o resultado   ▶ 우리는 그 결과에 만족합니다.
> Estou ansioso pela Copa do Mumdo do Brasil em 2014.
> ▶ 나는 2014년 브라질의 월드컵 경기를 고대하고 있습니다.

agradável para, a ....

alegre com, por ....

ansioso por, de ....

apto a ....

contente com, por ....

contrário a ....

favorável para, a ....

igual a ....

interessado em ....

parecido com ....

prejudicial para, a ....

satisfeito com ....

semelhante a ....

triste com, por ....

Ⓐ 전치사 연습 1

> Ele nos **ajudou a** fazer as malas.
> ▶ 그들은 우리가 여행가방을 꾸리는 것을 도와주었다..

1. Todos começaram _____ falar ao mesmo tempo.
   > ▶ 모두가 동시에 말하기 시작했다.

2. Ele ajudou-me _____ colocar tudo na estante.
   > ▶ 그는 내가 그 선반에 모든 것을 놓을 수 있도록 도와주었다.

3. Não gosto _____ viajar com estranhos.
   > ▶ 나는 낯선 사람과 여행하는 것을 좋아하지 않는다.

4. Não podemos deixar _____ ir à sua festa.
   > ▶ 우리는 너의 파티에 가지 않을 수 없었어.

5. O diretor, afinal, consentiu _____ nos receber.
   > ▶ 결국 그 부장님은 우리를 받아들이는데 동의했다.

6. Estas crianças não gostam _____ trabalhar.
   > ▶ 이 아이들은 일하는 것을 좋아하지 않는다.

7. O público morreu _____ rir com as piadas deste cômico.
   > ▶ 그 청중들은 그 개그맨의 농담에 웃다가 죽을 뻔 했다.

8. Temos _____ ensinar os novos funcionários _____ trabalhar com estas máquinas.
   > ▶ 새로운 직원들이 이 기계들을 가지고 일할 수 있게 하기 위해서 우리는 가르쳐야 한다.

9. Já era tarde quando nos lembramos _____ enviar-lhes um e-mail.
   > ▶ 우리가 그들에게 이 메일을 보내야 한다는 것을 기억했을 때는 이미 늦었다.

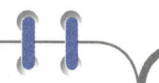

10. Ele cansou-se _____ ajudar-nos _____ fazer nosso trabalho.
▶ 그는 우리가 우리의 일을 할 수 있도록 돕는데 지쳤다.

B 전치사 연습 2

Tudo **depende de** você.　　　　▶ 모두가 네게 달려있다.

1. Este trabalho depende _____ nós. Não podemos desistir _____ (ele).
▶ 이 일은 우리에게 달려있다. 그래서 우리는 그 일을 포기할 수 없다.

2. Ela só pensa _____ (ele) porque gosta muito _____ (ele). Ela sonha _____ele todas as noites.
▶ 그녀는 오로지 그만을 생각한다. 그를 너무 좋아하기 때문에. 그녀는 매일 밤 그의 꿈을 꾼다.

3. Luiz se interessa _____ tudo.
▶ Luiz는 모든 것에 흥미를 느낀다.

4. Eu conto _____ você. Não fuja _____ mim!
▶ 나는 너를 믿어. 내게서 도망가지마.

5. Não pude responder _____ sua carta antes.
▶ 이전에 나는 너의 편지에 답장할 수가 없었다.

6. Ontem sonhei _____ você e hoje só estou pensando _____ você.
▶ 어제 당신의 꿈을 꾸었다. (그래서) 나는 오늘 당신만을 생각하고 있다.

7. Preciso falar _____ você _____ aquele problema.
▶ 당신에게 그 문제에 대해서 말할 필요가 있다.

8. Espero que ele se lembre _____ mim.
▶ 나는 그가 나를 기억하길 바란다.

9. Pode viajar tranquila. Nós cuidaremos _____ (a) casa e _____ (os) garotos.

▶ 편히 여행하고 오세요. 우리가 당신의 집과 아이들을 돌봐드리겠습니다.

10. Minha filha vai se casar _____ um rapaz de muito futuro.

▶ 우리 딸은 장래가 매우 촉망되는 청년과 결혼할 것이다.

Ⓒ 전치사 연습 3

Ele está **apto a** trabalhar.　　▶ 그가 그 일에 가장 적합한 사람이다.

1. Estamos ansiosos _____ conhecer o país.

▶ 우리는 그 나라로 여행가는 것을 갈망한다.

2. Não sei se já estamos aptos _____ prestar o exame.

▶ 나는 우리가 벌써 시험을 칠 준비가 되어 있는지 아닌지를 모르겠다.

3. Ela ficou contentíssima _____ receber sua carta.

▶ 그녀는 매우 만족했다. 너의 편지를 받아서.

4. Eu estou interessada _____ aprender japonês.

▶ 나는 일본어를 배우는 것에 흥미를 느끼고 있다.

5. Fiquei triste _____ ter de ir embora.

▶ 나는 내가 떠나야만 한다는 사실 때문에 슬펐다.

6. Se a experiência não for bem sucedida, ele é capaz _____ abandonar tudo.

▶ 만약 그 경험(=실험)이 아주 성공적이지 않다면, 그는 모든 것을 포기할 수도 있다.

7. Ele é contrário _____ viajarmos agora.

▶ 그는 우리가 지금 여행하는 것에 대해 반대한다.

8. Não estou interessado _____ participar deste projeto.
   ▶ 나는 이 프로젝트에 참여하는 것에 흥미가 없다.

9. Ele está satisfeito _____ mudar para outro país.
   ▶ 그는 다른 나라로 이주하는 것에 만족해 하고 있다.

10. Este trabalho não é dificil _____ fazer. Quando as instruções são
    claras, qualquer trabalho é fácil _____ fazer.
    ▶ 이 일은 하는 것은 어렵지 않다. (일에 대한) 지침들만 명확하다면, 어떤 일이든 일을 하기는 쉽다.

D 전치사 연습 4

> Fiquei **alegre com** a notícia.　　▶ 나는 그 소식을 듣고 기뻤다.

1. Ela ficou muito contente _____ sua carta.
   ▶ 그녀는 너의 편지에 매우 만족해 했다.

2. Neste ponto, ele é parecido_____ a mãe.
   ▶ (바로 이 점에서) 그는 그의 엄마를 닮았다.

3. Eles estão aptos _____ cargo.
   ▶ 그들은 그 직위에 적합한 사람들이다.

4. Estou ansioso _____ notícias deles.
   ▶ 나는 그들에 대한 소식을 갈망한다.

5. Esta fotografia é igual _____ (a) outra.
   ▶ 이 사진은 저 사진과 똑같다.

6. Esta notícia não foi agradável _____ ninguém.
   ▶ 이 소식은 누구에게도 달갑지 않은 것이었다.

7. Nosso chefe não é favorável _____ mudanças.

　▶ 우리의 직장상사는 변화에 호의적이지 않다 (=변화를 좋아하지 않는다).

8. Estamos interessados _____ livros antigos.

　▶ 우리는 옛날 서적에 관심이 있다.

9. Eles são sempre contrários _____ nossas sugestões e _____ nossos planos.

　▶ 그들은 항상 우리의 제안과 계획에 반대한다.

10. Será que o público ficará satisfeito _____ as medidas do governo?

　▶ 과연 국민들은 정부의 시책에 만족할까요?

Ⓔ 전치사 연습 5 (필요한 곳에만 알맞은 전치사 써넣기)

Depois que Marta aprendeu _____ falar inglês e francês, achou

que estava apta _____ trabalhar. Decidiu arranjar um emprego.

Estava ansiosa _____ ganhar seu próprio dinheiro. Ela não

queria nem pensar _____ trabalhar num escritório. Ela não

gostava _____ ficar horas e horas sentada numa sala fechada

batendo relatórios. Ela sonhava _____ um trabalho sem rotina

e morria _____ medo de não o encontrar.

Então ela começou _____ ler anúncios de jornal. Como os

anúncios eram muitos, Marta pediu a Mônica, sua irmã _____

ajudar. Mônica ajudou Marta _____ selecionar os anúncios mais

interessantes. Às vezes Mônica ficava cansada _____ (a) tarefa

e reclamava. Marta tentava _____ compreendê-la.

Marta는 영어와 프랑스어를 배운 후, 자신이 일 할 준비가 되어있다고 생각했다. 그래서 직장을 구하기로 결심했다.

그녀는 자신만의 돈을 벌수 있다는 생각에 들떠있었다. 하지만 그녀는 밀폐된 어떤 사무실에 틀어박혀서 하루 종일 타자만 치는 것은 상상조차 하기 싫었다. 그녀가 꿈꾸는 일은 매일 같은 일을 되풀이 하는 것이 아니다. 따라서 그녀는 그런 일을 찾지 못할까봐 두려움에 떨었다.

그래서 신문 광고를 읽기 시작했다. 하지만 신문광고가 너무도 많아서, Marta는 여동생 Mônica에게 도와달라고 부탁했다. Mônica는 Marta가 가장 흥미로운 광고들을 선택할 수 있게 도와주었다. Mônica는 그 일을 하는데 지쳐서 가끔 불평을 하곤 했다. 하지만 Marta는 그녀를 이해하려고 노력했다.

* batendo relatórios   보고서를 쓰다
   = fazendo relatórios
   = escrevendo relatórios

···▶ 직유법 (Similes)

Ⓐ 알맞은 표현 연결하기 (1)

1. leve como uma pluma 깃털처럼 가벼운
2. rápido como um raio 번개처럼 빠른
3. preto como carvão 숯처럼 새까만
4. pesado como chumbo 납처럼 무거운
5. escuro como breu 역청처럼 까만
6. feio como o diabo 도깨비처럼 흉한
7. dormir como uma pedra 돌처럼 자다

( ) noite sem lua 달없는 밤
( ) uma pedra grande 한 개의 큰 돌
( ) grande cansaço 극도로 피곤함
( ) piche 피치, 역청물지, 송진
( ) uma fleche 화살
( ) seda 비단
( ) urubu 우루부, 썩은 고기를 먹는 검은 콘도르, 욕심쟁이, 고리대금업자

Ⓑ 알맞은 표현 연결하기 (2)

1. surdo como uma porta 마치 문짝처럼 아무 것도 듣지 못하는 귀머거리
2. tremer como vara verde 어린 가지처럼 떨다
3. doce como mel 꿀처럼 달콤한
4. certo como dois e dois são quarto 둘에 둘을 더하면 넷이 되는 것처럼, 명백한
5. amargo como fel 쓸개처럼 쓰디 쓴
6. magro como um palito 이쑤시개처럼 삐쩍 마른

( ) depois do dia vem a noite 낮과 밤이 오듯이
( ) quindim 킨딩 케이크
( ) Olívia, a mulher do Popeye 뽀빠이의 아내, 올리비아
( ) café sem açúcar 설탕없는 커피
( ) ver um fantasma 환타지아를 보다
( ) Hein? O que foi que você disse? Hein? 뭐라고? 뭐라고 말했어?

C 직유법을 사용해서 문장 완성하기

1. Ele estava tão cansado que caiu na cama e...
   ▶ 그는 너무 힘들어서 침대에 쓰러졌다. 그리고 돌처럼 잤다.

2. Ela fez um regime rigoroso e agora ....
   ▶ 그녀는 지독한 다이어트를 해서 지금 꼬챙이가 되었다.

3. Não consegui enxergar nada. A rua estava ....
   ▶ 나는 아무것도 볼 수가 없었다. 그 길은 마치 역청처럼 깜깜했다.

4. Eu nem o vi direito. Ele passou por aqui ....
   ▶ 나는 그를 제대로 보지 못했다. 그는 여기를 번개처럼 빨리 지나갔다.

5. Fale mais alto. Ele não está te escutando. Ele é ....
   ▶ 더 크게 말해. 그는 너가 하는 말을 듣고 있지 않아. 그는 (문짝같은) 귀머거리야.

6. O susto foi tão grande que meia hora depois eu ainda.........................
   ▶ 나는 너무 놀라서, 반시간이 지났는데도 나는 아직도 어린 나뭇가지처럼 떨고 있다.

7. Não consigo carregar sua mala, João. Ela ....
   ▶ João, 네 짐가방을 들고 갈 수가 없어. 가방이 납처럼 무거워.

8. Preciso tirar outra fotografia. Nesta eu estou ....
   ▶ 사진을 다시 찍어야 해. 이 사진에 내가 마귀처럼 흉하게 나왔어.

9. Não tenho dúvidas. É isso mesmo o que vai acontecer. É tão ....
   ▶ 나는 확신한다. 둘 더하기 둘이 넷이 되는 것처럼, 그 일은 반드시 일어날 것이다.

10. Depois do trabalho as mãos do mecânico ficam ....
   ▶ 그 일이 끝난후, 그 수리공의 손은 숯처럼 까맣게 되었다.

동사의
법(modo)과 시제(tempo)

1군 규칙 동사

MORAR

		직설법 (Modo indicativo)		접속법 (Modo subjuntivo)	
		단순시제 Tempos simples	복합시제 Tempos compostos	단순시제 Tempos simples	복합시제 Tempos compostos
현재		Eu moro Tu moras Ele mora Nós moramos Vós morais Eles moram		Que eu more Que tu mores Que ele more Que nós moremos Que vós moreis Que eles morem	
반과거		Eu morava Tu moravas Ele morava Nós morávamos Vós moráveis Eles moravam		Que eu morasse Que tu morasses Que ele morasse Que nós morássemos Que vós morásseis Que eles morassem	"접속법 반과거"는 교재에 따라서 "접속법 과거"라고 쓰이기도 하는데, 그 이유는 표에서 보듯이 접속법 과거 시제가 존재하지 않기 때문이다.
과거		Eu morei Tu moraste Ele morou Nós moramos Vós morastes Eles moraram	tenho morado tens morado tem morado temos morado tendes morado têm morado		tenha morado tenhas morado tenha morado tenahmos morado tenhais morado tenham morado
대과거		Eu morara Tu moraras Ele morara Nós moráramos Vós moráreis Eles moraram	tinha morado tinhas morado tinha morado tínhamos morado tínheis morado tinham morado		tivesse morado tivesses morado tivesse morado tivéssemos morado tivésseis morado tivessem morado
미래		Eu morarei Tu morarás Ele morará Nós moraremos Vós morareis Eles morarão	terei morado terás morado terã morado teremos morado tereis morado terão morado	Quando eu morar Quando tu morares Quando ele morar Quando nós morarmos Que vós morardes Que eles morarem	tiver morado tiverdes morado tiver morado tivermos morado tivedes morado tiverem morado
과거미래		Eu moraria Tu morarias Ele moraria Nós moraríamos Vós moraríeis Eles morariam	teria morado terias morado teria morado teríamos morado teríeis morado teriam morado		

명령법 (Modo imperativo)	
긍정 Afirmativo	mora (tu) more (você) moremos (nós) morai (vós) morem (vocês)
부정 Negativo	não mores (tu) não more (você) não moremos (nós) não moreis (vós) não morem (vocês)

동사를 명사처럼 사용하고자 할 때 (Formas nominais)			
부정법 Infinitivo impessoa	morar	완료 부정법	ter morado
인칭부정법 Infinitivo pessoal	morar (eu) morares (tu) morar (ele) morarmos (nós) morardes (vós) morarem (eles)	완료 인칭부정법	ter morado teres morado ter morado termos morado terdes morado terem morado

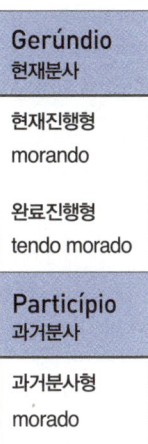

Gerúndio 현재분사
현재진행형 morando
완료진행형 tendo morado
Particípio 과거분사
과거분사형 morado

2군 규칙 동사

ATENDER

직설법 (Modo indicativo)		접속법 (Modo subjuntivo)	
단순시제 Tempos simples	복합시제 Tempos compostos	단순시제 Tempos simples	복합시제 Tempos compostos
현재 Eu atendo Tu atendes Ele atende Nós atendemos Vós atendeis Eles atendem		Que eu atenda Que tu atendas Que ele atenda Que nós atendamos Que vós atendais Que eles atendam	
반과거 Eu atendia Tu atendias Ele atendia Nós atendíamos Vós atendíeis Eles atendiam		Que eu atendesse Que tu atendesses Que ele atendesse Que nós atendêssemos Que nós atendêsseis Que eles atendêssem	"접속법 반과거"는 교재에 따라서 "접속법 과거"라고 쓰이기도 하는데, 그 이유는 표에서 보듯이 접속법 과거 시제가 존재하지 않기 때문이다.
과거 Eu atendi Tu atendeste Ele atendeu Nós atendemos Vós atendestes Eles atenderam	tenho atendido tens atendido tem atendido temos atendido tendes atendido têm atendido		tenha atendido tenhas atendido tenha atendido tenhamos atendido tenhais atendido tenham atendido
대과거 Eu atendera Tu atenderas Ele atendera Nós atendêramos Vós atendêreis Eles atenderam	tinha atendido tinhas atendido tinha atendido tínhamos atendido tínheis atendido tinham atendido		tivesse atendido tivesses atendido tivesse atendido tivéssemos atendido tivésseis atendido tivessem atendido
미래 Eu atenderei Tu atenderás Ele atenderá Nós atenderemos Vós atendereis Eles atenderão	terei atendido terás atendido terá atendido teremos atendido tereis atendido terão atendido	Quando eu atender Quando tu atenders Quando ele atender Quando nós atendermos Quando vós atenderdes Quando eles atenderem	tiver atendido tiveres atendido tiver atendido tivermos atendido tiverdes atendido tiverem atendido
과거미래 Eu atenderia Tu atenderias Ele atenderia Nós atenderíamos Vós atenderíeis Eles atenderiam	teria atendido terias atendido teria atendido teríamos atendido teríeis atendido teriam atendido		

명령법 (Modo imperativo)	
긍정 Afirmativo	atende (tu) atenda (você) atendamos (nós) atendei (vós) atendam (vocês)
부정 Negativo	não atendas (tu) não atenda (você) não atendamos (nós) não atendais (vós) não atendam (vocês)

동사를 명사처럼 사용하고자 할 때 (Formas nominais)			
부정법 Infinitivo impessoa	atender	완료 부정법	ter atendido
인칭부정법 Infinitivo pessoal	atender (eu) atenderes (tu) atender (ele) atendermos (nós) atenderdes (vós) atenderem (eles)	완료 인칭부정법	ter atendido teres atendido ter atendido termos atendido terdes atendido terem atendido

Gerúndio 현재분사
현재진행형 morando
완료진행형 tendo morado

Particípio 과거분사
과거분사형 morado

ABRIR

직설법 (Modo indicativo)		접속법 (Modo subjuntivo)	
단순시제 Tempos simples	복합시제 Tempos compostos	단순시제 Tempos simples	복합시제 Tempos compostos
현재 Eu abro Tu abres Ele abre Nós abrimos Vós abris Eles abrem		Que eu abra Que tu abras Que ele abra Que nós abrimos Que vós abrais Que eles abram	
반과거 Eu abria Tu abrias Ele abria Nós abríamos Vós abríeis Eles abriam		Que eu abrisse Que tu abrisses Que ele abrisse Que nós abríssemos Que nós abrísseis Que eles abrissem	"접속법 반과거"는 교재에 따라서 "접속법 과거"라고 쓰이기도 하는데, 그 이유는 표에서 보듯이 접속법 과거 시제가 존재하지 않기 때문이다.
과거 Eu abri Tu abriste Ele abriu Nós abrimos Vós abristes Eles abriram	tenho aberto tens aberto tem aberto temos aberto tendes aberto têm aberto		tenha aberto tenhas aberto tenha aberto tenhamos aberto tenhais aberto tenham aberto
대과거 Eu abrira Tu abriras Ele abrira Nós abríramos Vós abríreis Eles abriram	tinha aberto tinhas aberto tinha aberto tínhamos aberto tínheis aberto tinham aberto		tivesse aberto tivesses aberto tivesse aberto tivéssemos aberto tivésseis aberto tivessem aberto
미래 Eu abrirei Tu abrirás Ele abrirá Nós abriremos Vós abrireis Eles abrirão	terei aberto terás aberto terá aberto teremos aberto tereis aberto terão aberto	Quando eu abrir Quando tu abrires Quando ele abrir Quando nós abrirmos Quando vós abrirdes Quando eles abrirem	tiver aberto tiveres aberto tiver aberto tivermos aberto tiverdes aberto tiverem aberto
과거미래 Eu abriria Tu abririas Ele abriria Nós abriríamos Vós abriríeis Eles abririam	teria aberto terias aberto teria aberto teríamos aberto teríeis aberto teriam aberto		

명령법 (Modo imperativo)

긍정 Afirmativo	abre (tu) abra (você) abramos (nós) abrei (vós) abram (vocês)
부정 Negativo	não abras (tu) não abra (você) não abramos (nós) não abrais (vós) não abram (vocês)

동사를 명사처럼 사용하고자 할 때 (Formas nominais)

부정법 Infinitivo impessoa	abrir	완료 부정법	ter aberto
인칭부정법 Infinitivo pessoal	abrir (eu) abrires (tu) abrir (ele) abrirmos (nós) abrirdes (vós) abrirem (eles)	완료 인칭부정법	ter aberto teres aberto ter aberto termos aberto terdes aberto terem aberto

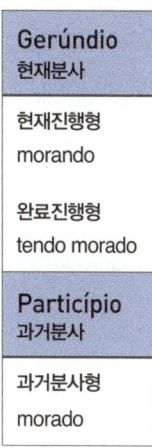

Gerúndio 현재분사
현재진행형 morando
완료진행형 tendo morado

Particípio 과거분사
과거분사형 morado

불규칙 동사 / 조동사로 가장 많이 쓰이는 동사

직설법 (Modo indicativo)			
	Ser	**Estar**	**Ter**	**Haver**

	Ser	Estar	Ter	Haver
현재	Eu sou Tu és Ele é Nós somos Vós sois Eles são	Eu estou Tu estás Ele está Nós estamos Vós estais Eles estão	Eu tenho Tu tens Ele tem Nós temos Vós tendes Eles têm	Eu hei Tu hás Ele há Nós havemos Vós haveis Eles hão
반과거	Eu era Tu eras Ele era Nós éramos Vós éreis Eles eram	Eu estava Tu estavas Ele estava Nós estávamos Vós estáveis Eles estavam	Eu tinha Tu tinhas Ele tinha Nós tínhamos Vós tínheis Eles tinham	Eu havia Tu havias Ele havia Nós havíamos Vós havíeis Eles haviam
과거	Eu fui Tu foste Ele foi Nós fomos Vós fostes Eles foram	Eu estive Tu estiveste Ele esteve Nós estivemos Vós estiveste Eles estavam	Eu tive Tu tiveste Ele teve Nós tivemos Vós tivestes Eles tiveram	Eu houve Tu houveste Ele houve Nós houvemos Vós houvestes Eles houveram
대과거	Eu fora Tu foras Ele fora Nós fôramos Vós fôreis Eles foram	Eu estivera Tu estiveras Ele estivera Nós estivéramos Vós estivéreis Eles estiveram	Eu tivera Tu tiveras Ele tivera Nós tivéramos Vós tivéreis Eles tiveram	Eu houvera Tu houveras Ele houvera Nós houvéramos Vós houvéreis Eles houveram
미래	Eu serei Tu serás Ele será Nós seremos Vós sereis Eles serão	Eu estarei Tu estarás Ele estará Nós estaremos Vós estareis Eles estarão	Eu terei Tu terás Ele terá Nós teremos Vós tereis Eles terão	Eu haverei Tu haverás Ele haverá Nós haveremos Vós havereis Eles haverão
과거미래	Eu seria Tu serias Ele seria Nós seríamos Vós seríeis Eles seriam	Eu estaria Tu estarias Ele estaria Nós estaríamos Vós estaríeis Eles estariam	Eu teria Tu terias Ele teria Nós teríamos Vós teríeis Eles teriam	Eu haveria Tu haverias Ele haveria Nós haveríamos Vós haveríeis Eles haveriam

접속법 (Modo subjuntivo)

	Ser	Estar	Ter	Haver
현재	que eu seja que tu sejas que ele seja que nós sejamos que vós sejais que eles sejam	esteja estejas esteja estejamos estajais estejam	tenha tenhas tenha tenhamos tenhais tenham	haja hajas haja hajamos hajais hajam
과거	que eu fosse que tu fosses que ele fosse que nós fôssemos que vós fôsseis que eles fossem	estivesse estivesses estivesse estivéssemos estivésseis estivessem	tivesse tivesses tivesse tivéssemos tivésseis tivessem	houvesse houvesses houvesse houvéssemos houvésseis houvessem
미래	quando eu for quando tu fores quando ele for quando nós formos quando vós fordes quando eles forem	estiver estiveres estiver estivermos estiverdes estiverem	tiver tiveres tiver tivermos tiverdes tiverem	houver houveres houver houvermos houverdes houverem

명령법 (Modo imperativo)

긍정 Afirmativo	sê (tu) seja(você) sejamos(nós) sede(vós) sejam(vocês)	está esteja estejamos estai estejam	tem tenha tenhamos tende tenham	há haja hajamos havei hajam
부정 Negativo	não sejas(tu) não seja(você) não sejamos(nós) não sejais(vós) não sejam(vocês)	não estejas não esteja não estejamos não estejais não estejam	não tenhas não tenha não tenhamos não tenhais não tenham	não hajas não haja não hajamos não hajais não hajam

Gerúndio
(현재진행형)

sendo
estando
tendo
havendo

Particípio
(과거분사형)

sido
estado
tido
havido

동사를 명사처럼 사용하고자 할 때 (Formas nominais)

부정법 Infinitivo impessoal	ser	estar	ter	houver
인칭부정법 Infinitivo pessoal	ser (eu) seres (tu) ser (ele) sermos (nós) serdes (vós) serem (eles)	estar estares estar estarmos estardes estarem	ter teres ter termos terdes terem	haver haveres haver havermos haverdes haverem

불규칙 동사

직설법 (Modo indicativo)			
Caber	**Cobrir**	**Construir**	**Dar**
현재			
Eu caibo	cubro	construo	dou
Tu cabes	cobres	constróis (= construis)	dás
Ele cabe	cobre	constrói (= construi)	dá
Nós cabemos	cobrimos	construímos	damos
Vós cabeis	cobris	construís	dais
Eles cabem	cobrem	constroem	dão
반과거			
Eu cabia	cobria	construía	dava
Tu cabias	cobrias	construías	davas
Ele cabia	cobria	construía	dava
Nós cabíamos	cobríamos	construíamos	dávamos
Vós cabíeis	cobríeis	construíeis	dáveis
Eles cabiam	cobriam	construíam	davam
과거			
Eu coube	cobri	construí	dei
Tu coubeste	cobriste	construíste	deste
Ele coube	cobriu	construiu	deu
Nós coubemos	cobrimos	construímos	demos
Vós coubestes	cobristes	construístes	destes
Eles couberam	cobriram	construíram	deram
대과거			
Eu coubera	cobrira	construíra	dera
Tu couberas	cobriras	construíras	deras
Ele coubera	cobrira	construíra	dera
Nós coubéramos	cobríramos	construíramos	déramos
Vós coubéreis	cobríreis	construíreis	déreis
Eles couberam	cobriram	construíram	deram
미래			
Eu caberei	cobrirei	construirei	darei
Tu caberás	cobrirás	construirás	darás
Ele caberá	cobrirá	construirá	dará
Nós caberemos	cobriremos	construiremos	daremos
Vós cabereis	cobrireis	construireis	dareis
Eles caberão	cobrirão	construirão	darão
과거미래			
Eu caberia	cobriria	construiria	daria
Tu caberias	cobririas	construirias	darias
Ele caberia	cobriria	construiria	daria
Nós caberíamos	cobriríamos	construiríamos	daríamos
Vós caberíeis	cobriríeis	construiríeis	daríeis
Eles caberiam	cobririam	construiriam	dariam

접속법 (Modo subjuntivo)

	Caber	Cobrir	Construir	Dar
현재	que eu caiba que tu caibas que ele caiba que nós caibamos que vós caibais que eles caibam	cubra cubras cubra cubramos cubrais cubram	construa construas construa construamos construais construam	dê dês dê dêmos deis dêem
과거	que eu coubesse que tu coubesses que ele coubesse que nós coubéssemos que vós coubésseis que eles coubessem	cobrisse cobrisses cobrisse cobríssemos cobrísseis cobrissem	construísse construísses construísse construíssemos construísseis construíssem	desse desses desse déssemos désseis dessem
미래	quando eu couber quando tu couberes quando ele couber quando nós coubermos quando vós couberdes quando eles couberem	cobrir cobrires cobrir cobrirmos cobrirdes cobrirem	construir construíres construir construirmos construirdes construírem	der deres der dermos derdes derem

명령법 (Modo imperativo)

	Caber	Cobrir	Construir	Dar
긍정 Afirmativo	cabe(tu) caiba(você) caibamos(nós) cabei(vós) caibam(vocês)	cobre cubra cubramos cobri cubram	constrói construa construamos construí construam	dá dê demos dai dêem
부정 Negativo	não caibas(tu) não caiba(você) não caibamos(nós) não caibais(vós) não caibam(vocês)	não cubras não cubra não cubramos não cubrais não cubram	não construas não construa não construamos não construais não construam	não dês não dê não dêmos não deis não dêem

Gerúndio (현재진행형)

cabendo
cobrindo
construindo
dando

Particípio (과거분사형)

cabido
coberto
construído
dado

동사를 명사처럼 사용하고자 할 때 (Formas nominais)

	Caber	Cobrir	Construir	Dar
부정법 Infinitivo impessoal	caber	cobrir	construir	dar
인칭부정법 Infinitivo pessoal	caber (eu) caberes (tu) caber (ele) cabermos (nós) caberdes (vós) caberem (eles)	cobrir cobrires cobrir cobrirmos cobrirdes cobrirem	construir construíres construir construirmos construirdes construírem	dar dares dar darmos dardes darem

직설법 (Modo indicativo)			
Divertir	**Dizer**	**Dormir**	**Fazer**
현재 Eu divirto Tu divertes Ele diverte Nós divertimos Vós divertis Eles divertem	digo dizes diz dizemos dizeis dizem	durmo dormes dorme dormimos dormis dormen	faço fazes faz fazemos fazeis fazem
반과거 Eu divertia Tu divertias Ele divertia Nós divertíamos Vós divertíeis Eles divertiam	dizia dizias dizia dizíamos dizíeis diziam	dormia dormias dormia dormíamos dormíeis dormiam	fazia fazias fazia fazíamos fazíeis faziam
과거 Eu diverti Tu divertiste Ele divertiu Nós divertimos Vós divertistes Eles divertiram	disse disseste disse dissemos dissestes disseram	dormi dormiste dormiu dormimos dormistes dormiram	fiz fizeste fez fizemos fizestes fizeram
대과거 Eu divertira Tu divertiras Ele divertira Nós divertíramos Vós divertíreis Eles divertiram	dissera disseras dissera disséramos disséreis disseram	dormira dormiras dormira dormíramos dormíreis dormiram	fizera fizeras fizera fizéramos fizéreis fizeram
미래 Eu divertirei Tu divertirás Ele divertirá Nós divertiremos Vós divertireis Eles divertirão	direi dirás dirá diremos direis dirão	dormirei dormirás dormiá dormiremos dormireis dormirão	farei farás fará faremos fareis farão
과거미래 Eu divertiria Tu divertirias Ele divertiria Nós divertiríamos Vós divertiríeis Eles divertiriam	diria dirias diria diríamos diríeis diriam	dormiria dormirias dormiria dormiríamos dormiríeis dormiriam	faria farias faria faríamos faríeis fariam

접속법 (Modo subjuntivo)

	Divertir	Dizer	Dormir	Fazer
현재	que eu divirta que tu divirtas que ele divirta que nós divirtamos que vós divirtais que eles divirtam	diga digas diga digamos digais digam	durma durmas durma durmamos durmais durmam	faça faças façs façamos façais façam
과거	que eu divertisse que tu divertisses que ele divertisse que nós divertíssemos que vós divertísseis que eles divertissem	dissesse dissesses dissesse disséssemos dissésseis dissessem	dormisse dormisses dormisse dormíssemos dormísseis dormissem	fizesse fizesses fizesse fizéssemos fizésseis fizessem
미래	quando eu divertir quando tu divertires quando ele divertir quando nós divertirmos quando vós divertirdes quando eles divertirem	disser disseres disser dissermos disserdes disserem	dormir dormires dormir dormirmos dormirdes dormirem	fizer fizeres fizer fizermos fizerdes fizerem

명령법 (Modo imperativo)

	Divertir	Dizer	Dormir	Fazer
긍정 Afirmativo	diverte(tu) divirta(você) divirtamos(nós) diverti(vós) divirtam(vocês)	dize = diz diga digamos dizei digam	dorme durma durmamos dormi durmam	faze = faz faça façamos fazei façam
부정 Negativo	não divirtas(tu) não divirta(você) não divirtamos(nós) não divirtais(vós) não divirtam(vocês)	não digas não diga não digamos não digais não digam	não durmas não durma não durmamos não durmais não durmam	não faças não faça não façamos não façais não façam

동사를 명사처럼 사용하고자 할 때 (Formas nominais)

	Divertir	Dizer	Dormir	Fazer
부정법 Infinitivo impessoal	divertir	dizer	dormir	fazer
인칭부정법 Infinitivo pessoal	divertir (eu) divertires (tu) divertir (ele) divertirmos (nós) divertirdes (vós) divertirem (eles)	dizer dizeres dizer dizermos dizerdes dizerem	dormir dormires dormir dormirmos dormirdes dormirem	fazer fazeres fazer fazermos fazerdes fazerem

Gerúndio
(현재진행형)

divertindo
dizendo
dormindo
fazendo

Particípio
(과거분사형)

divertido
dito
dormido
feito

불규칙 동사

직설법 (Modo indicativo)			
Ir	**Ler**	**Medir**	**Odiar**
현재 Eu vou Tu vais Ele vai Nós vamos Vós ides Eles vão	leio lês lê lemos ledes lêem	meço medes mede medimos medis medem	odeio odeias odeia odiamos odiais odeiam
반과거 Eu ia Tu ias Ele ia Nós íamos Vós íeis Eles iam	lia lias lia líamos líeis liam	media medias media medíamos medíeis mediam	odiava odiavas odiava odiávamos odiáveis odiavam
과거 Eu fui Tu foste Ele foi Nós fomos Vós fostes Eles foram	li leste leu lemos lestes leram	medi mediste mediu medimos medistes mediram	odiei odiaste odiou odiamos odiastes odiaram
대과거 Eu fora Tu foras Ele fora Nós fôramos Vós fôreis Eles foram	lera leras lera lêramos lêreis leram	medira mediras medira medíramos medíreis mediram	odiara odiaras odiara odiáramos odiáreis odiaram
미래 Eu irei Tu irás Ele irá Nós iremos Vós ireis Eles irão	lerei lerás lerá leremos lereis lerão	medirei medirás medirá mediremos medireis medirão	odiarei odiarás odiará odiaremos odiareis odiarão
과거미래 Eu iria Tu irias Ele iria Nós iríamos Vós iríeis Eles iriam	leria lerias leria leríamos leríeis leriam	mediria medirias mediria mediríamos mediríeis mediriam	odiaria odiarias odiaria odiaríamos odiaríeis odiariam

접속법 (Modo subjuntivo)

	Ir	Ler	Medir	Odiar
현재	que eu vá que tu vaás que ele vá que nós vamos que vós vades que eles vão	leia leias leia leiamos leiais leiam	meça meças meçs meçamos meçais meçam	odeie odeies odeie odiemos odieis odeiem
과거	que eu fosse que tu fosses que ele fosse que nós fôssemos que vós fôsseis que eles fossem	lesse lesses lesse lêssemos lêsseis lessem	medisse medisses medisse medíssemos medísseis medissem	odiasse odiasses odiasse odiássemos odiásseis odiassem
미래	quando eu for quando tu fores quando ele for quando nós formos quando vós fordes quando eles forem	ler leres ler lermos lerdes lerem	medir medires medir medirmos mdirdes medirem	odiar odiares odiar odiarmos odiardes odiarem

명령법 (Modo imperativo)

긍정 Afirmativo	vai(tu) vá(você) vamos(nós) ide(vós) vão(vocês)	lê leia leiamos lede leiam	mede meça meçamos medi meçam	odeia odeie odiemos odiai odeiem
부정 Negativo	não vás(tu) não vá(você) não vamos(nós) não vades(vós) não vão(vocês)	não leias não leia não leiamos não leiais não leiam	não meças não meça não meçamos não meçais não meçam	não odeies não odeie não odiemos não odieis não odeiem

Gerúndio (현재진행형)

indo
lendo
medindo
odiando

Particípio (과거분사형)

ido
lido
odiado

동사를 명사처럼 사용하고자 할 때 (Formas nominais)

부정법 Infinitivo impessoal	ir	ler	medir	odiar
인칭부정법 Infinitivo pessoal	ir (eu) ires (tu) ir (ele) irmos (nós) irdes (vós) irem (eles)	ler leres ler lermos lerdes lerem	medir medires medir medirmos medirdes medirem	odiar odiares odirar odiarmos odiardes odiarem

직설법 (Modo indicativo)			
Ouvir	**Passear**	**Pedir**	**Perder**
현재 Eu ouço Tu ouves Ele ouve Nós ouvimos Vós ouvis Eles ouvem	passeio passeias passeia passiamos passeais passeiam	peço pedes pede pedimos pedis pedem	perco perdes perde perdemos perdeis perdem
반과거 Eu ouvia Tu ouvias Ele ouvia Nós ouvíamos Vós ouvíeis Eles ouviam	passeava passeavas passeava passeávamos passeáveis passeavam	pedia pedias pedia pedíamos pedíeis pediam	perdia perdias perdia perdíamos perdíeis perdiam
과거 Eu ouvi Tu ouviste Ele ouviu Nós ouvimos Vós ouvistes Eles ouviram	passeei passeaste passeou passeamos passeastes passearam	pedi pediste pediu pedimos pedistes pediram	perdi perdeste perdeu perdemos perdestes perderam
대과거 Eu ouvira Tu ouviras Ele ouvira Nós ouvíramos Vós ouvíreis Eles ouviram	passeara passearas passeara passeáramos passeáreis passearam	pedira pediras pedira pedíramos pedíreis pediram	perdera perderas perdera perdêramos perdêreis perderam
미래 Eu ouvirei Tu ouvirás Ele ouvirá Nós ouviremos Vós ouvireis Eles ouvirão	passearei passearás passeará passearemos passeareis passearão	pedirei pedirás pedirá pediremos pedireis pedirão	perderei perderás perderá perderemos perdereis perderão
과거미래 Eu ouviria Tu ouvirias Ele ouviria Nós ouviríamos Vós ouviríeis Eles ouviriam	passearia passearias passearia passearíamos passearíeis passeariam	pediria pedirias pediria pediríamos pediríeis pediriam	perderia perderias perderia perderíamos perderíeis perderiam

접속법 (Modo subjuntivo)			
Ouvir	**Passear**	**Pedir**	**Perder**
현재 que eu ouça que tu ouças que ele ouça que nós ouçamos que vós ouçais que eles ouçam	passeie passeies passeie passeemos passeeis passeiem	peça peças peça peçamos peçais peçam	perca percas perca percamos percais percam
과거 que eu ouvisse que tu ouvisses que ele ouvisse que nós ouvíssemos que vós ouvísseis que eles ouvissem	passeasse passeasses passeasse passeássemos passeásseis passeassem	pedisse pedisses pedisse pedíssemos pedísseis pedissem	perdesse perdesses perdesse perdêssemos perdêsseis perdessem
미래 quando eu ouvir quando tu ouvires quando ele ouvir quando nós ouvirmos quando vós ouvirdes quando eles ouvirem	passear passeares passear passearmos passeardes passearem	pedir pedires pedir pedirmos pedirdes pedirem	perder perderes perder perdermos perderdes perderem

명령법 (Modo imperativo)			
긍정 Afirmativo	ouve(tu) ouça(você) ouçamos(nós) ouvi(vós) ouçam(vocês)	passeia passeie passeemos passeai passeiem	pede peça peçamos peçais peçam	perde perca percamos perdei percam
부정 Negativo	não ouças(tu) não ouça(você) não ouçamos(nós) não ouçais(vós) não ouçam(vocês)	não passeies não passeie não passeemos não passeeis não passeiem	não peças não peça não peçamos não peçais não peçam	não percas não perca não percamos não percais não percam

Gerúndio (현재진행형)

ouvindo
passeando
pedindo
perdendo

Particípio (과거분사형)

ouvido
passeado
pedido
perdido

동사를 명사처럼 사용하고자 할 때 (Formas nominais)			
부정법 Infinitivo impessoal	ouvir	passear	pedir	perder
인칭부정법 Infinitivo pessoal	ouvir (eu) ouvires (tu) ouvir (ele) ouvirmos (nós) ouvirdes (vós) ouvirem (eles)	passear passeares passear passearmos passeardes passearem	pedir pedires pedir pedirmos pedirdes pedirem	perder perderes perder perdermos perderdes perderem

불규칙 동사

직설법 (Modo indicativo)			
Poder	**Pôr**	**Preferir**	**Querer**
현재	Eu posso Tu podes Ele pode Nós podemos Vós podeis Eles podem	ponho pões põe pomos pondes põem	prefiro preferes prefere preferimos preferis preferem	quero queres quer queremos quereis querem
반과거	Eu podia Tu podias Ele podia Nós podíamos Vós podíeis Eles podiam	punha punhas punha púnhamos púnheis punham	preferia prederias preferia preferíamos preferíeis preferiam	queria querias queria queríamos queríeis queriam
과거	Eu pude Tu pudeste Ele pôde Nós pudemos Vós pudestes Eles puderam	pus puseste pôs pusemos pusestes puseram	preferi preferiste preferiu preferimos preferistes preferiram	quis quiseste quis quisemos quisestes quiseram
대과거	Eu pudera Tu puderas Ele pudera Nós pudéramos Vós pudéreis Eles puderam	pusera puseras pusera puséramos puséreis puseram	preferira preferiras preferira preferíramos preferíreis preferiram	quisera quiseras quisera quiséramos quiséreis quiseram
미래	Eu poderei Tu poderás Ele poderá Nós poderemos Vós podereis Eles poderão	porei porás porá poremos poreis porão	preferirei preferirás preferirá preferiremos preferireis preferirão	quererei quererás quererá quereremos querereis quererão
과거미래	Eu poderia Tu poderias Ele poderia Nós poderíamos Vós poderíeis Eles poderiam	poria porias poria poríamos poríeis poriam	preferiria prederirias preferiria preferiríamos preferiríeis prefeririam	quereria quererias quereria quereríamos quereríeis quereriam

접속법 (Modo subjuntivo)

	Poder	Pôr	Preferir	Querer
현재	que eu possa que tu possas que ele possa que nós possamos que vós possais que eles possam	ponha ponhas ponha ponhamos ponhais ponham	prefira prefiras prefira prefiramos prefirais prefiram	queira queiras queira queiramos queirais queiram
과거	que eu pudesse que tu pudesses que ele pudesse que nós pudéssemos que vós pudésseis que eles pudessem	pusesse pusesses pusesse puséssemos pusésseis pusessem	preferisse preferisses preferisse preferíssemos preferísseis preferissem	quisesse quisesses quisesse quiséssemos quisésseis quisessem
미래	quando eu puder quando tu puderes quando ele puder quando nós pudermos quando vós puderdes quando eles puderem	puser puseres puser pusermos puserdes puserem	preferir preferires preferir preferirmos preferirdes preferirem	quiser quiseres quiser quisermos quiserdes quiserem

명령법 (Modo imperativo)

긍정 Afirmativo	존재하지 않음	põe(tu) ponha(você) ponhamos(nós) ponde(vós) ponham(vocês)	prefere prefira prefiramos preferi prefiram	quere queira queiramos querei queiram
부정 Negativo	존재하지 않음	não ponhas(tu) não ponha(você) não ponhamos(nós) não ponhais(vós) não ponham(vocês)	não prefiras não prefira não prefiramos não prefirais não prefiram não	não queiras não queira não queiramos não queirais queiram

Gerúndio
(현재진행형)

podendo
pondo
preferindo
querendo

Particípio
(과거분사형)

podido
posto
preferido
querido

동사를 명사처럼 사용하고자 할 때 (Formas nominais)

부정법 Infinitivo impessoal	poder	pôr	preferir	querer
인칭부정법 Infinitivo pessoal	poder (eu) poderes (tu) poder (ele) podermos (nós) poderdes (vós) poderem (eles)	pôr pores pôr pormos pordes pôrem	preferir preferires preferir preferirmos preferirdes preferirem	querer quereres querer querermos quererdes quererem

직설법 (Modo indicativo)

	Saber	Sair	Seguir	Sentir
현재	Eu sei Tu sabes Ele sabe Nós sabemos Vós sabeis Eles sabem	saio sais sai saímos saís saem	sigo segues segue seguimos seguis seguem	sinto sentes sente sentimos sentis sentem
반과거	Eu sabia Tu sabias Ele sabia Nós sabíamos Vós sabíeis Eles sabiam	saía saías saía saíamos saíeis saíam	seguia seguias seguia seguíamos seguíeis seguiam	sentia sentias sentia sentíamos sentíeis sentiam
과거	Eu soube Tu soubeste Ele soube Nós soubemos Vós soubestes Eles souberam	saí saíste saiu saímos saístes saíram	segui seguiste seguiu seguimos seguistes seguiram	senti sentiste sentiu sentimos sentistes sentiram
대과거	Eu soubera Tu souberas Ele soubera Nós soubéramos Vós soubéreis Eles souberam	saíra saíras saíra saíramos saíreis saíram	seguira seguiras seguira seguíramos seguíreis seguiram	sentira sentiras sentira sentíramos sentíreis sentiram
미래	Eu saberei Tu saberás Ele saberá Nós saberemos Vós sabereis Eles saberão	sairei sairás sairá sairemos saireis sairão	seguirei seguirás seguirá seguiremos seguireis seguirão	sentirei sentirás sentirá sentiremos sentireis sentirão
과거미래	Eu saberia Tu saberias Ele saberia Nós saberíamos Vós saberíeis Eles saberiam	sairia sairias sairia sairíamos sairíeis sairiam	seguiria seguirias seguiria seguiríamos seguiríeis seguiriam	sentiria sentirias sentiria sentiríamos sentiríeis sentiriam

접속법 (Modo subjuntivo)

	Saber	Sair	Seguir	Sentir
현재	que eu saiba que tu saibas que ele saiba que nós saibamos que vós saibais que eles saibam	saia saias saia saiamos saiais saiam	siga sigas siga sigamos sigais sigam	sinta sintas sinta sintamos sintais sintam
과거	que eu soubesse que tu soubesses que ele soubesse que nós soubéssemos que vós soubésseis que eles soubessem	saísse saísses saísse saíssemos saísseis saíssem	seguisse seguisses seguisse seguíssemos seguísseis seguissem	sentisse sentisses sentisse sentíssemos sentísseis sentissem
미래	quando eu souber quando tu souberes quando ele souber quando nós soubermos quando vós souberdes quando eles souberem	sair saíres sair sairmos sairdes saírem	seguir seguires seguir seguirmos seguirdes seguirem	sentir sentires sentir sentirmos sentirdes sentirem

명령법 (Modo imperativo)

긍정 Afirmativo	sabe(tu) saiba(você) saibamos(nós) sabei(vós) saibam(vocês)	sai saia saiamos saí saiam	segue siga sigamos segui sigam	sente sinta sintamos senti sintam
부정 Negativo	não saibas(tu) não saiba(você) não saibamos(nós) não saibais(vós) não saibam(vocês)	não saias não saia não saiamos não saiais não saiam	não sigas não siga não sigamos não sigais não sigam	não sintas não sinta não sintamos não sintais não sintam

동사를 명사처럼 사용하고자 할 때 (Formas nominais)

부정법 Infinitivo impessoal	saber	sair	seguir	sentir
인칭부정법 Infinitivo pessoal	saber (eu) saberes (tu) saber (ele) sabermos (nós) saberdes (vós) saberem (eles)	sair saíres sair sairmos sairdes saírem	seguir seguires seguir seguirmos seguirdes seguirem	sentir sentires sentir sentirmos sentirdes sentirem

Gerúndio (현재진행형)

sabendo
saindo
seguindo
sentindo

Particípio (과거분사형)

sabido
saído
seguido
sentido

불규칙 동사

직설법 (Modo indicativo)			
Servir	**Trazer**	**Ver**	**Vir**
현재 Eu sirvo Tu serves Ele serve Nós servimos Vós servis Eles servem	trago trazes traz trazemos trazeis trazem	vejo vês vê vemos vedes vêem	venho vens vem vimos vindes vêm
반과거 Eu servia Tu servias Ele servia Nós servíamos Vós servíeis Eles serviam	trazia trazias trazia trazíamos trazíeis traziam	via vias via víamos víeis viam	vinha vinhas vinha vínhamos vínheis vinham
과거 Eu servi Tu serviste Ele serviu Nós servimos Vós servistes Eles serviram	trouxe trouxeste trouxe trouxemos trouxestes trouxeram	vi viste viu vimos vistes viram	vim viste veio viemos viestes vieram
대과거 Eu servira Tu serviras Ele servira Nós servíramos Vós servíreis Eles serviram	trouxera trouxeras trouxera trouxéramos trouxéreis trouxeram	vira viras vira víramos víreis viram	viera vieras viera viéramos viéreis vieram
미래 Eu servirei Tu servirás Ele servirá Nós serviremos Vós servireis Eles servirão	trarei trarás trará traremos trareis trarão	verei verás verá veremos vereis verão	virei virás virá viremos vireis virão
과거미래 Eu serviria Tu servirias Ele serviria Nós serviríamos Vós serviríeis Eles serviriam	traria trarias traria traríamos traríeis trariam	veria verias veria veríamos veríeis veriam	viria virias viria viríamos viríeis viriam

접속법 (Modo subjuntivo)

	Servir	Trazer	Ver	Vir
현재	que eu sirva que tu sirvas que ele sirva que nós sirvamos que vós sirvais que eles sirvam	traga tragas traga tragamos tragais tragam	veja vejas veja vejamos vejais vejam	venha venhas venha venhamos venhais venham
과거	que eu servisse que tu servisses que ele servisse que nós servíssemos que vós servísseis que eles servissem	trouxesse trouxesses trouxesse trouxéssemos trouxésseis trouxessem	visse visses visse víssemos vísseis vissem	viesse viesses viesse viéssemos viésseis viessem
미래	quando eu servir quando tu servires quando ele servir quando nós servirmos quando vós servirdes quando eles sevirem	trouxer trouxeres trouxer trouxermos trouxerdes trouxerem	vir vires vir virmos virdes virem	vier vieres vier viermos vierdes vierem

명령법 (Modo imperativo)

	Servir	Trazer	Ver	Vir
긍정 Afirmativo	serve(tu) sirva(você) sirvamos(nós) servi(vós) sirvam(vocês)	traze = traz traga tragamos trazei tragam	vê veja vejamos vede vejam	vem venha venhamos vinde venham
부정 Negativo	não sirvas(tu) não sirva(você) não sirvamos(nós) não sirvais(vós) não sirvam(vocês)	não tragas não traga não tragamos não tragais não tragam	não vejas não veja não vejamos não vejais não vejam	não venhas não venha não venhamos não venhais não venham

Gerúndio (현재진행형)

servindo
trazendo
vendo
vindo

Particípio (과거분사형)

servido
trazido
visto
vindo

동사를 명사처럼 사용하고자 할 때 (Formas nominais)

	Servir	Trazer	Ver	Vir
부정법 Infinitivo impessoal	servir	trazer	ver	vir
인칭부정법 Infinitivo pessoal	servir (eu) servires (tu) servir (ele) servirmos (nós) servirdes (vós)	trazer trazeres trazer trazermos trazerdes	ver veres ver vermos verdes	vir vires vir virmos virdes

관련 어휘

D. pedro II dormiu aqui

o/a guia	guide	가이드
Sinto muito.	I am sorry.	죄송합니다
queixar-se	to complain	불평하다, 항의하다
vai de mal a pior	from bad to worse	설상가상(雪上加霜)
tão	so	(부)그렇게, 그 정도로
cair	to fall	떨어지다/넘어지다/줄다
o pedaço	piece	한 부분[조각]
cair aos pedaços	to fall to pieces	부서져 떨어지다
cuidar	to keep, to take care of	...을 돌보다/(...을) 주의하다
mal cuidado	badly kept	보존이 잘 되어있지 않은
tradicional	traditional	전통적(인)
desde	since	...으로부터, ...이래
conservar	to conserve, to preserve	보존하다, 보호[유지]하다
não adianta	it is of no use	소용없다
alterar	to alter, to change	변경하다, (질서, 제도)바꾸다
a agência de turismo	travel agency	여행사
de jeito nenhum	no way	결코, 절대로
indicar	to indicate	(지표,,조짐,가능성)나타내다,보여주다
a sugestão (-ões)	suggestion(s)	제안

Na portaria do hotel

a portaria	reception	(호텔, 건물) 리셉션 데스크
o recado	message	전하는 말, 메시지
deixar	to leave	놓다, 남기다
o candidato	candidate	후보자
a idéia	idea	생각, 방안/견해, 신념
precisar	to need	...를 필요로 하다
encontrar	to find, to meet	(...을)우연히 만나다,마주치다
o empréstimo	loan	대출(금)/대여
emprestar	to lend	빌려주다
na hora H...	at the right moment	바로 그 순간에
descer de	to get off	(...에서)내리다, 하차하다
tomar um barco	to take a boat, ferry	보트를 타다
o carro usado	second-hand, pré-owned car	중고차
o ordenado	salary, wage	급여, 보수
a estrada de ferro	railroad	철로
passar férias	to spend vacation	휴가를 보내
cobrir	to cover	덮다/가리다/보상하다
tossir	to cough	기침하다
engolir	to swallow	(꿀꺽)삼키다
subir	to go up	올라가다, 오르다
fugir	to escape, to run away	도망가다
sumir	to disappear, to vanish	사라지다, 소멸하다
consumir	to consume	소비하다
acudir	to help/to come to rescue	긴급히 구조하다[도와주다]

Era um carro novinho em folha

novinho em folha	brand new	신상의, 완전히 새 것인
Droga!	Damn! Darn!	빌어먹을! 제기랄!
estar enganado	to be mistaken	오해하고 있다/잘못 알고 있다
Calma!	Take it easy!, Calm Down!	진정하세요!
Não há outro remédio	that is no other way out	다른 방법이 없다
o diminutivo	diminutive	축소형의, 축소사의
o carinho	affection	애정, 애착
a ênfase	emphasis	강조
o desprezo	contempt	업신여김, 멸시, 괄시
a função (-ões)	function(s)	기능
definido	definite	한정된, 일정한, 정의된
monótono	monotonous, boring	단조로운
a terminação (-ões)	ending(s)	끝, 결말
a vogal	vowel	모음
nasal	nasal	콧소리의, 비음의
o anel	ring	반지
o cheiro	smell	냄새, 향기
falar baixo	to speak low	나직히(조용히) 말하다
do começo até o fim	from the beginning to the end	처음부터 끝까지
classificar	to classify	분류하다, 구분하다
grifar	to underline	줄을 치다, 강조하다
detestar	to hate	싫어하다, 증오하다
o escritor	writer	작가
o sucesso	success	성공
fazer sucesso	to become famous, to be a hit	성공하다, 히트치다
a modificação (-ões)	change	변경, 개정
separar-se	to part, to divorce	분리되다, 떨어지다, 결별하다
exatamente	exactly	정확히, 꼭
a suposição (-ões)	supposition(s)	추측, 가정
a obrigação (-ões)	obligation(s)	(법적, 도의적) 의무
o dever	moral obligation, duty	의무, 책임, 본분
a dificuldade	difficulty	어려움, 곤경
respeitar	to respect	존중하다/(법률,원칙)준수하다
a lei	law	법, 법률
sem parar	without stopping	멈추지 않고
o prêmio	prize, reward	상, 상품
rico	rich, wealthy	부유한, 부자의
a loteria	lottery	복권

Canção popular

a canção popular (-ões)	popular song(s)	유행가, 인기가요
a queda	fall	낙하, 추락/몰락, 저하
o cavalheiro	gentleman	신사
o chão (-ãos)	ground	(평평한)땅, 지면/바닥
ordinais	ordinals	서수
primeiro	first	첫, 첫(번)째의
segundo	second	제2의, 두번째의, 둘째의
terceiro	third	셋째의, 세번째의

quarto	fourth	넷째의, 네번째의
quinto	fifth	다섯번째(의)
sexto	sixth	여섯번째(의)
sétimo	seventh	일곱번째(의)
oitavo	eighth	여덟번째(의)
nono	ninth	아홉번째(의)
décimo	tenth	열번째(의)
vigésimo	twentieth	20번째(의)
trigésimo	thirtieth	30번째(의)
quadragésimo	fortieth	40번째(의)
quinguagésimo	fiftieth	50번째(의)
sexagésimo	sixtieth	60번째(의)
septuagésimo	seventieth	70번째(의)
octagésimo	eightieth	80번째(의)
nonagésimo	ninetieth	90번째(의)
centésimo	hundredth	100번째(의)
milésimo	thousandth	천번째(의)
milionésimo	millionth	백만째(의)

Um passeio pelo Brasil

o passeio	stroll, a ride for pleasure, tour	산책, 산보, 소풍
ler em voz alta	to read aloud	큰 소리로 읽다
preparar-se	to prepare oneself	(스스로를) 준비하다
a escala	stop over	척도/정도,규모/등급/임시정착지
passar	to pass	지나가다, 통과하다/합격하다
o grupo	group	무리, 집단, 그룹
dividir-se	to divide	나누다
reunir-se	to gather	모이다
encerrar	to close, to finish	닫다,폐쇄하다/에워싸다/마감하다
a fila	line, queue	줄, 열
o corredor	corridor	복도, 통로
mudar-se	to move	이사하다, 옮기다
vez	time, turn	(몇)번[배,회]/차례, 순번
três vezes	three times	3배

Um pouco de nossa história

a descoberta	discovery	발견
em fins de 1807	around the end of 1807	1807년 말에
abandonar	to abandon, to left behind	버리다, 포기하다, 방치하다
o exército	army	군대
Napolão	Napoleon	나폴레옹
instalar-se	to settle down	정착하다
real	royal	(국)왕의, 왕실의
a corte	court	법정
a chegada	arrival	도착
pacato	calm, peaceful	고요한, 평온한, 평화로운
a metade	half	(절)반
o escravo	slave	노예

mudar	to change	바꾸다, 변경하다/변하다
da noite para o dia	overnight	밤사이에, 하룻밤동안
progredir	to make progress	진보[전진,발전]하다
o príncipe	prince	왕자
o herdeiro	heir	계승자, 후계자/상속인
príncipe herdeiro	crown prince	황태자, 왕세자
os interesses	interests	흥미/관심사/이해관계,권익
o erro	mistake	실수, 잘못, 오류
criar	to bring up, to raise, to create	양육하다/양성하다
a liberdade	freedom	자유
o contato	contact	접촉
compreender	to understand	이해하다
o desejo	wish	바람, 소망
a independência	independence	독립
contrariar	to contest	(...에)반대[반항]하다
a intenção (-ões)	intention(s)	의도, 의사, 목적
proclamar	to proclaim	선언하다, 선포하다
acalmar	to calm down	진정시키다, 평온하게 하다
o/a patriota	patriot	애국자
exigir	to demand	요구하다, 청구하다
às margens do rio	on the bank or shore of the river	강가에
o riacho	water stream	시내, 물줄기
a agitação (-ões)	unrest, excitement	(사회, 정치적)불안, 소요
a tendência	tendency	경향
ordenar	to command	명령하다
irritar	to irritate	화나게하다
a fita	ribbon	리본, (카세트,비데오) 테이프
erguer	to raise, to lift	올리다/똑바로세우다/건립하다
a espada	sword	칼, 검
gritar	to shout	외치다, 고함치다
aclamar	to acclaim, to hail	환호하다
o imperador	emperor	황제
a origem	origin	기원,근원/출신,태생
a colonização (-ões)	colonization	식민지화, 식민지 건설
a vinda	coming	vir의 명사형, 오다,시작,도래
imaginar	to imagine	상상하다, 그리다
causar	to cause	...을 야기[초래]하다
o ambiente	environment	환경
o episódio	episode	일화, 사건, 에피소드
ilustrar	to illustrate	보여주다, 실증하다

UNIDADE · 2

Progresso é progresso

louco	crazy, mad	미친, 말도 안 되는
Ora essa!	Why! What!?	왜? 뭐라고? 말도 안돼! 그 이유를 모르단 말이야?
o centímetro	centimeter	센티미터
valer	to be worth	...할 가치가 있다

por exemplo	for example	예를 들어, 이를테면
o proprietário	owner	소유주, 주인
o ponto	location	지점, 장소
ideal	ideal	이상적인
qualquer um	anyone	누구라도, 누구든지
o dono	owner	주인, 소유주
falecer	to pass away, to die	사망하다
o herdeiro	heir	상속인, 남성 후계자
a herdeira	heiress	상속인, 여성 후계자
resolver	to decide	결심하다
a oportunidade	opportunity	기회
perder	to miss	잃다, 놓치다
Para falar a verdade...	To tell the truth...	사실은/사실을 말하자면
Só faltava coragem	I only needed courage	오직 용기만이 부족했다
o interessado	person concerned(interested)	관계자, 관심있는 사람
fechar um negócio	to close a deal	거래[협상]을 매듭짓다
Tomara!	Hopefully	(소원)그렇게 되기를 바래야!
demolir	to tear down, demolish	허물다, 파괴하다, 분쇄하다
Que pena!	What a pity!	참 안됐군(요)! 가엾어라!
o pronome	pronoun	대명사
indefinido	indefinite	(문법)부정(不定)의,정해지지않은
qualquer	any	어떤, 어느것이든, 무엇이든
desanimar	to become dispirited	낙심케하다/낙담케하다
trair	to betray	배신하다, 배반하다
distrair	to distract	(마음,주의)흐트리다,어수선하게 하다
atrair	to attract	(마음을)끌다, 매혹하다
subtrair	to subtract	빼다, 덜다, 제하다
a formiga	ant	개미
o buraco	hole	구멍
somar	to add	더하다, 합계하다
a vitrine	shop window	쇼윈도우
o freguês	customer	고객, 손님(물건을 사거나 주문하는)
irregular	irregular	불규칙한

Borá – a cidade que prefere não crescer

o contexto	context	맥락
localizado	located	...에 위치한
o quilômetro	kilometer	킬로미터
cerca de	about, colse to, near	대략, 약
o/a habitante	inhabitant	주민, 거주자
o morador	resident	거주자
volante	floting, drifting	떠도는, 부유하는
o trabalho volante	work done by a man	뜨네기 이주노동자들의
going from place to place	노동을 필요로 하는 일	
vizinho	neighbor	이웃
o/a bóia-fria	rural worker who has not a regular job	(농촌) 일용직 노동자
a marmita	lunch pail	(휴대용)도시락통
a população (-ões)	population(s)	인구
reconhecer	to recognize	알아보다, 인식하다/인정하다
o prefeito	mayor	시장(市長)

o filho	son	아들
a filha	daughter	딸
o lavrador	agricultural worker, farmhand	농촌 노동자
além de	besides	그밖에, 그 이외에
4ª série	fourth year of the grade	4학년
o primeiro grau	first grade	1학년
a pobreza	poverty	빈곤, 가난
impedir	to restrain, to hinder	방해하다, 저지하다
desfrutar	to enjoy,	즐기다,누리다/...을 이용하다
o benefício	benefit	혜택, 이득/수당, 보조금
causar	to cause	...을 야기[초래]하다
a inveja	jealousy	시기, 질투, 선망
os meninos de rua	children that grow up on the streets	거리의 아이들
o/a pedinte	beggar	거지, 걸인
a favela	slum	파벨라, 판자촌, 빈민가
o asfalto	asphalt	아스팔트
as vias públicas	public streets and avenues	공공의 도로나 길
a água tratada	treated water	중류수/수돗물
o esgoto	sewer	하수구, 하수도
o índice	index	색인/지표
a criminalidade	criminality	범죄, 범죄성/유죄
o homicídio	homicide, murder	살인
a cadeia	jail, prison	감옥
o preso	prisoner	죄수
a prefeitura	city hall	시청
arrecadar	to collect	(세금을)징수하다
a horta	vegetable garden	채소나 야채를 재배하는 밭
manter	to keep	유지하다
a frota	fleet	함대
a perua	small van, station wagan	작은 짐 차
o/a estudante	student	학생
o transporte	transportation	운송, 운반/운송수단
a zona	zone	지역
rural	rural	시골의, 지방의
urbano	urban	도시의
a zona rural	rural area	시골지방
a zona urbana	urban area	도시지방, 시가지, 도회지
depender de	to depend on	...에 의존하다, ...에 달리다
a condução (-ões)	transportation(s)	운수, 운반
grátis	free of charge	무료로, 무상으로
a lavoura	farming	경작, 농사
a extinção (-ões)	extinction(s)	종식, 소멸, 멸종
transportar	to transport	운반하다, 운송하다, 나르다
a cidade vizinha	adjoining city or town	위성도시
o corte	cutting	베기, 베어내기/제거/삭감
a cana	sugar cane	사탕수수
a colheita	harvest	수확
o orgulho	pride	자랑, 자존심, 긍지
o funcionamento	functioning	작용,활동/집행,실행/기능
o funcionário	employee	직원, 공무원
adequado	adequate	적절한
a necessidade	need	필요, 수요, 요구, 궁핍

a administração (-ões)	administration(s)	관리[행정](업무)/행정부
Não adianta nada para + V	It is no use	... 하는 것은 아무 소용없다
o emprego fixo	stable job	고정된 일자리, 안정된 직업
a alimentação (-ões)	feeding, nutrition	영양, 부양, 양육/음식물
discutir	to discuss, to argue	논의하다, 토론하다
o governo	government	정부
a bóia	food, meal (slang)	(하루분의) 식량, 끼니
a fruteira	fruit bowl	과일담는 그릇
resolver	to decide	결심하다
gelado	ice-cold	언, 얼음처럼 찬
a conta de luz	electric bill	전기요금 고지서
proibir	to prohibit	금지하다
propor	to propose	제안하다
pintar	to paint	칠하다
o recibo	receipt	영수증
a partida	departure	출발
a saída	exit	출구
a parada	stop	정거장
a permissão (-ões)	permission	허용, 승인
a preferência	preference	선호
assinar	to assign	지정하다/서명, 사인하다
voar	fly	날다
escolher	choose	고르다, 선택하다
repor	replace	대체하다
sugerir	to suggest	제안하다
defender	to defend	방어하다, 막다
o aumento	increase	증가, 인상
a resolução (-ões)	decision(s)	결정, 결심
a abertura	opening	개시, 착수
a perda	loss	상실, 분실/손실
o prejuízo	damage, loss	손실, 손해

Irene no céu

o humor	humor	기분/익살
a licença	permission	허가, 인가, 면허
pedir licença	to ask for permission	허가[허락]를 구하다
Com licença!	Excuse me!	실례합니다!
o bonachão (-ões)	kind-hearted, easy-going person	착한, 성품이 좋은
bem-humorado	in a good mood	기분이 좋은
afável	kind, cute	정다운, 사근사근한
a linguagem	language	말, 언어
revoltar-se	to rebel	폭동을 일으키다, 반역하다

Pedras reciosas brasileiras

a pedra	stone, gem	돌/귀금속
precioso	precious	귀중한, 값비싼
a esmeralda	emerald	에메랄드
o garimpo	place where people extract gold	금을 캐내는 지역

o garimpeiro	people extract gold or gems	금이나 보석을 캐는 사람
surgir	to appear, to show up	떠오르다/나타나다/발생하다
bruto	raw	가공하지 않은
o técnico	technician	기술자, 전문가
experiente	experienced, expert	숙련된, 노련한
verdadeiro	true	진실한, 진정한
a lapidação (-ões)	stone cutting	보석을 자르기, 깎기, 연마
lapidar	to cut precious stones	(보석 등을)닦다, 탁마하다
o brilho	brightness	빛, 광채, 광택
finalmente	finally	마침내, 마지막으로
o ourives	goldsmith	금은세공사
transformar-se	to become, to change into	(...로)변하다
a jóia	jewel	보석, 귀금속
o olhar	to look at	바라보다, 살펴보다
admirar	to admire	존경하다, 감탄하여 바라보다
valioso	valuable	소중한, 귀중한, 값비싼
trágico	tragic	비극적인
o episódio	episode	일화, 사건, 에피소드
respeitar	to respect	존중하다/(법률,원칙)준수하다
estimar	to esteem, to appreciate	추정하다/존중하다/(가치를) 평가하다
o povo	people	(한나라[지방] 전체의)민중,주민,국민,민족
próprio	own	자기의, 자신의/고유의
convencer	to convince	납득시키다, 확신시키다
custear	to finance	(비용)지불하다,(경비)지출하다
a expedição	expedition	탐험, 원정/원정대
a bandeira	flag	깃발
o(s) bandeirante(s)	Brazilian pioneer of its territory expedition	브라질 개척자(들)
a missão (-ões)	mission(s)	임무/전도, 포교(단)
vagar	to roam	돌아다니다, 배회하다
o confronto	confrontation	마주 섬, 대결, 대치
o sofrimento	suffering	고통
envelhecer	to get old	늙다, 나이들다
fraco	weak	약한, 허약한
amargurar	to embitter	쓰게하다/괴롭히다
encontrar	to find	(...을)우연히 만나다,마주치다
julgar	to judge	판단하다, 평가하다
a turmalina	tourmaline	투르말린, 전기석(電氣石)
a trajetória	way	궤도/여행 여정
a transformação (-ões)	transformation(s), change(s)	변형, 변질
o garimpeiro	prospector, goldwasher	(금,보석) 탐사자, 캐는 사람
o lapidário	gem and diamond cutter	보석공인(工人)
o joalheiro	jeweler	보석[귀금속]상인
o sonho	dream	꿈
basear-se	to base	...에 근거를 두다, ...에 기인하다

Viajando em fim de semana

o fim de semana	weekend	주말
a revisão	check-up	검진, 검사
uma boa revisão	a complete mechanical check-up	전면 검사하다/총정검
o pneu	tire	타이어
examinar	to examine, to check	조사[검토]하다/점검[진찰]하다
a bateria	battery	배터리
o óleo	oil	오일, 기름
encher	to fill	(가득)채우다
o tanque	tank	탱크
a gasolina	gasoline	휘발유
comum	ordinary, usual	일반적인, 평범한
Quanto tempo vai levar?	How long is it going to take?	(시간이)얼마나 걸릴까요?
no máximo	at most	최대한
hospedar-se	to stay, to be a guest somewhere	머물다, 숙박하다

No sábado seguinte

mandar	to order, to command	보내다, 발송하다/명령하다
O mesmo de sempre	The same as always	언제나와 마찬가지로

관련단어 연결하기 (1)

Até amanhã!	See you tomorrow!	내일 봐요!
Bem vindo!	Welcome!	환영합니다!
Boa tarde!	Good afternoon!	안녕하세요.
Bom apetite!	Help yourself!	많이 드세요.
Com licença!	Excuse me!	실례합니다
Por favor!~	Please!	제발, 부디
Um abraço!	Give a hug!	포옹하다!
Estimo suas melhoras.	I estimate your improvement.	당신의 회복을 기원합니다.

관련단어 연결하기 (2)

A

por último	finally	마지막으로
em primeiro lugar	firstly	첫째로, 우선
amor	love	사랑
ódio	hate	증오
esquecer	forget	잊다, 망각하다
lembrar	remember	기억하다
falso	false	거짓의
verdadeiro	true	진정한
fraco	weak	약한

forte	strong	강한
acima	above	~ 위에
abaixo	below	~아래에
despir	strip, undress, remove	옷을 벗다
vestir	dress	옷을 입다
duro	hard	딱딱한
mole	mole	부드러운
reprovar	disapprove	낙제시키다
aprovar	approve	낙제하지 않고 진급시키다.
manso	mild, tame, gentle	부드러운, 온순한, 예의바른
feroz	wild, ferocious, savage	거칠은, 사아운, 잔인한
primeiro	first	첫번째(의)
último	final	마지막/최근(의),, 최근 것
conhecmento	knowledge	지식-
ignorância	ignorance	무지, 무식(함)

B

o intérprete	interpreter	통역사
o carpinteiro	carpenter	목수
o cabeleireiro	hair stylist	미용사, 이용사
o autor	author	작가, 저자
o embaixador	ambassador	대사
o espectador	spectator	구경꾼
o livro	book	책
o pente	comb	빗
o espetáculo	spectacle	오락, 구경거리
a madeira	wood	나무
o dicionário	dictionary	사전
as relações internacionais	international relations	국제관계

C

a tesoura	scissors	가위
cortar	cut, cut off	자르다, 끊다, 베다
a tinta	paint, ink, dye	페인트, 잉크, 염료
pintar	paint	칠을 하다, 그림을 그리다
o fósforo	phosphorus	성냥
queimar	burn, fire, bake	불에 태우다. 불에 굽다
a agulha	needle	바늘
picar	sting, bite	바늘로 찌르다, 불다
a cortina	curtain	커튼
fechar	close, shut	닫다
o carpete	carpet	양탄자
cobrir	cover	덮다, 덮어씌우다, 감주다

D

o telejornal	newscast	(텔레비젼) 뉴스 방송
a reportagem	newspaper articles, report	신문기사
a lei	law	법
o diploma	diploma	졸업장, 졸업증서
a criminalidade	crime	범죄
o rapto	abduction	유괴

o ensino	education	교육
o noticiário	news	뉴스
o anúncio	announcement, advertisement	광고
o crime	crime	범죄
o ladrão	thief	도둑
o telespectador	televiewer	텔레비전 시청자
o giz	chalk	백묵
o exame	test	시험
o investigação	investigation	조사
educar	educate	교육하다
o criminoso	criminal	범죄자
o assassino	killer	살인자

Correio sentimental

o caixa	cashier	계산대/출납원
verificar	to check	확인[입증, 검증]하다
a pressa	hurry	서두름, 급함
estar com pressa	to be in a hurry	서두르다
desesperar	to despair	절망하다, 낙담하다
óbvio	obvious	명백한/뻔한
ingênuo	naïve	(지나치게)순진한
lamentar	to lament, regret	(...을)한탄하다, 애도하다
complicar	to complicate	복잡하게[까다롭게] 하다
ordem	command	명령
desejo	wish	소망
dúvida	doubt	의심
sentimento	feeling	감정
exigir	to demand	요구하다
recear	to fear	(...을)두려워하다, 걱정하다
repetir	to repeat	반복[되풀이]하다
o compromisso	appointment	약속
multar	to give someone a penalty	벌금을 부과하다
conjugar	to condugate	(동사를) 변화시키다,변화하다
ir mal	not to get on well	(일이) 잘못 되어가다

A sogra

a sogra	mother-in-law	장모, 시어머니
o sogro	father-in-law	장인, 시아버지
o funcionário público	civil servant	공무원
	a government employee	
público	public	대중, 군중, 국민
estadual	of the state	주(州)의, 주에 관한
estatal	related to the state government	국가의, 국영의
casado	married	결혼을 한, 기혼의
quieto	quiet	조용한/침착한/움직이지 않는
sossegado	quiet person	고요한, 평온한
abandonado	forsaken, to abandon	내버려진, 황량한
mineiro	from the state of Minas Gerais	미나스 제라이스 주(州)의[에서 온]

Volks	volkswagen car	폭스바겐(차종)
a síncope	fainting, syncope	졸도, 기절, 실신
fulminante	that kills instantaneously	즉사시키는, 처참한
		천둥이 울리는, 번개치는
enterrar	to bury	(땅에)묻다
o túmulo	tomb	무덤, 묘/묘비
o jeito	way	솜씨,재주/방법,수단/몸짓
o enterro	burial	매장
deitar	to lay down	눕히다
a manitilha	mantilla	(머리와 어깨를 덮는)베일
a renda	lace/ budget	레이스
chorar	to cry	울다
o desconsolo	disconsolation	우울함, 위안이 없음
a compreensaõ (-ões)	understanding	이해
firme	firm, tight	든든한, 확고한, 움직이지 않는
o volante	steering wheel	(자동차의)핸들, 운전대
o cadáver	corpse	시체
comer asfalto	to drive long distances in high spped	(고속도로)장거리운전하다
balançar	to swing, shake	(좌우로)흔들(리)다
miúdo	tiny	작은,적은/세밀한,상세한
apertar	to press	죄다, 압박하다
a fome	hunger	굶주림, 기아, 배고픔
A fome apertou	hunger grew intense	배가 고팠다
o instante	instant, moment	순간, 찰나
morto	dead	죽은
vigilante	vigilante	(자지않고)지키는/경계하는
inventar	to invent	발명하다, 창안하다
insistir em	insist on	...을 고집하다, 주장하다
composto	compound	합성의, 복합의
conter	to contain	넣다, 포함시키다
herdar do exterior	to inherit from abroad	외국/외부에서 물려받다
plantar	to plant	심다, 재배하다
Lar doce lar	Home, sweet home	즐거운 나의 집
o garoto	boy	아이, 소년
o pacote	package	묶음, 꾸러미, 소포
atencioso	thoughtful	친절한, 세심한, 배려심 있는
o companheiro	companion, comrade	동지
a Páscoa	Easter	부활절
o adversário	opponent	반대자, 대적자
jogar	to play	놀다/(경기를)하다/연주하다
o sobrinho	nephew	조카(남)
a sobrinha	niece	조카(여)
a fortuna	fortune/ luck	운, 행운/부(富), 재산
o/a telefonista	telephone operator	전화교환원
o incêndio	fire	화재
arrumar	to arrange, to organize, to tidy	(흩어진 것을)바로잡다,정리하다
deserto	desert	사막
noite e dia	night and day, all the time	밤낮으로, 내내, 계속
depender de	to depend on	...에 의지하다
afinal	after all	결국
compreensivo	understanding/comprehensive	이해력있는,이해가 빠른/포괄적인
manter	to keep	유지하다

a correspondência	mail	편지거래, 통신/(집합적)서신
o assunto	subject, matter	주제, 화제, 문제, 건(件)
sair com	to go out with	함께 나가다[데이트하다]
a posse	ownership	소유, 취득/서유물/(pl.)재산
o dono	owner	주인, 소유주
rasgar	to tear	찢다, 뜯다, 잡아 뜯다
a placa	plate	상패, 판, (자동차)번호판
a classe	classroom	학급
a orquestra	orchestra	오케스트라, 관현악단
o maestro	conductor	(합주단의)지휘자, 악장

Trem das Onze

| o filho único | only child | 무녀독남, 외아들 |
| justificar | to justify | 정당화하다 |

Pedras preciosas do Brasil

a classe	class, type, kind of	학급/등급/종류
o metal	metal	금속
o ouro	gold	금
a prata	silver	은
a platina	platinum	플래티늄
a água-marinha	aquamarine	아쿠아마린
a ametista	amethyst	자수정
o topázio	topaz	토파즈
extrair	to extract	추출하다
a profundeza	depth	깊이
considerável	considerable	상당한, 많은
o leito	bed	(강,바다 등의)바닥
o rio	river	강, 하천
raro	rare	보기드문, (희)귀한, 진기한
a superfície	surface	표면
a consequência	consequence	결과
a erosão (-ões)	erosion	침식, 부식
a riqueza	richness, wealth	부(富), 부유함/풍부함, 다량
representar	to stand for	...을 상징하다, 나타내다
colonizar	to colonize	식민지화하다
o monumento	monument	기념비
o barroco	baroque	바로크 양식의
o diamante	diamond	다이아몬드
originário	that originates from	...에서 유래[비롯]된
ser originário de	to originate from	...에서 유래하다, 비롯되다
a mina	mine	광산
a lei	law	법, 법률
os minerais	minerals	광물
o partimônio	patrimony	세습재산,(국가,교회등의)유산
a extração (-ões)	extraction	추출
outorgar	to grant	부여하다, 수여하다
a licença	permit, permission	허가, 인가, 면허

a variedade	variety	다양성
citar	to mention	인용하다
a expansão (-ões)	expansion	확장
o herói	hero	영웅(남)
heroína	heroine	영웅(여)
explorar	to explore	탐험하다,탐사하다/채굴하다

UNIDADE · 4

Fims de semana perdido

o bate-papo	chat	잡담
ao ar livre	outdoors	야외에서, 바깥에서
o subjuntivo	subjuntive	(문법)종속법
todo mundo	everybody	모두
embora	although	비록...이지만
introduzir	to introduce, instate, induct	소개하다/도입하다/들여오다
a expressão impessoal	impersonal expression	비인칭표현
provável	probable	있음직한, 가능성 있는
aconselhável	advisable	권할 만한, 바람직한
bastar	to be enough	충분하다
a conjunção (-ões)	conjunction	(문법)접속사/결합,연결
para que	so that	...하기 위해, ...할 수 있도록
a fim de que	in order that	...하기 위해, ...할 수 있도록
contanto que	as long as, provided	(조건)...하는 한
a não ser que	unless	...하지 않는 한, ...이(가) 아닌 한
mesmo que	even though, even if	비록 ...라 하더라도
convir	to be convenient	(...에)알맞다, 적당하다
convém que	you had better do	...하는 게 적당하다
caso	if, in case	...할 경우
sem que	without	...하지 않고
até que	until	...할 때까지
antes que	before	...하기 전에
saber	to know	(...을)알다
ter cuidado	to be careful	주의하다
ouvir com atenção	to listen attentively	귀기울여 듣다
paciente	patient	참을성 있는, 인내력있는
pagar à vista	to pay in cash	현금결제하다
a instrução (-ões)	instruction	교육, 훈련, 가르침
o guarda-chuva	umbrella	우산
molhado	wet	젖은, 축축한
repetir	repeat	반복하다
a explicação	explanation	설명
concordar	to agree	일치하다/부합하다
a sombra	shadow	그림자
cortar	to cut	자르다, 베다
enganar	deceive	속이다
estar enganado	to be mistaken	오해하고 있다/잘못 알고 있다
estar errado	to be wrong	틀리다, 잘못되다
o recibo	receipt	영수증

dar uma olhada	to give a look	흘깃 쳐다보다
o regulamento	rules	규정,규칙/법칙/세칙
o imóvel/os imóveis	houses or buildings to rent or sell	(pl.)부동산
a imobiliária	real estate	부동산 사무실
o corretor de imóveis	real estate agent	부동산 중개인
a distância	distance	거리
em si	in itself	그 자체로, 본질적으로
a exposição (-ões)	exhibition	진열,전람/박람회/표명
a faxineira	cleaning woman	청소부

A outra noite

o vento	wind	바람
a nuvem	cloud	구름
o luar	moonlight	달빛
a lua	moon	달
visto de cima	seen from above	위에서 본 (광경)
enluarado	moonlit	달빛에 비친
o colchão (-ões)	mattress	(침대)매트리스
alvo	target	목표, 표적, 과녁
irreal	irreal, unreal	가공의, 비현실적인
o chofer	driver	운전기사
voltar-se	to turn	돌다
enlamaçado	muddy	진흙투성이인, 진창인
torpe	vile	천천히, 서서히, 느리게
puro	pure	순수한/깨끗한/순전한
perfeito	perfect	완벽한
lindo	beautiful, gorgeous	아름다운, 예쁜/멋진, 훌륭한
guiar	to guide	안내하다, 인도하다
lentamente	slowly	존중하다/(법률,원칙)준수하다
o aviador	aviator, pilot	(비행기)조종사
saltar	to get off, jump	뛰어오르다/도약하다
pagar	to pay	지불하다
a corrida	race	뛰기,경주/경로, 코스
sincero	sincere	(감정,신념,행동)진실된
veemente	vehement	격렬한,맹렬한/열정적인/절실한
o autor	author	저자, 작가
a crônica	story based on day-to-day events	이야기/연대기
referir-se a	to refer to	...을 지칭하다, 언급하다/...을 참조하다
o passageiro	passenger	승객
largo	wide	넓은, 폭넓은
breve	short	간단한, 간결한
em breve	soon	곧
o interesse	interest	흥미/관심사/이해관계,권익
a atenção (-ões)	attention	주의,주목/관심,흥미
a força	strength	힘/능력,권력,세력
a brutalidade	brutality	야만성, 잔인성
a economia	economy	경제
a preguiça	laziness	게으름, 나태함
a honestidade	honesty	정직함
a paciência	patience	인내심, 인내력

a facilidade	easiness	용이함
a delicadeza	kindness, politeness	온화함,부드러움/친절
a violência	violence	폭력
o cuidado	care	주의,조심/돌봄,보호
o antônimo	antonym	반의어, 반대말
sem querer	unintentionally	무심코, 우연히
(o) secreto	secret	(형)비밀의,은밀한/(명)비밀,비결
com naturalidade	naturally	물론,당연히/자연스럽게/저절로
por obrigação (-ões)	compulsorily	강제적으로
espontâneo	spontaneous	자발적인, 마음에서 우러난
às claras	openly	명백하게, 터놓고, 솔직하게
sofisticado	sophisticated	정교한,복잡한/세련된,교양있는
de propósito	on purpose	일부러, 고의로
por acaso	by chance	우연히
manual	manual	손으로 하는, 수공의
de imediato	immediately	즉시
intencional	intentional	의도적인
de repente	suddenly	갑자기
casualmente	by chance	우연히
prontamente	quickly	재빨리, 신속하게
à mão	manually, made by hand	손으로, 수공으로
subitamente	suddenly	갑자기, 별안간
anual	annual, yearly	매년의,해마다 하는/연간의
mensal	monthly	매월의/다달이
quinzenal	fortnightly	15일간의, 15일마다 한번 있는
semanal	weekly	매주의, 주 1회의
diário	daily	매일 일어나는, 나날의
semestral	biannual	반년의, 반년마다의
gritar	to scream	외치다, 고함치다
morrer de	to die of	...로 (인해) 죽다
o exame	exam, examination	시험/검사,조사/진찰
o discurso	speech	연설
o erro	mistake	실수, 착오
o seguro	insurance	보험
o aniversário	birthday	기념일, 생일
a mala	suitcase	여행가방
a barba	beard	턱수염
fazer questão de	to insist on/to make a point of	문제를 삼다
fazer bem/mal	to do (someone) good/harm	도움이 되다/해롭게 하다
fazer de conta	to pretend	가정하다, 상상하다

Tietê – o rio que foge do mar

nascer	to be born	태어나다
o regato	creek	개울, 시내
limpo	clean	깨끗한, 청결한
sujo	dirty, polluted	더러운, 오염된
a metrópole	metropolis, capital	주요도시, 중심지, 수도
reviver	to revive	부활시키다, 회복시키다
desaguar	to flow into another water surface	(기체,액체)흐르다[방출되다]
o limite	limit	경계,한계/제한,한도/구역,범위

a nascente	head, source	수원(水源), 원천, 출처, 근원
a placa	plate	상패, 판, (자동차)번호판
o bronze	bronze	청동
cravar	to thrust something into a surface	고정하다, 단단하게 하다
o filete d'água	trickle of water	물줄기
a inscrição	inscription	기입,기재/등록
a sociedade	society	사회/집단/...회(會),협회,단체
geográfico	geographic	지리(학)적인, 지리(학)상의
percorrer	to flow or run along	...을 따라 흐르다/돌아다니다
a vazão (-ões)	outflow	(기체,액체)흘러나옴,누출/시궁창
volumoso	bulky, big	방대한/부피(용적)가 큰
à medida de	in proportion to	...에 따라
a adesão (-ões)	adhesion, act of take part in	부착, 밀착
o afluente	ramification of a bigger river	(큰 강의) 지류
a regata	regatta, boat race	보트 경주
a pescaria	fishery	어장, 양식장
o povoamento	the process of populating	(이주, 개척하여)정착시킴, 정착
a via	road, way	길,도로/경로/방향
a marcha	march, advance	행진/진보,진전,발달
a canoa	canoe	카누
escavado	dug	땅을 판, 발굴한
o tronco	log	수간/그루터기/통나무
a peroba	kind of wood	나무의 일종. 건축자재로 흔히 씀.
medir	to measure	(길이,폭,높이,무게 등) 재다, 측정하다
o comprimento	length	길이
transportar	to carry, to transport	운반하다, 운송하다, 나르다
a tonelada	ton	(무게) 톤
a carga	cargo	짐, 하물
vencer	to win over	이기다,승리하다/성취하다
o obstáculo	obstacle	장애물
carregar	to carry	짐을 싣다, 적재하다
a navegação (-ões)	navigation	항해/수운,해운
maioria	majority	대다수
apesar de	in spite of	...에도 불구하고
os acidentes geográficos	geographic features	지리(학)적 특성
impedir	to hinder	방해하다, 저지하다
a travessia	crossing	횡단
deslizar	to flow	미끄러지다/이탈하다,빗나가다
tranqüilo	quite	조용한, 고요한, 한적한
o detrito	remains of something	(무엇이 파괴된 후의)잔해,잔여물,나머지
os detritos domésticos	domestic debris	집에서 나온 쓰레기
o nível	level	수준, 정도, 높이
a poluição (-ões)	pollution(s)	오염
a confluência	confluence	합류(지점)
o esgoto	sewer	하수구, 하수
o resíduo	residue	잔여물,나머지/잔류
não tratado	not treated	(하수)처리되지 않은
a reabilitação (-ões)	rehabilitation(s)	갱생/복직,복위/재건
o leito do rio	river bed	강바닥, 하상(河床)
afastar	to move away	(...로부터)멀어지다, 떠나다
a prova	proof	증거
recuperar	to recover	회복하다, 되찾다

nadar	to swim	수영하다, 헤엄치다
o peixe	fish	물고기, 생선
reproduzir	to reproduce	재생산하다/복제하다/재현하다/번식하다
considerar	to consider	고려하다/(...을)...으로 간주하다
o engenho	factory that produces cane sugar	제당소, 제당공장
o curtume	tannery	(가죽)무두질
o relevo	relief	경감, 완화
a queda d'água	waterfall	폭포
a corredeira	river rapids	급류(急流)
a oxigenação (-ões)	oxygenation	산화(酸化)처리
a rede	network	네트워크, 망
o coletor	collector	취집기(장치)/수집가
a estação (-ões) de tratamento	sweage treatment station	하수처리장
a reprêsa	dam	댐, 둑
o passado	past	과거
poluir	to pollute	오염시키다

UNIDADE · 5

Agência de viagens

a agência de viagens	travel agency	여행사
desistir de	to give up	포기하다, 단념하다
pagar adiantado	to pay in advance	선결제(선불)하다
estar em condições	to be able to afford it	(...을 살[할]) 금전적[시간적]) 여유나 형편이 가 되다
a condição	condition	상황/조건/경우/자격
torcer o nariz	to be discontent, to reject	불만족스러워하다, 거부하다
arranjar	to find, to get	구하다, 갖추다, 취득하다
o/a avalista	indorser	평가하는 사람
o plano	plan	계획,방안/설계도
a organização (-ões)	organization(s)	조직, 기구
a razão	reason	이성/이유,까닭/도리
ter razão	to be right	(의견,판단이)옳다[맞다],타당하다
a oração principal	main clause	(문법)주절
abordar	to address/to depict	접근하다, ...에 도달하다

A forra do peão

a forra	revenge	복수
o peão (-ões)	unqualified worker	(건설현장, 시골농장) 잡역부
o couro	leather	가죽
o teto	ceiling/shelter	천장/쉼터
o pedreiro	mason, bricklayer	벽돌공, 석공
o galpão (-ões)	a temporary lodging for workers	노동자들의 임시거처, 숙소
a obra	work/construction site	작업, 공사
o desempregado	jobless	실업자, 실직자
residir	to live, to dwell	거주하다
de favor	without payment	공짜로
o freguês	customer	고객, 손님(물건을 사거나 주문하는)

tomar coragem	to gather courage	용기를 내다
ir à forra	to take revenge	복수하다, 한풀이 하다
arrombar	to break into	때려부수다/침입하다
o pedaço	piece	한 부분[조각]
o ferro	iron	쇠, 철
direto	straight	곧바로, 곧장
o garçom	waiter	웨이터
a refeição (-ões)	meal	식사
o freezer	freezer	냉동고
o frango	chicken	닭(수탉)
descongelar	to defrost	(얼었던 것을)녹이다
a água corrente	runnig water	흐르는 물
a torneira	tap, faucet	수도꼭지
o molho	sauce	소스
o pimentão (-ões)	pimento	(맵지 않은)큰 고추
a farofa	traditional dish made with corn or manioc meal	파로파 (훼이조아다와 함께 먹는 브라질 전통 음식)
meticuloso	meticulous	꼼꼼한, 철저한, 면밀한
arrumar (a mesa)	to set (the table)	정리[정돈]하다/식탁을 차리다
farto	abundant, plentiful	배불리 먹은/흡족한/가득한
solitário	lonesome	혼자만의/고독한,외로운
o barril	barrel	술통, 나무통
o chope	draft beer	생맥주
servir-se	to help oneself/self service	마음껏 먹다
á vontade	as much as one likes	마음껏/편히
bêbado	drunk	술에 취한
a caneca	mug	머그잔, 손잡이 달린 큰 술잔
o morango	strawberry	딸기
a lata	can	캔, 통조림
ligar	to turn on	(라디오 등을)틀다, 켜다
esquecer	to forget	잊다
lembrar	to remember	기억하다
o estômago	stomach	배, 위
o cérebro	brain	뇌
carregado	loaded with	짐을 실은,무거운/가득찬
a sacola	satchel, plastic bag	배낭, 전대
separar	to seperate	분리하다
o videocassete	video cassette	비디오 플레이어
o toca-discos	record player	레코드 플레이어
o laser	laser	레이저
a fita	tape	리본,끈/ (카세트) 테이프
o vídeo	video	비디오 (테이프)
a alto-falante	loud speaker	스피커, 확성기
revender	to resell	산것을 팔다, 전매하다
a mercadoria	merchandise, goods, ware	상품
o trocado	small change, little money	잔돈/푼돈, 적은 돈
o consumo próprio	own use	자가소비
amanhecer	to dawn	동이 트다
pegar	to catch	붙이다/(...을)붙들다/뿌리내리다
pegar no sono	to fall asleep	잠들다
assustar-se	to be frightened	깜짝 놀라다
pular	to jump	뛰어오르다

o muro	wall	벽, 담
pular o muro	to jump over the wall	벽[담]을 (뛰어)넘다
socorro	help	구조, 구원, 도움
gritar por socorro	to scream for help	살려달라고 외치다
a vizinhança	neighborhood	근처,인근,주위/이웃사람들
agarrar	to seize	꼭 붙들어 잡다/움켜잡다
segurar	to hold	붙잡다
preso	arrested	구속된
a grade	bars	쇠창살,철창/난간,울타리
o inquérito	inquest	심문, 조사
a tentativa	attempt	시도,기도/미수
o furto	theft	절도
condenar	to sentence	선고하다, 형(刑)을 언도하다
a prisão	prison	감옥
tornar-se	to become	(...가) 되다
a atração (-ões)	attraction	끌림,매력/명소(명물)
algemar	to handcuff	수갑을 채우다
o quilômetro	kilometer	킬로미터
a ocasião	occasion	기회,시기/이유,원인,동기
quase	almost	거의
a enxurrada	torrent	폭우,격류/홍수,범람/풍부
a bebedeira	drunkenness	술에 취함
a carroceria	the body of the truck	트럭의 짐을 싣는 곳
o caminhão (-ões)	dump truck	덤프트럭
basculante	swinging	덤프
a terra	earth/land	땅,육지/토지/지구
despejar	to empty, to pour	비우다
a biografia	biography	전기
render	to produce as profit	이윤을 내다//이기다
		진력하다/복종시키다
render-se		굴복하다/조건없이 따르다
a tese	thesis	논문/주제,논제
sociológico	sociological	사회학적인
o migrante	migrant	이주자, 이민자
destruir	to destroy	파괴하다
banal	banal	지극히 평범한, 따분한
o trabalhador	worker	노동자
a qualificação (-ões)	qualification(s)	자격,자질,능력/조건
sem qualificação	without qualification	자격을 갖추지 않고/조건없이
o seviço braçal	manual labor	육체노동
a construção (-ões) civil	civil construction	토목(공사)
a cidade natal	birthplace	출생지(도시)
a foto	photo	사진
a satisfação (-ões)	satisfaction(s)	만족, 충족
a algema	handcuff	수갑
todo dia	everyday	매일
o saco	sack, bag	주머니, 자루, 부대, 포대
a alça	grip	(냄비, 바구니)손잡이
tecido	fabric/material	직물, 포목
o plástico	plastic	플라스틱
transportar	to transport	운반하다, 운송하다, 나르다
a quantidade	amount, quantity	양, 수량

reduzido	reduced	감소한, 줄어든
a bola	ball	공, 볼
lutar	to fight	싸우다,투쟁하다/분투하다
o jacaré	alligator	악어
a pia	sink	싱크대, 세면대
o lago	lake	호수
o talento	talent/skill	재능
suficiente	enough	충분한
o susto	fright	깜짝놀람
causar	to cause	야기하다, 유발하다, 초래하다
aplicar	to apply	지원하다/적용하다//(약,크림)바르다
o tapa	slap	(손바닥으로)찰싹 치기
relacionar-se com	to be related to	...와 관련되다
numerar	to number	(수를)세다, 번호를 매기다
o pontapé	kick	발로 차기, 걷어차기
o quilo	kilo	킬로
planejar	to plan	계획하다/설계하다
o fracasso	failure	실패
o resultado	result	결과
rir	to laugh	웃다
a risada	laughter	웃음
risonho	smiling	미소를 띄는, 방긋웃는
mentir	to lie	거짓말하다
enriquecer	to become rich	풍요롭게 하다/부유하게 만들다
a fraqueza	weakness	약함, 쇠약, 허약
a ignorância	ignorance	무지, 무식, 무학, 모름
obrigatório	compulsory	의무적인, 강제적인, 필수의
o conselho	advice	충고
ausentar-se	to be absent	부재하다, 결석(결근)하다
o hábito	habit	습관
a correção (-ões)	correction	정정,수정,교정/징계,감화
amarrar	to tie	묶다, 동여매다
a cara	face, face expression	얼굴, 표정
ficar de cara	to be scowl	얼굴을 찡그리다, 노려보다
amarrada	tied	묶인
o pingo	dot	물방울, 점
pôr os pingos nos is	to make everything clear	모든 것을 명확하게 하다
ir por água abaixo	to fail/to come to nothing	수포로 돌아가다, 허사가 되다
falhar	to fail	실패하다
ficar de pernas para o ar	to be upside down	거꾸로 뒤집히다
o abacaxi	pineapple/problem	파인애플
desconfiado	mistrustful	믿지 않는, 의심 많은
de orelha em pé	to be suspicious	의심스럽다, 수상하다
pisar	to tread/to step in	밟다/짓밟다/디디다
pisar em ovos	to be careful	주의하다, 조심하다
o papo	chat	잡담, 수다
bater papo	to chat	수다떨다, 잡담하다
estar com a cabeça nas nuvens	to have one's head in the clouds	공상에 잠기다
ficar com a cabeça nas nuvens		딴 생각을 하다
viver com a cabeça nas nuvens		딴 생각하며 살다

Os índios do Brasil

o descobridor	discoverer	발견자
a população (-ões)	population(s)	인구
original	original	원래의,최초의,고유의/원작의/독창적인
a redução (-ões)	reduction(s)	축소, 감소
a doença	disease	질병
contagioso	contagious	전염되는, 전염성의
o sarampo	measles	홍역
a tuberculose	tuberculosis	결핵
a varíola	smallpox	천연두
o assassinato	murder	살인
o suicídio	suicide	자살
o confinamento	confinement	얽매임, 가둠, 갇힘
a guerra	war	전쟁
tribal	tribal	부족의, 종족의
a guerra tribal	tribal war	부족(간의) 전쟁
a língua	language	언어
indígena	Indian	원주민의
no entanto	however, notwithstanding	그러나, 그럼에도 불구하고
a reserva	reservation	보존/예비/저수지
proteger	to protect	보호하다
o governo	government	정부
junto	together	함께
apesar de	in spite of	...에도 불구하고
a ação (-ões)	action, work	활동,행동,실행/행위/처치
impedir	to impede, to hinder	방해하다, 저지하다
a destruição (-ões)	destruction(s)	파괴
a madeira	wood	목재
a fazenda	farm	대농장
extenso	extensive, ample, large	넓은, 광대한, 큰
o gado	cattle	가축
a ameaça	threat	위협, 협박
invadir	to invade	침입하다, 침범하다
perturbar	to disturb	교란하다, 혼란하게 하다
o hábitat	habitat	(동식물)서식범위, 생존지
a floresta	jungle, forest	숲, 산림
a cultura	cultura	문화
ocupar	to occupy	점거하다/차지하다/사용하다
formar	to make/to bring up	형성하다
a pastagem	pasture	초원, 목초지
a criação (-ões) de gado	cattle breeding	목축
o choque	shock	충돌/충격
oculto	hidden	숨은,감춰진/비밀의
arredio	standoffish	(거리상으로)멀어진/냉담한
isolado	isolated	고립된
resistir	to resist	저항하다
a invasão (-ões)	invasion(s)	침입
afastar-se	to retreat	후퇴,퇴각하다,물러가다,떠나다
inacessível	inaccessible	접근하기 어려운, 접근할 수 없는
a aproximação (-ões)	approach	접근, 가까움/근사(近似)
atacar	to attack	공격하다

a flecha	arrow	화살/화살표
a borduna	heavy cudgel(a kind of Indian weapon)	(무기로 쓰는)곤봉
a esfera	sphere	구,구형/범위/구역,영역
a economia	economy	경제
a políticapolitics	politics	정책/정치
a educação (-ões)	educaion	교육
a religião (-ões)	religion	종교
cortar uma árvore	the falling of a tree	나무가 잘려진 모습/벌목
a implicação (-ões)	implication(s)	암시, 시사
religioso	religious	종교의/독실한
respeitar	to respect	존중하다, 존경하다
		(법률이나 원칙을) 준수하다
a posse	possession/ownership	소유, 취득/서유물/(pl.)재산
coletivo	collective	공동의, 집합적인, 집단적인
determinado	defined	결정한/규정한,확정적인
o uso	use	사용, 이용, 용법
o aldeamento	Indian settlement	인디언 정착(지)
caçar	to hunt	사냥하다
pescar	to fish	낚시하다, 물고기를 잡다
colher	to harvest	수확하다
cuidar	to look after/to take care of	...을 돌보다/(...을) 주의하다
a plantação (-ões)	plantation(s)	재배/대규모 농장
a produção (-ões)	production(s)	생산
distribuir	to distribute	나누어주다, 분배[배부]하다
a realidade	reality	현실
através de	through	...을 통해
a ciência	science	과학
o mito	myth	신화
o ritual	ritual	의식, 제식
a pintura corporal	body painting	바디페인팅
o traje	costume/attire	옷, 의복, 의상
específico	specific	특정한/구체적인,명확한
marcar	to indicate	기록하다/나타내다,보여주다
a comunidade	community	공동체
o espírito	spirit	영혼, 정신
o morto	dead	죽은
o ser	being	존재
o sobrenatural	supernatural	초자연적인
a preservação (-ões)	preservation	보존, 보호
civilizado	civilized	문명화된/교양있는
a planta	plant	식물, 초목, 나무
o abacaxi	pineapple	파인애플
o maracujá	passion fruit	마라꾸자 (열대 과일)
		패션프룻(시계꽃 열매)
a mandioca	cassava	만지오까(카사바)
o ipê	a Brazilian flower tree	이뻬 나무(브라질산 자작과)
o jacarandá	a sort of Brazilian tree	자까란다(자단의 일종)
o tatu	armadillo	아르마딜로
		(아메리카대륙에만 서식하는 동물)
a piranha	piranha	피라냐(작은 식육 민물고기)
o jacaré	alligator	악어
o urubu	black vulture	검은 콘도르

o tamanduá	anteater	개미핥기
a extensão (-ões)	extension	늘림/연장/확장
incerto	uncertain	불확실한, 불분명한
vasto	vast	방대한,막대한/광활한
a medida	measure	척도,표준/측정/조치,방책
a madeira de lei	hard wood, wood of high quality	단단한 나무/견목
realista	realistic	현실적인/현실성 있는
refletir	to think	깊이 생각하다, 숙고하다
comentar	to comment	설명하다/언급하다/논평하다

UNIDADE · 6

De papo pro ar

a beira	bank/shore	가장자리/물가,강둑,강기슭
o rio	river	강, 하천
pescar	to fish	낚시하다
precisar de	to need	...를 필요로 하다
a ambição (-ões)	ambition(s)	패기, 포부, 야심
errado	wrong	틀린, 잘못된
o ofício	craft, occupation	일, 업무, 직무
o tempo	time	시간/날씨
perder tempo	to waste time	시간낭비하다
juntar dinheiro	to gather na amount of money	돈을 모으다
pé de meia	savings	저축
o automóvel	automobile	자동차
o empregado	employee/servant	종업원,고용자/하인
sossegado	calm, tranquil	고요한, 평온한
a correria	running about	바삐 돌아다님, 분주히 뛰어다님
a oração (-ões) condicional	conditional clause	조건절
dançar	to dance	춤추다
sarar	to get well	병을 고치다/병이 낫다
estar contente	to be happy	만족하다, 기뻐하다
o milionário	millionaire	백만장자
o jogador	player	(경기에서 뛰는) 운동선수
o futebol	football, soccer	축구
o prêmio	prize	상, 상품
a loteria	lottery	복권
o ladrão (-ões)	robber, thief	강도, 도둑
o acampamento	camp	야영,캠프/진영
acender	to light	불붙이다, 불을 때다
o fogo	fire	불/열정/화재
o fósforo	match	성냥
o helicóptero	helicopter	헬리콥터
o piloto	pilot	비행기 조종사
pentear	to comb	머리를 빗다
semear	to sow	씨를 뿌리다, 심다
bloquear	to block	봉쇄하다, 막다, 차단하다
frear	to brake	브레이크를 밟다, 속도를 줄이다
recear	to fear	(...을) 두려워하다, 걱정하다

agilizar	to activate	작동시키다, 활성화시키다
presentear	to give a gift	제시하다,나타내다/선물하다
o desastre	disaster	재난, 재앙, 참사
grave	serious	중대한/심각한/위독한
Quem semeia ventos colhe tempestades.		
	You reap what you sow.	뿌린 대로 거둔다
a tempestade	storm	폭풍,폭충우/대소동,큰소란
copiar	to copy	복사하다/베끼다/모방하다
pronunciar	to pronounce	발음하다/선언하다,공언하다
renunciar	to renounce	포기하다/사임하다
presenciar	to witness	목격하다/입증하다
odiar	to hate	미워하다, 증오하다
destruir	to destroy	파괴하다
atribuir	to attribute	(...의)탓으로 돌리다/(결과를 ...에)돌리다
retribuir	to pay back	갚다,보답하다/앙갚음하다
substituir	to substitute	대체하다
poluir	to pollute	오염시키다
construir	to build	건설하다,건축하다/세우다
prosseguir	to go on	계속하다, 속행하다
distribuir	to distribute	나누어주다, 분배 배부하다
a dinamite	dynamite	다이너마이트
o operador de máquina	machine operator	기계(운전)공
a tranqüilidade	peacefulness	고요함, 평온, 정적
o meio ambiente	environment	환경/분위기
reconstruir	to reconstruct	재건하다, 복원하다
o alimento	food	먹을 것, 양식, 먹이
perder	to lose, to miss, to waste	잃다,분실하다/(길을)잃다/패배하다
valer	to be worth	...의 가치가 있다
vale a pena para + V	to be worth to + V	...할 가치가 있다
medir	to measure	길이,폭,높이,무게 등)재다, 측정하다
pedir	to ask for	요청하다
caber	to fit	...에 맞다/...에 해당하다/수용하다
seguir	to follow	따르다, 따라가다
a aula	class	교실/수업,강의
o trânsito	traffic of vehicles and all its regulations	교통, 통행/교통법규
o despertador	alarm clock	자명종
conseguir	to get	이루다, 성취하다, 획득하다
perseguir	to pursue, to persecute	뒤따르자, 쫓다, 추적하다
maltratado	misstreated	학대받은, 혹사당한
o adulto	adult	성인
preocupado	worried	걱정하는, 염려하는
o mapa	map	지도
aborrecido	annoyed	짜증난, 언짧은, 성난

O gato e a barata

o gato	cat	고양이
a barata	cockroach	바퀴벌레
largar	to release, to leave	(수중에 있던 것을)놓아주다/손을 떼다
o canto	corner	(방안)구석
lambiscar	to nibble	조금씩[야금야금] 먹다

o álcool	alcohol	알코올
o álcool sobe à cabeça	the alcohol reaches one's brain	술기운이 머리로 올라오다
debater-se	to struggle	몸부림치다, 발버둥치다
tonto	dizzy	현기증나는, 어지러운
tontear	to get dizzy	현기증을 느끼다, 어지러워하다
deparar-se com	to see suddenly	우연히 서로 맞닥뜨리다
o gato doméstico	house cat	집고양이, 기르는 고양이
sorrir	to smile	미소짓다
a aflição (-ões)	affliction, anguish	고통,고뇌,번민/슬픔,비통
salvar	to save	구하다, 구해내다
engolir	to swallow	(꿀꺽)삼키다
implorar	to beg for	애원하다, 간절히 빌다
virar	to turn	돌다, 회전하다
a pata	paw	(짐승의)발
o líquido	liquid	액체
escorrer	to flow out	흘러나오다, 조금씩 흐르다
o buraco	hole	구멍
a gargalhada	burst of laughter	목청이 보이도록 크게 웃는웃음
cair na gargalhada	to burst into laughing	폭소하다, 웃음을 터뜨리다
cumprir	to fulfill	완료[완성]하다/(의무,명령)이행하다
a promessa	promise	약속
cumprir uma promessa	to fulfill one's promise	약속을 지키다
conter	to control	억제하다/ 포함하다
imbecil	stupid	어리석은
a fábula	fable	우화, 동화
fabuloso	fabulous	우화적인
reagir	to react	반응하다/반발[저항]하다
esperto	clever, smart	똑똑한, 명석한
enganar	to deceive	속이다, 기만하다
o desespero	despair	절망, 낙담
o pensamento	thought	사고/의향/사상
a luta	fight	싸움,투쟁/노력,분투
confuso	confused	(사람이)혼란스러워 하는
incomodar	to disturb	괴롭히다, 방해하다
o/a pianista	pianist	피아니스트
abafado	stuffy	(환기가 안돼)답답한,후덥지근한
o ingresso	ticket	입장/가입
a palestra	lecture	강연
senão	otherwise	그렇지 않으면, 그 외에는
atento	attentive, to be aware of	귀기울이는,배려하는,친절한
o bilhete	note, bill	표/입장권/승차권
a lição (-ões)	lesson(s)	수업, 교훈
com antecedência	beforehand	사전에
comportar-se	to behave	행동하다, 처신하다
a ausência	absence	결석,결근/부재/결핍,없음
a rotina	routine	일정한 일,일상의 과정/관례
a segurança	security	안전,보안/보호,보장
a ansiedade	anxiety	걱정,근심,불안/열망,갈망
a sujeira	dirt	더러움,불결/추문
confundir	to confound, to mistake	혼란스럽게하다, 당황케하다
o cansaço	fatigue, tiredness	피로, 지침

A banda

banda	band	떼,무리/악단
à toa	idle	내키는 대로, 아무 뜻 없이
andar à toa	walk idlely	정처없이 헤매다
à toa na vida	to be idle	빈둥거리다, 게으르다
sofrido	long-suffering, patient	고통받은, 고생한, 인내한
sério	seious	진지한,정색의/중대한,무거운,위독한
o faroleiro	person who likes to boast[brag]	허풍쟁이
a vantagem	advantage	이익,이득/유리,이점/우세,우월
contar vantagem	to brag	자랑하다, 떠벌리다
a passagem	way	통로, 복도
dar passagem	to give way	길을 내[터]주다
calado	quiet	말없는, 침묵을 지키는, 조용한
a rosa	rose	장미
a meninada	a group of boys and girls	소년소녀 그룹/단체
assanhar-se	to get excited	흥분하다
o terraço	terrace	테라스
feio	ugly	못생긴, 추한, 보기 흉한
debruçar-se	to lean over	몸을 앞으로 굽히다[구부리다]
espalhar	to spread	유포[전파]하다, 흩뿌리다
a lua cheia	full moon	보름달
surgir	to appear	떠오르다/나타나다/발생하다
enfeitar	to decorate	장식하다, 치장하다
o desencanto	disappointment	각성/실망,낙심
a dor	pain	고통, 통증
desocupado	idle, vacant	한가한/비어있는
a desilusaõ (-ões)	disappointment	각성/실망,낙심
a papelada	a lot of papers or documents	종이 더미, 서류 뭉치

A felicidade

a tristeza	sadness	슬픔
a felicidade	happiness	행복
a pluma	plume, feather	깃털
voar	to fly	날다
leve	light	가벼운
a ilusão (-ões)	illusion	환상,환각/(사람,상황)착각
o carnaval	carnival	카니발, 사육제
a fantasia	fancy dress, costume	변장을 위해 입는 옷
o pirata	pirate	해적
a jardineira	gardener	정원사
a gota	drop	(물)방울
o orvalho	dew	이슬
a pétala de flor	flower petal	꽃잎
oscilar	to oscillate	(시계추처럼)흔들리다/동요하다
a lágrima	tear	눈물
frágil	fragile	부서지기 쉬운, (취)약한
imprevisível	unpredictable	예측할 수 없는
durar	to last, to endrure	지속하다, 지속되다
conquistar	to conquer	정복하다

solitário	lonesome	혼자만의/고독한, 외로운
o verso	line of a poem	시구, 시의 행/운문
resumir	to summarize	요약하다
O carnaval	carnival	카니발, 사육제
popular	popular	인기있는, 유행하는, 대중적인
mundial	world	세계의, 세계적인
oficial	official	공식적인
a realidade	reality	현실
porém	but, although	그러나, 그래도, 그렇지만
4° feira de cinzas	ash Wednesday	재의 수요일(사순절의 첫날)
Guerra do Paraguai	Paraguay War	파라과이 전쟁
o entrudo	an old street festivity that originated Carnival	(카니발의 기원) 사육제
a origem	origin	기원, 근원/출신, 태생
o fazendeiro	farmer	농부, 경작자
o peão (-ões)	farm hand, pesant	농장 노동자, 시골 잡일꾼
o polvilho	cassava flour	만지오까(까사바) 가루(분말)
o excesso	excess	과다, 과잉, 과도, 초과, 여분
o salão (-ões)	ball room	홀, 무도회장
inventar	to invent	발명하다, 창안하다
mostrar	to show	보여주다/나타내다/(상품을)전시하다
o cordão (-ões)	a group of people waring the same costume and dancing together	카니발 행렬을 춤추며 따라다니는 무리
o bumbo	big drum	큰 북
o tambor	drum	북
ensurdecedor	deafening	귀가 멀 정도로 시끄러운
o corso	in old days, a parade of fancy dressed people in cars	옛날 자동차를 타고 하는 카니발 행렬
o desfile	parade	퍼레이드, 행진, 행렬
a lona	canvas	캔버스
a capota	hood	(자동차의) 윗지붕/두건
abaixar	to lower	낮추다, 내리다
o folião (-ões)	a person who actively joins Carnival activities	카니발 축제에 적극적으로 참여하는 사람(들)
o confete	confetti	(축제에서 던지는)색종이 조각
a serpentina	serpentine	(구불구불한)가지 많이 달린 촉대
costumar	to be used to	습관적으로 행하다
manter	to maintain, to keep	유지하다
iluminado	lit up, illuminated	(불빛 등으로)비춘
infernal	hellish	지옥의, 지옥같은/무서운/흉악한
a multidão (-ões)	crowd	군중, 많은 사람
o volume de som	sound volume	음량
o frevo	a typical Carnival dance(Recife)	프레보(Recife에서 추는 춤)
o ritmo	rhythm	리듬
o samba	samba	삼바
espetacular	spectacular	볼만한, 눈부신, 장관의
o festejo	celebration	축제, 잔치
a sombra	shadow	그림자
sem sombra de dúvida	no doubt, without the slightest doubt	한 치의 의심도 없이
o cenário	scenery	풍경, 경치
o morro	hill	언덕

o compositor	composer	작곡가
o instrumentista	instrumentalist	기악 연주자
o dançarino	dancer	무용수, 댄서, 춤꾼
unir-se	to get together	모이다/결속하다/융합하다
desfilar	to parade	일렬로 행진하다
a roupa	clothes	옷, 의복
colorido	bright colored	밝은 색상의
listrado	striped	줄무늬의
a palha	straw	짚
a indumentária	outfit	의상술
o malandro	bum	부랑자, 놈팡이, 룸펜
o espetáculo	show	구경거리,쑈/광경,경관
quase	almost	거의
indescritível	indescribable	형언할[말로 다 할] 수 없는
a batucada	Music and rhythm of Afro-Brazilian dances	아프로브라질 음악(리듬)
o comerciário	person employed in commercial activities	상업에 종사하는 사람(들) 점원(들)
a arrumadeira	housemaid	가정부, 하녀
a costureira	dressmaker	재봉사
o general	general	장군
a dama	lady	숙녀, (귀)부인
o cetim	satin	새틴, 공단
as plumas	plumes	깃털
a lantejoula	paillette	반짝 거리는 금속조각, 장신구 단추
a preparação	preparation	준비
o aplauso	applause	박수(갈채)
o público	public	대중, 군중, 국민
a lembrança	memory	기억,추억/기억력
a máquina	machine	기계
o fogão (-ões)	stove(s)	스토브, 레인지
o balcão (-ões)	counter(s)	카운터, 판매대, 계산대
o resultado	result	결과
o julgamento	decision	판결,선고/심판/심사,감정,평가
a ligação (-ões)	connection(s)	연결/접속/연계/관련
desaparecer	to disappear	사라지다
a manifestação (-ões)	show(s), manifestation	표시,표명,선언/시위

UNIDADE · 7

Para você que vai se casar

paciente	patient	참을성 있는, 인내력있는
a habilidade	skills	솜씨, 숙련, 노련, 능력, 기술
exausto	exhausted	(극도로)피로한/고갈된,다 써버린
irritado	irritated	짜증이 난, 화가 난
perturbar	to disturb	교란하다, 혼란하게 하다
o suco	juice	주스, 즙
Aconteça o que acontecer	Whatever happens	어떤 일이 있더라도 (꼭)
dedicado	devoted	헌신적인, 충실한

o abraço	embrace	포옹
a amizade	friendship	우정

Cinco ano depois

a bíblia	Bible	성경
a tábua	board	판자/판표,목록
o mandamento	commandment	명령/계명,계율
o conselho	advice	조언, 충고
a conta	bank account	(은행)계좌
separar-se	to part, to separate, to divorce	분리되다, 떨어지다
arrumar a mala	to pack	짐을 싸다
abandonar	to leave, to abbandon	버리다, 포기하다, 방치하다
sujeitar-se	to submit	항복하다, 굴복하다, 복종하다
quando	when	언제
enquanto	while	...하는 동안에[사이에]
logo que	as soon as	...하자마자
se	if	(가정)만약...면/(의문)...인지 어떤지
sempre que	whenever	...하는 때마다
à medida que	as	...에 따라, ...에 기준하여
agüentar	to tolerate, to stand	(고난)견디다, 참다, 인내하다
a novidade	the news	새로움,참신함/새로운 일[소식]
trocar de roupa	to change clothes	옷을 갈아입다
o lucro	profit	수익
a bagagem	luggage	수하물(짐)
avisar	to inform, to warn	알려주다, 경고하다
trancar	to lock	(문)잠그다
o auxílio	aid, help	도움, 원조, 조력
gratificar	to reward	보답하다, 사례하다
escolher	to choose	고르다, 선택하다
pagar em dia	to pay punctually	제 때에 지불[지급]하다
afundar	to sink	물속에 갈아앉게하다, 침몰시키다
(estar) de acordo	to agree	(...에) 동의한(하다)
salvar	to save	구하다, 구해내다
doer	to feel pain / hurt	아프게 하다/아프다
a dívida	debt	빚,부채/신세를 짐
reconhecer	to recognize	알아보다, 인식하다/인정하다
diminuir	to decrease	줄이다, 축소하다
mudar de idéia	to change one's mind	생각을 바꾸다
a despedida	farewell	이별
o meio	middle	가운데, 중앙
átono	unstressed	(음절)강세가 없는, 평음의
a suspeita	suspicion	의심스러움, 수상함, 혐의
recusar	to refuse	(의견,요청)거절[거부]하다
a oferta	offer	제공/(팔려고)내놓은 상품/공급
o sossego	serenity	조용함, 고요함, 정적, 평화
o inimigo	enemy	적
o relatório	report	보고서

sozinho	alone	홀로, 외로운
a melancolia	melancholy	우울감, 비애, 침울함
cômodo	comfortable	편(안)한, 쾌적한
a felicidade	happiness	행복
afetuoso	affectionate	정이 있는, 다정다감한
crer	to believe	믿다/(...라고)생각하다
merecer	to deserve	(...의)자격이 있다, 마땅히 ...을 받을 만 하다
desembrulhar	to unwrap	포장을 풀다
embrulhar	to wrap up	싸다, 포장하다
a garrafa	bottle	병
o uísque	whisky	위스키
a folhagem	foliage	(한 나무 전체의)잎사귀
úmido	humid	습한, 눅눅한
o encanto	charm	매력/경탄[감탄]시키는 것
sábio	wise	현명한, 지혜로운
agreste	rustic, wild	시골의,전원의/야생의,소박한
a dona de casa	housewife	가정주부
o espaço	space	공간
folhudo	leafy	잎이 우거진
florido	flowery	꽃이 핀, 꽃이 만발한
respirar	to breathe	숨쉬다, 호흡하다
misterioso	mysterious	신비한, 비밀스러운, 불가사의한
a moita	bush	덤불, 관목
o gosto	taste	취향
a roça	rural area	농촌, 시골
caipira	from rural areas, hillbilly	시골뜨기, 산골사람
a mágoa	sorrow	슬픔, 서러움, 비탄
doloroso	painful	고통스러운
evocar	to evoke	(감정,기억)떠올려주다,환기시키다
o fundo	background	밑,밑바닥/깊음,심오/깊이
desarrumado	disarranged	어수선한, 뒤죽박죽이 된
a mancha	stain	얼룩/오점,결점
a ternura	tenderness/kindness	부드러움, 다정, 애정
gravemente	seriously	심각하게/진지하게/엄격하게
a honra	honor	영광, 영예
buzinar	to horn	경적을 울리다/나팔을 불다
o portão	gate	대문, 출입문
hesitar	to hesitate	주저하다, 망설이다
insistente	insistent	주장[고집]하는, 우기는
o instante	instant, moment	순간, 찰나
a buzina	horn	경적, 나팔
o alvoroço	agitation	소란, 혼란, 동요
o lixo	garbage/rubbish	쓰레기
o sobrado	two-story house	이층집
a mulata	mulatto girl	(백인과 흑인간의) 혼혈여성
de vermelho	in red	붉은 색으로
cantarolar	to hum	콧노래를 부르다, (노래)흥얼거리다
espiar	to spy	스파이[첩보] 활동을 하다
sujo	dirty	더러운, 오염된
retardatário	latecomer	지각하는 사람/지체자,낙오자

o ruído	noise	소음
estremecer	to shake	흔들다, 떨다
a frustração (-ões)	frustration(s)	좌절, 절망
o lixeiro	garbage collector	청소부, 환경미화원
solitário	lonesome	혼자만의/고독한,외로운
humilde	humble	겸손한/초라한,변변치 않은
filar	to steal, to snatch	(...을)꽉 붙잡다,잡아빼다/훔치다
a fatia	slice	(빵,치즈,고기 등의)얇은 조각
o presunto	ham	(돼지고기 뒷다리를 소금에 절여 만든) 햄
frustado	frustrated	좌절한
simbólico	symbolic	상징적인
ironizar	to be ironic	풍자하다
o acontecimento	event	사건, 일
entristecer	to sadden	슬프게 하다
brindar	to drink to	...을 위해 축배를 들다
montar	to set up/to install	설치하다/갖추다/건립하다
desarrumar	to disarrange	어지럽히다, 어수선하게 만들다
a preposição (-ões)	preposition(s)	전치사
ante	in the presence of/before	...의 전면에, ...가 있는 앞에서
após	after	...의 뒤에, ...의 배후에
com	with	...와 (함께)/...을 가지고/...이 있는
contra	against	...에 반대하여[맞서]/...을 대비하여
de	of, from	(소유,소속)...의,...에 속하는/(출신)...태생인
em	in, at	(지역,공간,시간)...에(서)
entre	between, among	(위치,시간,양,수치)...사이[중간]에
para	to, for	...을 위하여/...을 향하여
perante	in the presence of/before ...	...의 앞에(서), ...의 면전에서
por	by, through, for ...	...을 위(구)하여/...동안/...을 통과하여
sob	under	...의 아래에[밑에]/(...의 감독,지배)하에
sem	without	...없이...하지 않고
sobre	on, about, on top of	(...의)위에/...에 대하여
segundo = conforme	according to	...에 따라/...에 의하면
exceto	except	(...을)제외하고는[외에는]
a tripulação	crew	(선박)승무원 (전원)
a demora	delay	지체, 지연
o atraso	delay	늦음,뒤떨어짐/지연,지체
o prisioneiro	prisoner	죄수, 재소자
o réu	defendant	피고(인)
o júri	jury	배심원단
o regulamento	regulation, rule	규정,규칙/법칙/세칙
de acordo com o regulamento	according to the regulation	규정에 따라
o atleta	athlete	운동선수
a medalha	medal	메달
o obstáculo	obstacle	장애물
a locução (-ões) prepositiva	preposition made up of two or more words	전치사구
ao lado de	beside	...옆에
através de	through	...를 통해

apesar de	in spite of	...에도 불구하고
além de	besides	그 외에, 그 밖에
a fim de	in order to	...하기 위해
antes de	before	...전에
atrás de	behind	...의 뒤에, ...의 배후에
junto a, junto de	next to	...의 옆에
longe de	far from	...에서 멀리
perto de	near, close	...에서 가까이/...의 근처에
depois de	after	...이후에
em vez de	instead of	...대신에, ...하지 않고
em cima de	on top of	...위에
embaixo de	under	...밑에
em lugar de	instead of	...대신에, ...하지 않고
por causa de	because of	...때문에
de acordo com	according to	...에 의하여, ...에 따라
por trás de	behind	(...의)뒤에
o caderno	notebook	공책
o caderno de endereços	address book	주소록
a contração (-ões)	contraction(s)	수축/단축,축소/축약/(문법)생략
às claras	openly	명백하게, 터놓고, 솔직하게
às escondidas	secretly	은밀하게, 비밀리에
às pressas	in a hurry	빨리, 급히
às vezes	sometimes	이따금, 때때로
sair à moda/maneira francesa	to leave stealthily	슬며시 자리를 뜨다
a sauna	sauna	사우나
o barco a motor	motorboat	모터보트
o carro a álcool	a car that uses alcohol to run	알코올 자동차

Frutas e árvores

a laranja	orange	오렌지
a laranjeira	orange tree	오렌지나무
a maçã	apple	사과
a macieira	apple tree	사과나무
o caju	cashew	까주 (브라질 견과류)
a manga	mango	망고
a pera	pear	배
o pêssego	peach	복숭아
a banana	banana	바나나
a goiaba	guava	과아바
a ameixa	plum	자두
o coco	coconut	코코넛
o mamão	papaya	파파야
o mamoeiro	papaya tree	파파야 나무
o abacate	avocado	아보카도
a uva	grape	포도
a parreira	vine	포도 덩굴
o figo	fig	무화과
o limão (-ões)	lemon(s)	레몬
o limoeiro	lemon tree	레몬나무
a jabuticaba	Brazilian fruit	

Frutas brasileiras vendidas na feira livre

a feira	fair, market	장(場), 시장(市場)
feira livre	outdoor market, street market	야외시장
a fruta do conde	Brazlian fruit	브라질 열대과일
a carambola	Brazlian fruit	까람볼라, 구즈베리 열매
o maracujá	passion fruit	마라꾸자
		(열대열매로 주로 주스로 만들어 먹음)
a jaca	Brazlian fruit	쟈까/빵나무 열매

Procissão

a procissão (-ões)	procession(s)	행진, 행렬, 줄
o botequim	tavern, bar	술집, 바, 펍
rodar	to spin	돌리다, 회전시키다

A Escada

apressado	in a hurry	급한, 바삐 서두르는
a escada	stairway	계단
o poema	poem	시(詩)
o passo	step	(한)걸음/짧은 거리/발자취/통로/조치
regular	regular	규칙적인/정기적인/(문법)규칙변화의
o soluço	hiccup	딸꾹질
o plano	plan	계획, 방안/설계도
o degrau	step	(계단의)일단,층/급,등급
a descida	way down	강하,하행/저하
trambolhão (-ões)	fall, tumbling down	굴러떨어지기,추락/실패/나쁜 운
andar aos trambolhões		역경에 처하다

Riquezas do Brasil : o pau-brasil e o açúcar

o pau-brasil	a Brazilian tree that produces red dye	붉은 염료나무 빠우 브라질 (국명의 기원)
graças a	thanks to	...덕분에
a agricultura	agriculture	농업
a tinta	dye	염료/잉크/페인트
em brasa	ember	붉게 달군
quinhentista	of the 16th Century	16세기의
o tecido	fabric, material	직물, 포목
a abundância	abundance	풍부
sistemático	methiodical	조직적인, 체계적인
a década	decade	10년
devastar	to devastate	완전히 파괴하다, 황폐화시키다
a Mata Atlântica	Atlantic Forest	대서양림
o nordestino	native of northeastern Brazil	브라질 북동부 사람
estender	to extend	더 길게[크게/넓게] 만들다,확대[확장]하다
vasto	vast	방대한,막대한/광활한
o engenho	farm with vast areas of sugar cane	

	plantation and sugar factory	제당공장을 갖춘 큰 농장
a cana de açúcar	sugar cane	사탕수수
a presença	presence	있음,존재/출석,참가/면전
o curso d'água	water course	수로, 물줄기, 운하
a atividade açucareira	sugar production	설탕 생산
o cultivo	culture	경작, 재배, 양식
estabelecer	to establish	설립하다/수립하다/확립하다
rígido	rigid	단단한/엄격한
a casa-grande	the manor house	(대농장 내) 농장주의 저택
a residência	residence	주택,거주지/거주
resistente	resistant	저항[반항]하는
governar	to govern, to control	통치하다, 다스리다, 지배하다
magnífico	magnificent	장대한,웅장한,화려한,훌륭한
a capela	chapel	예배당, 예배실
a cerimônia	ceremony	의식, 식
a missa	mass	(가톨릭)미사
o batizado	baptized	세례
o casamento	marriage, wedding	결혼(식), 혼인
a funeral	funeral	장례식
a senzala	slave quarters	흑인 노예들이 사는 마을[부락]
a habitação (-ões)	dwelling(s)	거주/주택
em geral	in general	보통, 일반적으로
constituir	to constitute	(...을)이루다, 구성하다
a peça	piece	(건물의)한 방/(지면의)한 구획
amontoar	to pile	쌓다, 축적하다
a distinção (-ões)	distinction(s)	구별,차별/차이/탁월
o sexo	sex/gender	성(性), 성별
a moenda	mill	맷돌/방앗간,제분소
a fornalha	furnace	화로,아궁이/용광로
a caldeira	boiler	보일러
purgar	to purge	숙청하다, 제거하다
limpar	to clean	청소하다/씻다/깨끗이하다
assalariado	worker that receives wages	월급쟁이, 샐러리맨
o canavial	sugar cane plantation	사탕수수 밭[농장]
os gêneros alimentícios	food	음식, 식품, 식량
a mandioca	cassava	만디오까(카사바)
o milho	corn	옥수수
o feijão (-ões)	beans	콩, 강낭콩
o nascer do sol	sunrise	일출, 해돋이
a fabricação (-ões)	production(s)	제조, 제작, 생산
sustentar	to sustain/to keep	견디다,지탱하다/뒷받침하다
o jesuíta	jesuit	예수회 교도, 예수회의 일원
o testemunho	testimony	증언/증거
cometer	to commit	(죄를)저지르다,범하다/(나쁜 일을)기도하다
empreender	to undertake	(어떤 일을)계획하다, 기도하다
a fuga	flee	도주, 탈출
o quilombo	secret settlements of runaway slaves	킬롬보/도망노예들의 은둔지
a aglomeração	overcorwding	응집/취합/밀집
fugitivo	fugitive	도피하는, 도망 다니는
o produtor	producer	생산자, 제작자
a qualidade de vida	life quality	삶의 질

Desastre

a batida	crach, collision	두드리기, 치기, 충돌
o freio	brake	브레이크
falhar	to fail	실패하다
machucar	to hurt	상처입히다
o susto	fright	깜짝놀람
aborrecer	to upset	속상하게 만들다, 괴롭히다
para cima e para baixo	in all directions	사방팔방으로
o seguro	insurance	보험
o prejuízo	damage, loss	손실, 손해
o projeto	project	계획, 기획, 과제, 프로젝트
o relógio	clock, watch	시계
daqui a	from sometime on	지금부터
recuperar	to recover	회복하다, 되찾다
o capital	capital/money	자본/대문자
a paciência	patience	인내심, 인내력
convencer	to convince	납득시키다, 확신시키다
a diplomacia	diplomacy	외교(술)
o tratamento	treatment	처리,,처치/대우,대접/치료/협상,교섭

Sua melhor viagem de férias começa em casa

a surpresa	surprise	놀라움
desagradável	unpleasant	불쾌한/불편한/불친절한
a atração	attraction	끌림, 매력/명소(명물)
secundário	secondary	제2위의/2[부]차적인/중등학교의
inútil	useless	쓸모없는, 소용없는, 헛된
supor	to suppose	추측하다, 가정하다
a esmo	at random	대강/무작위로, 임의로
o engarrafamento	jam	잼/교통혼잡, 교통채증
o engano	mistake	오해/잘못/실수
o exagero	exaggeration	과장
a infra-estrutura	infrastucture	인프라, 사회[공공]기반시설
o guia de viagens	travel guide	여행기이드
sofisticado	sophisticated	정교한,복잡한/세련된,교양있는
detalhado	detailed	상세한, 자세한
a relação (-ões)	relationship(s)	관계
válido	valid	(법적,공식적)유효한/(논리적)타당한
sobretudo	above all	무엇보다도, 특히/겨울코트
desperdiçar	to waste, to squander	낭비하다, 탕진하다
excessivo	excessive	과도한, 지나친
o combustível	fuel	연료
a diversidade	diversity	다양성
optar	to opt	(...을)고르다, 선택하다
a estância hidromineral	water resort	온천지
excitação (-ões)	excitement(s)	흥분, 신이 나는 것
caudaloso	torrential/liquid	물이 많은,수량(水量)이 풍부한

asfaltar	to asphalt	아스팔트를 깔다
a mudança	change	변화, 변경, 변동
frequente	frequent, often	잦은, 빈번한
portanto	therefore	그러므로
fundamental	fundamental	근본적인,본질적인/핵심적인
refeito	recovered	(건강,기력)회복한/수선한,보수한
o concurso	contest	대회, 경연, 시합
mexer	to touch/to change the position	휘젓다,섞다/움직이다/건드리다
internacional	international	국제적인
largar	to leave behind	(하던 일을)그만두다/넓히다
estranho	strange	이상한, 기이한
a providência	measure/providence	조치, 대책
introduzir	to introduce/to put inside	소개하다/도입하다/들여오다
estrutura de frase	structure of the sentence	문장구조
o cruzeiro	Cruise/luxury liner	십자가표식/십자성/(브라질 옛 화폐단위)
o piquenique	picnic	소풍
o xarope	syrup	시럽
a tosse	cough	기침
logo que	as soon as	...하자마자
o cálculo	calculation/reckoning	계산
a passagem	ticket	통행권, 표
o marceneiro	cabinet-maker	가구제조인, 가구장이
a grama	grass	잔디
concluir	to finish	끝내다, 마치다/결론짓다/결정하다
traduzir	to translate	번역[통역]하다
esculpir	to sculpt	조각하다, 새기다, 파다
administrar	to administrate	관리[경영]하다/다스리다, 시정하다
cobrar	to charge	(요금, 값)청구하다
o cabeleireiro	hairdresser	이발사, 미용사
costurar	to sew	바느질하다, 꿰매다
o piano	piano	피아노
o violino	violin	바이올린
o vilão (-ões)	guitar(s)	기타
a arte	art	예술
a massagem	massage	마사지

Garota de Ipanema

a graça	grace	아름다움,우아함/은총,은혜
dourado	golden	금빛의/도금한/금빛으로 칠한
o balanço	swinging	흔들림, 동요
o sol	sun	태양, 해
balançado	swing	옆으로 움직이는
encher	to fill	(물,액체)가득 채우다/(빈곳을)메우다
a passagem	passage	통과,통행/운반/여행/통로/악절
a canção (-ões)	song(s)	노래
justificar	to justify	정당화하다
a idéia	idea	생각, 방안/견해, 신념
o efeito	effect	효과
provocar	to provoke	도발하다, 자극하다/(반응)유발하다

Asa-Branca

a asa	wing	날개/(단지,바구니,비닐봉투)손잡이
bater asas	to flap the wings, to go away	날개를 펄럭이다/떠나다
arder	to burn	타다, 타오르다/태우다
o tamanho	size	사이즈, 크기
tamanho	size, scale, volume	크기 (...만큼 큰, 위대한)
a judiação (-ões)	mistreatment, sadness	학대, 박해/슬픔
o braseiro	brazier	화로, 곤로
a fornalha	furnace	화로, 아궁이/용광로
o pé	(single) plant	(나무)한그루/(식물)줄기/발
a plantação (-ões)	plantation	재배/(대규모)농장, 조림지
o gado	cattle	가축, 가축의 떼
o alazão (-ões)	sorrel	(명)밤색동물/(형)밤색의
a légua	légua=4miles	거리의 단위(약 4마일)
a solidão (-ões)	solitude, loneliness	고독, 쓸쓸함/외로움
espalhar	to spread	(흙)뿌리다/유포[전파]하다
assegurar	to assure	보장, 장담, 확언하다
popular	popular	인기있는, 유행하는, 대중적인
o ritmo	rhythm	리듬
a seca	drought	가뭄
atingir	to affect/to reach	...에 영향을 미치다/도달하다
periódico	cyclic	주기적인, 순환하는
apontar	to point out	지적하다, 가리키다
o fato	fact	사실
significativo	significant	의미있는
o sertanejo	backwoodsman	오지에 사는 사람

Riquezas do Brasil : o café

a mineração (-ões)	mining(s)	채광, 채굴
em meados	by mid of	...의 중간[중순]에
a mina	mine	광산
decadente	decadent	쇠락하는, 퇴화하는/타락한
surgir	to appear	떠오르다/나타나다/발생하다
a cultura do café	coffee planting	커피 재배
cafeeiro	coffee tree	커피나무
estender	to extend/to expand	더 길게[크게/넓게] 만들다,확대[확장]하다
a terra-roxa	red soil rich for coffee planting	(커피심기 좋은)비옥한 적토
fértil	fertile	비옥한
a terra cansada	worn out land	지력이 다한, 소진된 땅
o plantio	plantation	재배, 조림
tomar	to take	손에 쥐다/점령하다/(자리)차지하다
o rumo	direction	방향/방위
a decadência	decadence	퇴보, 쇠락/타락
cobrir	to cover	덮다/가리다/보상하다
a estrade de ferro	railroad	철로
a mão de obra	workmanship	임금, 삯
a abolição (-ões)	abolition(s), extinction(s)	폐지, 철폐
a imigração (-ões)	immigration(s)	이주, 이민/출입국 관리소
o colono	farmhand/settler	소작인/농장노동자

a colônia	colony	식민지
o hábito	habit	습관
a aristocracia	aristocracy	귀족 (계층)
o barão (-ões)	baron(s)	남작
acumular	to gather/to amount to	축적하다, 쌓다
verdadeiro	real, true	진정한
os nobres	noblemen	귀족[상류층]
abastado	wealthy	풍부한, 충분한
provinciano	narrow-minded, humble	시골사람의, 소박한 사람의
a cidade provinciana	narrow-minded uneventful town	시골도시
acanhado	shy, bashful	소심한, 수줍음을 타는
tornar-se	to become	(...가) 되다
a mansão (-ões)	mansion(s)	대저택, 주택
o palacete	small palace, stately house	작은 궁전/궁전 같은 작은 저택
ceder	to give way to	순종하다/양도하다
a sede	headquarters	위치,장소,소재지/본부
o símbolo	symbol	상징
o poder	power	힘/능력/체력/권력/병력
deturpar	to distort/to fake something	비틀다/왜곡하다
abalar	to affect	흔들다/(마음을)움직이다
a influência	influence	영향(력)
em massa	mass	대량으로, 떼를 이루어

UNIDADE · 9

Como? Fale mais alto! --

Droga!	Damn! Darn!	빌어먹을! 제기랄!
levar a mal	to take it wrong	나쁘게 생각하다
a véspera	eve	...의 전날 밤,...전일(前日)
explicar	explain	설명하다
a chácara	small farm	작은 농장, 농원
campo	field	밭
paciência	patience	참을성
perder a cabeça	to lose one's temper	이성을 잃다, 화를 내다
o zelador	janitor	(건물/아파트의) 수위, 경비, 관리인
espalhar	spread	퍼지다
o capitão, (-ães)	captain(s)	대장, 지휘관/육군대령/선장
a linguiça	sausage	소시지
a venda	small grocery store	식료품점
o vendeiro	small grocer	식료품[잡화] 상인
o patrão (-ões)	boss	주인, 고용주/사장/후원자
balcão	counter	발코니, 카운터
narrar	to narrate	말하다, 이야기하다
salário	salary	딜당, 월급
solução	solution	해결
aventura	adventure	모험
especificar	to specify	(구체적으로)명시하다
relatório	report	보고서

demolir	demolish	부수다
vitrenes	showcases	유리 진열장
adequado	appropriate	적절한
desconto	discount	할인
contrato	contract	계약
a hora extra	overtime	초과[시간 외]근무
o criminoso	criminal	범인, 범죄자
o ferido	wounded	부상자
comentar	to comment	설명하다/언급하다/논평하다
a proposta	proposal	제안
o particípio	participle	(문법)분사
abundante	abundant	풍부한
a encomenda	order	주문, 발주/주문품
o povo	people	(한나라 전체의) 민중, 국민, 민족
e estoque	stock	재고(품)/ (창고) 저장품
sacudir	to shake	흔들다/흔들리다
o terremoto	earthquake	지진
admitir	to admit	허락, 용인하다/입장, 입학을 허락하다
admitido	admitted	승인된/허락된
o datilógrafo	typist	타이피스트
consertar	to repair	수리하다, 수선하다
sublinhar	to underline	밑줄을 긋다/강조하다
calcular	to calculate/to reckon	계산하다
desapropriar	to dispossess	박탈하다, 몰수하다
emprestar	lending	대출하다, 빌리다
reformar	reform	리폼하다, 리모델링하다
aumentar	increase	증가하다
construir	build	건설하다
avistar	to sight	시야에 나타나다, 눈에 띄다
o representante	representative	대표(자)
necessitar	to need	필요하다, 필요로 하다
desligar	to turn off	(연결된 것을)떼다/(전원)끄다
trocar	to change	(물건을) 바꾸다, 교환하다
regular	to set/to tune	(시계를) 맞추다/ (기계를) 조정, 정비하다
publicar	to publish	출판하다
criticar	to criticize	비판, 비평하다/비난하다
decorar	to decorate	장식하다, 꾸미다
propor	to propose	제의하다, 제안하다
proposta	proposal	제안
conduzir	conduct	이끌다
o presente	present/ the gift	현재/선물, 증정물
acolher	to welcome	(손님을)맞이하다,영접[환영]하나
o/a especialista	specialist, expert	전문가
orientar	to guide	(...의)방향으로 이끌다/지도하다
encerrar	to finish, to close	닫다, 폐쇄하다/에워싸다/마감, 종료하다
Inscrição	registration	등록
recolher	to pick up	모으다, 채집하다/회수하다
o material	material	재료,원료/(특정 활동에 필요한)자료

관련단어 연결하기 (3)

o artesanato	handicraft	손으로 만든 공예품
o estádio	stadium	스타디움, 경기장
a areia	sand	모래
o monumento	monument	기념물
o passeio	ride, trip, tour	산책, 짧은 여행
o esqui	ski	스키
o time	team	팀, 단체
o campeão	champion	챔피언
o concerto	concert	컨서트, 음악회
a cerâmica	ceramics, pottery	도예, 토기
o espetáculo	spectacle	구경거리
o conto	story	옛날이야기, 우화, 단편소설
acampar	camp	캠프를 하다
a piscina	swimming pool	수영장
a exposição	exhibition	전시(회)
a autoestrada	highway	고속도로
o estilo	style	스타일
o vôlei	volleyball	배구
a excursão	excursion, tour	소풍, 짧은 여행,
o feriado	holiday	휴가
a reserva natural	natural reserve	자연자원
a personagem	personage	인물
a mata	forest	숲
o judô	judo	유도
a estátua	statue	동상
o atletismo	athletics	운동경기
o romance	novel	소설
o barco a vela	sailboat	돛단배
o piloto	pilot	조종사, 항해사
o tênis	tennis	테니스 (운동화)
o programa	program	프로그램
o músico	musician	음악가
a bola	ball	공
a máquina fotográfica	camera	카메라

Segurança

o ponto de venda	place of selling	판매에서 가장 중요한 점
o condomínio	condominium	공동주택단지/관리비
a segurança	security	안전,보안/보호,보장
o play-ground	playground	(학교)운동장,(공원)놀이터
a piscina	pool	수영장
cercado	fenced/enclosure	둘러싸인/포위된
o portão (-ões) principal	main gate(s)	정문
o guarda	guard	(남자) 파수병, 간수
a guarda	organized group of guards	(여자) 경비대, 경호원단
cão de guarda	watchdog	감시 견
controlar	to control	통제하다/감독[감시]하다/지배하다

candidato	candidate	후보
o circuito	circuit	(전기)회로
o circuito fechado de TV	closed circuit TV	CCTV
proprietários	owners	소유자들
o visitante	visitor	방문객
devidamente	properly	올바르게, 제대로, 당연히
identificado	identified	(신원 등이)확인된, 식별된
crachar	to identify with an identification tag	명찰을 달다
o assalto	assault, robbery	습격,기습/강탈
a torre	tower	탑
ao longo	along	...을 (죽/계속) 따라
a inspeção (-ões)	inspection(s)	사찰, 순시/점검, 검사
rigoroso	strict, rigid	엄격한/(기후)혹독한
o crachá	identification tag	신원인식표, 명찰
a babá	babysitter, nanny	베이비시터, 유모
o bebê	baby	아기
eletrificar	to electrify	전기로 움직이게 하다, 전기를 통하게 하다
o protesto	protest	항의/이의/시위
a tensão (-ões)	tension(s)	긴장/갈등
o fio de alta tensão	high voltage line	고압전선
eletrocutar	to electrocute	감전사시키다/전기 처형하다
o batalhão (-ões)	section of the army/battalion	(軍)대대, 부대
a ordem	command	명령, 지시
atirar	to shoot	쏘다, 발사[발포]하다
matar	to kill	죽이다
a grade	bars	쇠창살, 철창/난간, 울타리
ultrapassar	to overtake/to go beyond	초과하다/추월하다
ultrapassagem	exceed, overtaking	초과
a patrulha	patrol	순찰/순찰차, 순찰대
a cerca	fence	울타리, 담
o arame farpado	barbed wire	가시철조망
extrema	extreme	극단
erguer	to build	짓다, 건설하다/세우다
o perímetro	perimeter	(어떤 구역의)주위, 주변
o perímetro urbano	urban perimeter	도시 근교
engradar	to put bars on, grate	창틀을 만들다
o mínimo possível	the least possible	아주 조금/가능한 최소
o revólver	revolver, gun	리볼버, 연발권총
apontar para	to aim at	...을 겨누다
a nuca	nape	목덜미
roubar	to rob	강탈하다, 빼앗다
demorado	slow	늦은/(...하는 데)시간이 걸린
a entrada	entrance	입구
a saída	exit	출구
expresso	Express, rapid	명백한, 명시된, 분명한
o suborno	bride	뇌물수수
reforçar	to reinforce	강화, 보강, 증강하다
a área de segurança máxima	maximum security zone	최대 안전지대
predeterminado	predetermined	예정된
severo	severe, strict	맹렬한, 격렬한/엄격한/혹독한
a vigilância	surveillance	경계, 감시
melancolicamente	wistfully	슬프게도

liberdade	freedom	자유
temer	to fear, to worry	두려워하다/몹시 걱정하다
espiar	to spy	스파이[첩보] 활동을 하다
agarrar	to seize	붙잡다, 붙들다, 움켜잡다
surgir	to appear	떠오르다/나타나다/발생하다
o motim	mutiny, rebellion	폭동, 반란, 봉기/반항, 저항
constante	constant	끊임없는, 거듭되는/변함없는
o condômino	condominium dweller	공동주택단지 거주자
submeter	to submit	제출하다
submetido(s)	submitted	항복한
negócio	business	업무, 거래, 사업
a exigência	demand	요구, 요청
o entusiasmo	enthusiasm	열정/열광/감격

UNIDADE · 11

honesto	honest	정직한
os familiares	family members	가족구성원
pretender	to pretend	(...을) 하려고 하다, 시도하다
tencionar	to intend	(...할) 작정, 의도이다, 생각하다
consentir	to allow	승낙하다
arriscar	to risk	위태롭게 하다
discordar	to disagree	일치하지 않다/동의하지 않다
apto	capable	적임인, 적격인, 능력있는
prejudicial	harmful	해로운, 유해한, ...에 나쁜
semenlhante	similar	유사한
a estante	bookcase	책장
o público	public	대중, 군중, 국민
a piada	joke, jest	농담
o cômico	comedian	코미디언, 희극인
a instrução (-ões)	instruction(s)	교육, 훈련, 가르침
a sugestão (-ões)	suggestion(s)	제안
bater na máquina de escrever	to type	타이핑하다, 타이프를 치다
o provérbio	proverb	격언, 속담
o ferreiro	blacksmith	대장장이
o espeto	a sharp-pointed stick/spit	쇠꼬챙이
o pau	stick, club	자른 나무, 막대
mole	soft/smooth	무른, 연한, 부드러운
bastar	suffice	충분히 ... 하다
furar	to punch, to bore	구멍을 뚫다,꿰뚫다,관통시키다
o grão, -ãos	grain(s)	곡물
a galinha	hen	암탉
o papo	crop	(조류의)모이주머니/염통, 위
a caça	hunted animal	사냥, 수렵/포획물
o caçador	hunter	사냥꾼
o entendedor	expert	전문가
o cavalo	horse	말(馬)
o gigante	giant	거인

Símiles

Símiles		직유(법)
o diabo	devil	악마
o raio	lightning	번개
o fel	bile	쓸개(즙)/괴로움, 고통/기분나쁨
o chumbo	lead	납
leve	light	가벼운
a pluma	plume	깃털
o breu	darkness	타르, 역청
o carvão (-ões)	coal(s)	숯, 석탄
magro	thin/slim	야윈, 마른/메마른, 빈약한
o palito	toothpick	이쑤시개
surdo	deaf	귀가 먼
o mel	honey	꿀
pesado	heavy	무거운
o chumbo	lead	납
tremer	to shake, to tremble	흔들다,떨게 하다/떨다/떨리다
a vara	stick	나뭇가지/막대/지팡이
o piche	pitch, bitumen, tar	역청
a flecha	arrow	화살/화살표
a seda	silk	실크
o urubu	black vulture	검은 콘도르
o fantama	ghost	유령
o regime	diet	식이요법
enxergar	to see	눈길이 가다 ,식별하다, 발견하다

A imigração e o povoamento do sul do Brasil

o povoamento	settlement	(이주, 개척하여)정착시킴, 정착
a ocupação (-ões)	occupation(s)	점유/점령, 점거/직업, 업무
o imigrante	immigrant	이민자, 이주민
a possibilidade	possibility	가능성
dedicar	to devote	헌신하다,(몸/노력/시간 등)(...에)바치다
a origem	origin	기원, 근원/출신,태생
o descendente	descendant	후손
participar	to parcipate	참여하다
predominante	prevailing	탁월한, 우월한/중요한,으뜸가는
rural	rural	시골의, 지방의
concentrar	to concentrate	집중하다/(한 군데에)모여들다
ao redor	around	(...의) 둘레에
a hortaliça	vegetable, herbs, weed	야채, 채소
a horticultura	vegetable cultivation	채소재배, 원예(술)
o cinturão (-ões) verde	farming area(a) around the city	그린벨트
o abastecimento	supply	(필수품의)공급, 보급
alagadiço	swampy	범람한,넘쳐흐른/물에 잠긴

o espírito pioneiro	pioneer mind	개척정신
o impulso	impulse	충동
a pimenta-do-reino	black pepper	후추
o eslavo	slave	슬라브인
o sírio	syrian	시리아인
o libanês	lebanese	레바논인
o domínio	domain	지배,통치,관할/영토,관할지/영역
registrar	to register	등록하다, 기록하다
o turco	turk	터키인
fixar	to settle	정착시키다, 고착히키다
assimilar	to assimilate	(언어,민족)동화시키다/동화[융합]하다
o agricultor	farmer	농민, 농부
a parte integrante	constituent part	구성요소
o austríaco	austrian	오스트리아인
o sueco	swedish	스웨덴인
o holandês	dutch	네덜란드인
a imigração (-ões)	immigration(s)	이주,이민/출입국 관리소
adotar	to adopt	채택[채용]하다
o fator	factor	요인
a nacionalidade	nationality	국적
povoar	to populate, to people	(개척지에)이주[거주]시키다
a emigração (-ões)	emigration(s)	(타국으로의)이주

부록 3

답안지

p.15

부정대명사 / 부정형용사 (1)

1. algum, algumas
2. Algum, alguns
3. Algumas, alguém
4. alguns, algumas
5. algumas
6. alguma
7. alguém
8. alguém
9. Alguém
10. Alguém, alguns
11. Alguém
12. Alguém
13. alguém
14. Algumas, alguns
15. Alguns, algumas

p.17

부정대명사 / 부정형용사 (2)

1. nenhum
2. Nenhum, ninguém
3. ninguém
4. nenhum
5. nenhum, nenhuma
6. ninguém
7. nenhum
8. Nada
9. Nada
10. ninguém
11. nenhuma

p.20

제시문의 내용을 문맥에 따라 <직설법 미래>로 바꾸기

Ontem, nosso guia nos mostrou as Cataratas do Iguaçu.

Saímos do hotel logo depois do café da manhã.

O ônibus já estava nos esperando.

Cinco minutos depois, ele partiu.

Todos nós estávamos contentes.

O ônibus seguiu pela estrada até a fronteira com a Argentina.

Lá, descemos do ônibus e tomamos um barco pequeno.

Não dissemos uma palavra, nem fizemos barulho durante a viagem de barco,

porque tudo nos parecia perigoso: estávamos muito perto das cataratas.

Foi bom chegar à Argentina.

À tarde, o ônibus nos trouxe de volta para o hotel.

Estávamos muito cansados, mas felizes.

Amanhã, nosso guia nos mostrará as Cataratas do Iguaçu.

Sairemos do hotel logo depois do café da manhã.

O ônibus já estará nos esperando.

Cinco minutes depois, ele partirá.

Todos nós estaremos contentes.

O ônibus seguirá pela estrada até a fronteira com a Argentina.

Lá, desceremos do ônibus e tomaremos um barco pequeno.

Não diremos uma palavra, nem faremos barulho durante a viagem de barco,

porque tudo nos parecia perigoso: estaremos muito perto das cataratas.

Será bom chegar à Argentina.

À tarde, o ônibus nos trará de volta para o hotel.

Estaremos muito cansados, mas felizes.

p.21

직설법 미래

1. trabalharei, descansarei
2. dirão
3. Partiremos, chegaremos
4. fará, trará
5. Dirá, dirá
6. trará

p.22

1. O que você pedirá?
2. A que horas vocês abrirão a loja?
3. Ninguém ajudará você?
4. O que você fará?
5. Como vocês irão até lá?
6. O que você beberá?
7. O que vocês trarão no piquenique?
8. Você dirá para ele?
9. Onde você comprará o presente para a sua mãe?

p.24

알맞은 동사의 시제와 법 써넣기

1. Boa-noite! Durma bem! (명령법)
2. Vocês dormem bem no verão? (직설법 현재)
3. Antigamente a gente dormia mais. (직설법 반과거)
4. Os preços sobem sempre. (직설법 현재)
5. Quando estou cansado, eu durmo a noite inteira. (직설법 현재)
   E você? Você também dorme? (직설법 현재)
6. Eu não subo a escada. Eu tomo o elevador. (직설법 현재)
   E você? Como você sobe? (직설법 현재)
7. Quando eu queria falar com ele, eu subo até o 15° andar. (직설법 현재)
8. À noite, ela sempre se cobre porque diz que sente frio. (직설법 현재)
   Mas eu não me cubro. (직설법 현재)
9. Todo mundo foge dele porque ele é perigoso. (직설법 현재)
10. As pessoas consumem mais no fim do ano. (직설법 현재)
    Eu também consumo. (직설법 현재)
11. As águas do rio sobem quando chove muito. (직설법 현재)

12. Cobra-se! Está frio. (명령법)

13. Não suma! Quero falar com vocês. (명령법)

Vocês sempre somem quando preciso de vocês. (직설법 현재)

14. Ontem os ladrões fugiram. (직설법 과거)

Eles sempre fogem. (직설법 현재)

p.28

축소사의 용법: 다섯가지

1) 1. copinho   2. anelzinho   3. chapéuzinho
    4. mãozinha   5. narizinho   6. pracinha

2) 1. ruazinha   2. casinha   3. programinha
    4. cheirinho   5. bomzinho, boazinha 6. chefinho

3) 1. baixinho   2. pertinho   3. inteirinho
    4. comecinho   5. direitinho   6. pouquinho

4) 1. filminho   2. mulherzinha   3. revistinha
    4. homenzinho   5. chefinho

5) 1. Minutinho   2. horinha   3. Tchauzinho.

p.30

축소사의 용법 설명하기

1. Você já leu o jornalzinho da escola? (작은 사물)

2. Ela deixa tudo limpinho. (강조) 혹은 (습관적으로 쓰는 표현)

3. Ela está tão bonitinha hoje! (애정)

4. Não gosto desta mulherzinha. (경멸)

5. O solzinho está gostoso hoje. (습관적으로 쓰는 표현)

6. Quero só um pouquinho de chá. (강조)

7. Aceita um cafezinho? (작은 사물)

8. Ele tem uma vidinha calma. (습관적으로 쓰는 표현)

9. Nossa! Que livrinho ruim! (경멸/실망)

10. Joãozinho, agora você vai ficar sentadinho aí. (작은 사물/애정), (애정/사랑스러움)

11. Ela faz uma comidinha gostosa. (애정)

12. O ladrão entrou na casa devagarinho. (강조)

p.31

축소사로 바꾸고, 그 용법 설명하기

1. Ele não é um bom escritor, mas os livrinhos dele fazem sucesso. (애정/사랑스러움)

2. As contas estão completamente certinhas. (강조)

3. Maria é bonita, mas um pouco bobinha. (경멸)

4. Gostei destas roupas. Vou comprar todas. São muito baratinhas. (강조)

5. Cuide bem da bicicleta. Ela é muito novinha. (강조/애정)

6. Gosto do café bem docinho. (강조)

7. Não coma estas bananas hoje! Elas ainda estão muitinho verdes. (강조)

8. Ele foi até a casa dele e voltou muito rapidinho porque mora muito perto daqui.

(강조)

9. Detesto este hotelzinho. É caro, e não é confortável. (경멸)

p.32

Haver와 Fazer 동사의 용법

1. Faz cinco anos que estivemos em Bruxelas.

2. Faz dois meses que eu não o vejo.

3. Faz alguns anos que Lúcia e André se separaram.

4. Faz dois dias que ele saiu do hospital e já está trabalhando.

5. Faz quanto tempo que nós nos conhecemos?

6. Já faz muito, muito tempo.

p.33

Dever 동사의 용법

1. Eles estão em dificuldade. Nós devemos ajudá-los. (의무)

2. Já são duas horas e você ainda não almoçou. Você deve estar com fome. (추측)

3. Ele precisa falar com você. Você deve esperá-lo. (의무)

4. Todo mundo deve respeitar as leis. (의무)

5. Ele está muito nervoso. Ele deve ter problemas. (추측)

p.34

1. Vera, você trabalhou o dia todo sem parar. Você deve estar cansado.

2. Eles receberam o primeiro prêmio. Eles devem estar contentes.

3. Hoje está quente, mas eles estão com frio. Eles devem estar doentes.

4. Estes quadros são muito caros. Eles devem estar antigos.

5. Que casa enorme! Ela é linda! Os donos devem ser ricos.

6. Eles ganharam o primeiro prêmio da loteria. Agora eles devem estar ricos.

7. Estas pessoas não entendem o que dizemos. Elas devem ser estrangeiras.

8. A festa foi um sucesso. Eles devem estar feliz.

서수 풀어쓰기

1. (1ᵃˢ) As primeiras pessoas da fila devem apresentar seus documentos agora.

   이 줄 앞에 계신 분들은 지금 서류를 제시해야 합니다 (=서류를 준비해 주세요).

2. (3ᵃ/26°) Antigamente ele trabalhava na terceira porta deste corredor.

   Depois mudou-se para o vigésimo sexto andar.

   옛날에 그는 이 복도의 세 번째 문에서 일했었다. 이후에 26층으로 옮겼다.

3. (100ᵃ) Está é a centésima vez que lhe digo isto.

   이번이 100번째로 말하는 거야.

4. (5°/2ᵃ) Vá até o quinto sinal e vire na segunda esquina!

   다섯 번째 신호까지 가서, 두 번째 모퉁이에서 도세요.

5. (16°) Ela mora no décimo sexto andar.

   그녀는 16층에서 산다.

6. (1000ᵃ) Pela milésima vez, não!

   천 번째 말하는 것인데, 안돼! (= 반복해서 말하지만, 안 되는 것은 안 되는 거야!)

문장 연결하기: 1 5 8 10 7 6 2 4 3 9

UNIDADE · 2

부정대명사 /부정형용사 (3)

1. Cada	2. Qualquer	3. outras
4. outras	5. outra	6. cada
7. cada	8. outros	9. outro
10. Qualquer	11. várias	12. Qualquer
13. Qualquer	14. vários	15. várias
16. vários	17. Qualquer	

3군 동사의 직설법

1. Não saí ontem porque estava chovendo.

2. O açúcar atraiu as formigas.

3. Cuidado com os buracos. Você pode cair.

4. Ele errou o problema porque subtraiu em vez de somar.

5. Quando eu era criança, não saía muito de casa.

6. Amanhã, queremos ir ao cinema, mas não sairei com chuva.

7. Por favor, a que horas as crianças saem da escola?

8. Eu nunca traio meus amigos, mas eles já me traíram.

9. Por favor, não me distraia! Estou trabalhando.

10. No ano passado, o Natal caiu numa 4ª feira.

11. Vitrines bonitas sempre atraem os fregueses.

12. Eu nunca saía sozinha.

13. Ele caiu e quebrou a perna.

14. Eu me distraio vendo televisão. Eles se distraem ouvindo música.

15. As calçadas aqui são muito irregulares. Se a gente distrair-se, a gente cai.

16. Nesses últimos anos, o Brasil atraiu muitos investidores estrangeiros.

p.49

직설법 과거완료 연습 1

1. tinha pensado	2. tinha resolvido	3. tinha partido
4. tinha comprado	5. tinham ido	6. tínhamos vendido

p.50

직설법 과거완료 연습 2

1. Ele nunca tinha visto uma mulher tão bonita, por isso o coração dele bateu forte.
따라서 (그의 심장은 강하게 뛰고 있었다).

2. Eles já tinham falado com o diretor, por isso estavam dispensados do trabalho de hoje.
(그들은 오늘 일을 면제받았다).

3. Os funcionários estavam bravos porque o diretor não tinha permitido a festa. Por isso,
eles ficaram parados.
따라서 (그들은 하던 일을 멈추었다).

4. Nós queríamos comprar aquela casa, mas ele já a tinha vendido.
Por isso, nós tivemos que procurar outra casa para morar. 그래서(우리는 다른 집을
알아보아야만 했다).

5. As crianças queriam ir à praia, mas os pais tinham decidido ir às montanhas.
Por isso elas estavam chateadas. 그래서 (아이들 기분이 좋지 않았다).

6. Ninguém acreditou, mas ele tinha dito a verdade. Por isso houve muita confusão.
따라서 (굉장한 혼란이 있었다).

7. Nós nunca tínhamos feito aquele trabalho, por isso estávamos nervosos.
그래서 (긴장했었다).

8. A sala estava gelada porque ele tinha aberto todas as portas e janelas. Por isso nós ligamos o aquecedor.

그래서 (우리는 난로를 켰다).

9. Não pude comprar as entradas para o teatro. Eu já tinha gastado todo o meu dinheiro. Por isso, vou deixar para a próxima vez. 그래서 (나는 다음에 보기로 했다).

10. Ela tem ganhado um carro novo, por isso foi passear (= dar uma volta) de carro com seu namorado.

그래서 (남자친구와 드라이브를 하러 갔다).

11. Ele reclamou porque ele já tinha escrito três cartas e ela não respondeu. Por isso ele resolveu visitá-la.

그래서 (그는 그녀를 직접 찾아가 보기로 했다).

12. Ele teve dificuldade em achar minha casa porque nunca tinha vindo aqui, por isso demorou chegar.

그래서 (집에 도착하는데 시간이 걸렸다).

13. No estacionamento, ele ficou nervoso porque não sabia onde tinha posto seu carro, mas depois de ficar calmo conseguiu se lembrar.

그러나 (진정한 후에, 기억해 냈다).

14. Ele descobriu que não tinha pago a conta da luz, por isso ele correu para o banco.

그래서 (은행으로 뛰어갔다).

15. Eles estavam muito cansados porque tinham trabalhado muito, tinham comido pouco e tinham dormido mal, por isso eles decidiram tirar férias de 10 dias para descansar.

그래서 (그들은 쉬기 위해서 열흘 동안 휴가를 내기로 결정했다).

p.52

직설법 과거완료 연습 3

1. Porque, no escritório, o chefe dele tinha criticado o relatório dele.

왜냐하면 사무실에서 그의 상사가 그의 보고서에 대해서 비판했기 때문입니다.

2. Porque ela tinha trabalhado muito.

왜냐하면 그녀가 일을 열심히 했기 때문입니다.

3. Por que ele tinha falado uma mentira.

왜냐하면 그가 거짓말을 했기 때문이지요.

p.57

접속법 현재

(직설법 1인칭 현재) →	접속법 현재	
1. ouvir	(eu ouço)	Que nós ouçamos
2. trazer	(eu trago)	Que ele traga
3. partir	(eu parto)	Que você parta
4. pedir	(eu peço)	Que o senhor peça
5. morar	(eu moro)	Que elas morem
6. dizer	(eu digo)	Que nós digamos
7. subir	(eu subo)	Que nós subamos
8. sair	(eu saio)	Que ela saia
9. fazer	(eu faço)	Que vocês façam
10. por	(eu ponho)	Que ele ponha
11. ter	(eu tenho)	Que nós tenhamos
12. desistir	(eu desisto)	Que eles desistam
13. vender	(eu vendo)	Que as senhoras vendam
14. vir	(eu venho)	Que nós venhamos
15. ver	(eu vejo)	Que eles vejam
16. dormir	(eu durmo)	Que eu durma
17. comprar	(eu compro)	Que eu compre
18. ler	(eu leio)	Que eu leia
19. preferir	(eu prefiro)	Que eu prefira
20. sevir	(eu sirvo)	Que eu sirva

p.59

접속법 현재의 용법 설명하기

1. Desejo que venha amanhã. (욕망/희망)
2. Duvido que ele aceite o convite. (의심)
3. Lamento que vocês não possam vir à festa. (감정)
4. Espero que todos se divirtam. (욕망/희망)
5. Prefiro que você esqueça o caso. (욕망/희망)
6. O que você quer que eu faça? (명령)
7. Tomara que chova três dias sem parar. (욕망/희망)

p.59

접속법 현재 써넣기 1

1. ande	2. vendam	3. partem
4. façam	5. traga	6. tenham
7. possam	8. tragam	9. mudem
10. diga	11. goste	12. possam
13. saia	14. tenhamos	15. acorde
16. entremos	17. repitam	18. venham
19. desista	20. se lembre	

p.62

접속법 현재 써넣기 2

1. diga	2. entendam	3. saiam
4. venham	5. faça	6. encontre
7. esperem	8. ouça	9. descubramos
10. coma, durma		

p.64

접속법 현재로 문장완성하기 1

1. fique	2. comecemos	3. pegue, consiga
4. verifique	5. chegue	6. fiquem
7. dirija.	8. aluguem	9. esqueçamos

p.65

접속법 현재로 문장완성하기 2

1. fale	2. façam	3. tenha
4. desista	5. chova	6. durma
7. ponha	8. sirva	9. ganhe
10. trabalhe	11. conheça	12. possam
13. tenha	14. goste	15. tenham

p.67

접속법 현재로 말하기 1 : 상사가 직원에게

1. Eu quero que você entre na firma cedo.

2. É importante que você possa entender do que nós estamos falando.

3. Prefiro que você não toque documentos que estão em cima da minha mesa.

4. Todos nós aqui no escritório esperamos que você trabalhe conosco durante muito tempo.

5. Não permito que você saia cedo do escritório.

p.68

접속법 현재로 문장완성하기 3

1. As coisas vão mal no escritório.

Mesmo assim, não duvido que meu chefe tenha feito algo errado.

2. Não acredito que nós comecemos aquele trabalho.

3. Talvez eu pegue esse ônibus.

4. Não estou certo que nós cheguemos nesse lugar às 7 horas da noite.

5. Tomara que ela goste do presente que mandei.

6. Talvez eu saia hoje tarde da noite.

7. Tomara que isso seja verdade.

8. Talvez a equipe da Coreia ganhe nos Jogos Olímpicos do Brasil.

p.69

접속법 현재로 말하기 2 : 친구가 브라질로 갑자기 떠나게 되었을 때

1. É pena que você vá ao Brasil no mês que vem.

2. Mas estou contente que você possa estudar português lá.

3. É bom que possamos mandar notícias frequentemente pela internet.

4. Tenho medo que você fique doente lá.

5. Tomara que você encontre bons amigos lá.

6. Não posso acreditar que você estude no Brasil com a bolsa de estudos.

7. Tenho medo que não possamos terminar o trabalho.

p.71

직설법 (단순) 대과거

	3인칭 복수 과거	→	대과거	
1. almoçar	(eles almoçaram)		Eu	almoçara
2. cuidar	(eles cuidaram)		Você	cuidara
3. correr	(eles correram)		Nós	corrêramos
4. perceber	(eles perceberam)		Eles	perceberam
5. insistir	(eles insistiram)		Vocês	insistiram
6. desistir	(eles desistiram)		Nós	desistíramos
7. saber	(eles souberam)		Eu	soubéra
8. dar	(eles deram)		Ela	dera
9. ver	(eles viram)		Nós	víramos
10. vir	(eles vieram)		Ela	viera

p.71

직설법 (단순) 대과거를 복합과거로 바꾸기

1. Eu já tinha jantado quando ele telefonou..

2. Ela já tinha aberto a porta quando ele tocou a campainha..

3. Quando a notícia chegou, nós já tínhamos partido.

4. Quando eu nasci, meu avô já tinha morrido..

5. O ladrão ainda não tinha ido embora, quando a polícia chegou.

6. Quando o elevador chegou, ela ainda não se tinha despedido da amiga.

7. Eu estava nervoso porque nada tinha dado certo..

8. Nós estávamos preocupados porque ele não tinha telefonado até o momento.

9. Ele estava contente porque tinha encontrado Mariana.

10. Eles estavam com fome porque não tinham comido nada.

p.73

관계대명사 que를 사용해서 중문만들기

1. A árvore que eu plantei cresceu depressa.

2. A revista que eu comprei é cara.

3. Gosto da moça que trabalha no posto de gasolina.

4. Ele não recebeu a carta que eu lhe escrevi.

5. O relógio que ele perdeu era do seu pai.

6. O carro que eles venderam era velho.

7. Nós temos os papéis que são importantes.

8. As crianças que fizeram muito barulho vieram aqui.

9. A fazenda que ele herdou é muito grande.

10. Ela ama o rapaz que não conheço.

11. Temos muito parentes que nem conhecemo.

12. Vimos o filme que você tinha recomendado.

13. Temos um novo vizinho que veio dos E.U.A.

14. Os rapazes que são estrangeiros trabalham nesta firma.

15. Recebemos muitas cartas que vêm do exterior.

p.76

<전치사 + 관계대명사 quem>을 사용해서 중문만들기 1

1. O diretor com quem trabalho nunca está contente.

2. O rapaz com quem saí ontem é um grande amigo meu.

3. Este é o rapaz em quem eu sempre penso.

4. Não conheço a pessoa para quem/a quem você deu nosso endereço.

5. Preocupo-me com meu amigo, de quem não recebo notícias há muito tempo.

<전치사 + 관계대명사 quem>을 사용해서 중문만들기 2

1. A professora com quem eu falei hoje de manhã estava nervosa..

2. O rapaz de quem eu gosto não gosta de mim.

3. Os tios com quem ela mora são ricos.

4. A moça, para quem ela pediu uma informação, estava ocupada.

5. Os amigos para quem sempre escrevemos são atenciosos.

6. João e Maria, a quem desejamos muitas felicidades, casam-se hoje.

7. Nossos tios, a quem enviamos uma carta, chegarão no mês que vem.

8. Nossos companheiros de viagem a quem demos nosso endereço vêm nos visitar nesta Páscoa.

9. Os adversários, contra quem jogamos sempre, são fortes.

10. A sobrinha, para quem eles deixaram toda a fortuna, é mal agradecida.

11. A moça com quem ele se casou é advogada.

12. A sogra, para quem ele faz tudo, nunca está contente.

13. Pedro, com quem meu filho sempre brinca, é nosso vizinho.

14. O jornaleiro com quem sempre converso é muito engraçado.

관련단어 연결하기 (1)

1. Boa tarde!	안녕하세요? (오후인사)
2. Bem vindo!	어서 오세요. 환영합니다.
3. Estimo as suas melhoras!	쾌차하시기를 바랍니다. (병문안 할 때)
4. Com licença!	실례합니다.
5. Por favor!	(제발) 부탁 드립니다!
6. Bom apetite!	식사 맛있게 하세요.
7. Até amanhã!	내일 봅시다! (안녕!)
8. Um abraço!	안녕! (헤어질 때 하는 인사로 원래는 "포옹"이라는 뜻)

관계대명사 onde를 사용해서 중문만들기

1. Tenho um problema: o estacionamento onde eu deixei meu carro está fechado agora.

2. A firma onde eu trabalho é muito grande.

3. A rua onde ele mora é estreita e escura.

4. Que chato! O cinema onde perdi minha bolsa fica do outro lado da cidade.

5. Que bom! A cidade onde moramos é calma.

6. O escritório onde trabalho é grande e claro.

7. A fábrica onde o incêndio começou era moderna.

8. O hotel onde nós sempre passamos as férias de julho fica nas montanhas.

9. O livro, onde o documento foi achado, estava no velho armário da sala.

10. O colégio onde estudei é muito antigo.

11. Ele ainda se lembra do lugar onde conheceu sua esposa.

12. Eu já arrumei a sala onde vai haver uma reunião.

13. Ela pôs as caixas no armário onde eu guardei todas as fotografias.

14. Ele quer abrir um restaurante no bairro, onde há muitas lojas finas.

15. A Prefeitura demoliu o prédio, onde ele morava.

p.83

관계대명사 que, quem,onde를 o qual, a qual, os quais, as quais로 대체시키기

1. A estrada pela qual passei estava deserta.

2. O problema no qual penso noite e dia não tem solução.

3. Esperamos a resposta da qual depende o futuro da firma.

4. As amigas com as quais moro não são muito compreensivas.

5. Gosto muito do meu vizinho de apartamento, com o qual sempre converso.

6. O bairro no qual ele mora tem várias lojas importantes.

7. Tenho alguns amigos em Portugal nos quais penso sempre.

8. enho alguns amigos nos E.U.A. com os quais mantenho correspondência.

9. Espero uma carta de Paulo para o qual pedi ajuda.

10. Aqui estão os alunos dos quais lhe falei.

p.85

관계대명사 o qual, a qual, os quais, as quais로 빈칸 채우기

1. O assunto no qual sempre insisto é importante.

2. Meu vizinho, com o qual falo muito, é sempre amável comigo.

3. Nossos professores, dos quais gostamos muito, são todos brasileiros.

4. Os turistas, para os quais ele mostrou a cidade, partiram hoje de manhã.

5. Minhas irmãs, para as quais escrevo sempre, moram em Portugal.

6. A porta pela qual eu entrei está fechada agora.

p.86

관계형용사 cujo를 선행사에 알맞게 변화시키기

1. O livros, cujas capas são marrons, são muito antigos.

2. Não posso assinar os contratos cujas letras ja ´ tinham se apagado.

3. Não paguem as contas cujo cáculo está errado.

4. O turista, <u>cujo passaporte</u> foi perdido, teve problemas no aeroporto.

5. Minha vizinha, <u>cujos pais</u> estão doentes, está muito preocupada.

6. O advogado, <u>cuja esposa</u> é minha professora, ajudou-nos muito.

p.87

관계형용사 cujo를 사용해서 중문만들기

1. O carro, <u>cuja placa</u> era de Porto Alegre, estava estacionado ali há vários dias.

2. O prédio, <u>cujos moradores</u> reclamavam do barulho, ficava na rua principal.

3. O aluno, <u>cujos livros</u> ficaram na classe, saiu mais cedo.

4. Esta sala <u>cujas janelas</u> são grandes é a melhor do edifício.

5. Meu amigo <u>cuja esposa</u> é carioca mudou-se para o Rio de Janeiro.

6. A orquestra, <u>cujo maestro</u> ficou doente, não se apresentou ontem..

p.88

관련단어 연결하기 (2)

반대말 연결하기

1. por último	↔	em primeiro lugar	2. amor	↔	ódio
3. esquecer	↔	lembrar	4. falso	↔	verdadeiro
5. fraco	↔	forte	6. acima	↔	abaixo
7. despir	↔	vestir	8. duro	↔	mole
9. aprovar	↔	reprovar	10. manso	↔	feroz
11. primeiro	↔	último	12. conhecimento	↔	ignorância

p.89

관련단어 연결하기

1. o intérprete   o dicionário

2. o carpinteiro   a madeira

3. o cabeleireiro   o pente

4. o autor   o livro

5. o embaixador   as relações internacionais

6. o espectador   o espetáculo

p.89

주어(명사)와 동사 연결하기

1. a tesoura	corta (cortar)		2. a tinta	pinta (pintar)
3. o fósforo	queima (queimar)		4. a agulha	pica (picar)
5. a cortina	fecha (fechar)		6. o carpete	cobre (cobrir)

관련단어 써넣기

1. o telejornal	(jornalismo)	2. a reportagem	(jornalismo)
3. a lei	(polícia)	4. o diploma	(escola)
5. a criminalidade	(polícia)	6. o rapto	(polícia)
7. o ensino	(escola)	8. o noticiário	(jornalismo)
9. o anúncio	(jornalismo)	10. o crime	(polícia)
11. o ladrão	(polícia)	12. o telespectador	(jornalismo)
13. o giz	(escola)	14. o exame	(escola)
15. a investigação	(polícia)	16. educar	(escola)
17. o criminoso	(polícia)	18. o assassino	(polícia)

UNIDADE · 4

접속법 현재로 문장 완성하기 1

1. É melhor que você me dê uma explicação.
2. É melhor que eles me ouçam com atenção.
3. É provável que ele vá embora.
4. É provável que vocês soubem a resposta.
5. É aconselhável que nós sejamos pacientes.
6. É aconselhável que amanhã você esteja aqui bem cedo.
7. É necessário que vocês paguem à vista.
8. É importante que todo mundo soubem a verdade.
9. É difícil que haja outra chance como esta.
10. Para que você seja feliz, basta que você tenha bons amigos.
11. Basta que você leia as instruções para fazer um bom trabalho.
12. Para que você não tenha problemas, convém que diga tudo o que sabe.

접속법 현재로 문장 완성하기 2

1. ouça	2. veja	3. Saiba
4. venha	5. haja	6. prefira
7. queira	8. vista	9. compreendam
10. ajude	11. fique	12. queiram

13. seja   14. seja   15. goste

16. façamos

p.99

접속법 현재로 문장 완성하기 3

1. Embora você não queira nós vamos ao parque.   ... 우리는 그 공원에 갑니다(=갈 겁니다).
2. Para que você me permita irei ao lado dele.   ··· 저는 그의 옆으로 갈 것입니다.
3. Mesmo que seja muito difícil nós vamos tentar.   ... 우리는 시도할 것입니다.
4. Caso chegue o inverno comprarei um aquecedor. ... 난로를 하나 살 것입니다.
5. A fim de que ele me pague pelo serviço farei o trabalho.

  ... 나는 그 일을 할 것이다.
6. Contanto que seja fácil todos fariam.   ... 모든 사람들이 할 것입니다.
7. Antes que ela cresça demais ela aprenderá.   ... 깨닫게 될 것이다.
8. Desde que ela me dê sombra carregarei a mochila.

  ... 배낭을 등에 매고 가겠습니다.
9. Sem que tenhamos mais luz na sala nós não poderemos estudar.

  .. 우리는 공부를 할 수 없을 것입니다.
10. A não ser que vocês protestem, o prefeito não irá mudar a situação.

  = A não ser que vocês protestem, o prefeito não mudará a situação.

  ... 시장은 이 / 그 상황을 바꾸려 하지 않을 겁니다.

p.100

접속법 현재로 문장 완성하기 4

1. É impossível que eu esteja errada.   내가 틀릴 리가 없어!
2. É melhor ele saiba a verdade.   그가 진실을 아는 것이 좋겠다.
3. É provável que não saiba meu nome.   아마도 그(녀)는 제 이름을 모르실 겁니다.
4. É necessário que eu vá embora agora.   나 지금 (반드시) 가야 해!
5. Basta que queira mesmo trabalhar.   일할 마음만 있으면 된다(=충분하다).
6. Convém que ele peça o recibo.   그가 영수증을 요구하는 것이 좋아.
7. É bem possível que haja erros em nosso trabalho. 우리가 한 일에 실수가 있을 수 있어요.
8. Convém que ela esteja aqui às 10.   그녀가 10시에 여기 있는게 좋을거야.
9. Basta que dê uma olhada em meu trabalho.   잠시 봐 주시는 것만으로 충분합니다.
10. É melhor que ele leia o regulamento de novo.   그가 그 새로운 규정을 읽는 것이 좋겠다.

접속법 현재로 문장 완성하기 5: 부동산 중계인에게 사고 싶은 집에 대해서 설명하기

1. É bom que seja perto do centro.

   시내와 가까우면 됩니다.

2. É bom que seja perto da estação do metrô da linha 2, que é circular.

   순환선인 지하철 2호선 역과 가까우면...

3. Basta que seja barato.

   = Basta que tenha um preço acessível. = Basta que tenha um bom preço.

   값이 싸기만 하면 됩니다.

4. Mesmo que o preço esteja em conta, tem que ter três quartos e uma sala grande.

   = Mesmo que o preço esteja em conta, tem que ter três quartos e uma sala espaçosa.

   값을 고려한다면, 방이 세 개에, 거실이 넓은 집이면 좋겠습니다.

5. Para que que possamos ir a um hospital de grande porte, basta estar perto.

   큰 병원과 가깝기만 하면 됩니다.

6. Na Coréia, a não ser que a casa esteja de frente à direção norte, não há problema.

   북향만 아니면, 괜찮습니다.

접속법 현재로 문장 완성하기 6: 동사의 활용

1. seja
2. haja
3. saiba
4. explique
5. estejam
6. queira

접속법 현재로 문장 완성하기 7:

부정명사나 부정대명사를 수식하는 관계대명사 que가 이끄는 형용사절에서의 접속법 현재

1. Com quem você quer casar?

   - Estou procurando alguém que goste de mim.

   - Estou procurando alguém com quem eu possa passar o resto da minha vida juntos.

   - Quero encontrar uma pessoa que goste do que faço.

   - 저를 좋아하는 사람과 결혼하고 싶습니다 (= 저를 좋아하는 사람을 찾고 있습니다).

   - 저는 저의 남은 인생을 함께 보낼 수 있는 사람을 찾고 있습니다.

   - 제가 하는 일을 좋아하는 사람을 만나기를 원합니다.

2. Que livro você quer ler?

    - Eu quero ler um livro que faça a minha imaginação voar.

    - Eu quero ler um livro que me dê ambição.

    - 저의 상상력의 날개를 펴 줄 수 있는 책을 한 권 읽고 싶습니다.

    - 제게 야망을 줄 수 있는 책을 하나 읽고 싶습니다.

3. Que tipo de casa você quer morar?

    - Eu quero morar numa casa que fique perto da estação de metrô.

    - Eu quero morar numa casa que fique perto de um parque.

    - 저는 지하철 역 가까이 있는 집에서 살기를 원합니다.

    - 저는 공원이 가까이 있는 집에서 살기를 원합니다.

4. Que tipo de trabalho você quer fazer?

    - Eu preciso de um emprego em que eu tenha oportunidade de viajar para o exterior.

    - Eu quero trabalhar numa firma de propaganda, em que eu possa usar minha criatividade.

    - 저는 해외로 여행할 수 있는 기회가 주어지는 직장을 필요로 합니다.

    - 저는 저의 창의성을 사용할 수 있는 광고회사에서 일하고 싶습니다.

p.103

Por que (é que) ... ?와 O que (é que) ... ?의 표현연습

같은 내용을 다른 식으로 질문하기

1. O que você está vendo?	O que (é que) você está vendo?
2. Do que você está falando?	Do que (é que) você está falando?
3. Por que você está aqui?	Por que (é que) você está aqui?
4. Onde você trabalha?	Onde (é que) você trabalha?
5. Quem você viu?	Quem (é que) você viu?
6. O que você fez?	O que (é que) você fez?
7. Quando aconteceu?	Quando (é que) aconteceu?

p.104

예문처럼 질문하고 질문하기

1. Quanto é que você quer ganhar?	- Quero ganhar mil reais.
2. Para quem é que você trabalha?	- Trabalho para a Geovânia.
3. Por que é que você está tão brava?	- Porque ele me empurrou.
4. Quem foi que chegou?	- Chegaram os avós.
5. Quem foi que disse isso?	- Foi a Larissa.
6. O que é que você disse?	- Eu disse para sair do meu quarto.

7. Quando *é que* ele vai começar?   - Ele vai começar às 8 horas.

8. Até quando *é que* vou esperar?   - Até o almoço.

9. Quando *é que* você vem?   - Vou às 2 horas da tarde.

10. Quanto *foi que* você deu?   - Eu dei 2 reais.

11. Quando *foi que* ela nasceu?   - Ela nasceu em 4 de dezembro.

12. Onde *é que* você vai?   - Vou à padaria.

13. Onde *é que* você foi?   - Fui ao banheiro.

14. O que *foi que* você pediu?   - Pedi um tênis.

p.106

부사

형용사를 부사로 만들기

(여성형 형용사 + -mente)

1. largo	larga	largamente	넓게
2. rápido	rápida	rápidamente	빠르게
3. correto	correta	corretamente	맞게
4. calmo	calma	calmamente	고요하게
5. fácil	fácil	fácilmente	쉽게
6. breve	breve	brevemente	곧
7. difícil	difícil	difícilmente	어렵게

부사구를 부사로 만들기

1. com interesse	-	interessantemente	재미있게
2. com atenção	-	atentamente	주의깊게, 신중하게, 조심스럽게
3. com força	-	fortemente	강하게
4. com brutalidade	-	brutalmente	잔인하게
5. com economia	-	economicamente	경제적으로
6. com preguiça	-	preguiçosamente	게으르게
7. com honestidade	-	honestamente	정직하게
8. com paciência	-	pacientemente	인내심 있게
9. com facilidade	-	facilmente	쉽게
10. com delicadeza	-	delicadamente	섬세하게
11. com violência	-	violentamente	폭력적으로
12. com cuidado	-	cuidadosamente	조심스럽게
13. com pressa	-	depressamente	급히, 급하게

p.107

반대의 뜻을 가진 부사와 부사구를 연결하기

1. sem querer	-	de propósito
2. com naturalidade	-	sofisticadamente
3. por obrigação	-	espontaneamente
4. às claras	-	secretamente
5. em parte, parcialmente	-	totalmente / integralmente

비슷한 뜻을 가진 부사와 부사구를 연결하기

1. por acaso	-	casualmente	우연히
2. de imediato	-	prontamente	즉각적으로
3. intencionalmente	-	de propósito	일부러, 고의로
4. de repente	-	subitamente	갑자기
5. a mão	-	manualmente	손으로 만든

p.107

제시한 부사로 문장 만들기

1. Ele viaja para exterior anualmente com sua família.

   그는 해마다 (=일년에 한번씩) 가족과 함께 해외여행을 한다.

2. O nosso governo anuncia a taxa de inflação calculada mensalemente.

   정부는 매달 인플레이션율을 발표한다.

3. A partir de amanhã, o escritor coreano 조정래, que recém lançou『정글만리』,

   passa a dar autógrafos quinzenalmente na Llivraria 교보문고 de Gangnam.

   최근『정글만리』를 출판한 한국작가 조정래씨는, 내일부터 강남의 교보문고에서 격주로
   출판사인회를 할 것이다.

4. Eu subo a montanha que fica perto de casa semanalmente.

   나는 매주 집 가까이에 위치한 산에 간다.

5. Eu faço musculação diariamente no clube.

   나는 매일 헬스클럽에서 근육운동을 한다.

6. Geralmente universidades fazem avaliação dos alunos semestralmente.

   일반적으로 대학은 학생평가를 학기별로 한다.

p.109

빈칸에 알맞은 부사 써넣기: 형용사처럼 보이는 부사

1. Fique quieto! Você fala alto.

2. Ele está magro. Ele come muito.

3. Ele não entende o que a gente diz. Ele ouve muito mal.

4. Agora chega! Você já trabalhou demais.

5. Estamos preocupados. Ela está no hospital e está muito mal.

6. Não consigo ouvi-lo. Fale um pouco mais alto.

7. Não precisa gritar. Eu ouço muito bem.

8. Fale mais baixo, por favor. Você está gritando.

9. Coitada! Ela ganha muito pouco, embora trabalhe bastante.

p.110

빈칸에 알맞은 형용사나 부사 써넣기:

형용사와 부사의 구분

1. Ele é meu cantor preferido. Ele é um bom cantor. Um bom cantor sempre canta bem.

2. Ninguém gosta da comida que ela faz. Uma boa cozinheira sempre cozinha bem.

3. Que bom! Ela vai ser promovida. Ela é uma boa funcionária e sempre trabalha bem.

4. Não gosto deste professor. Ele ensina muito mal. Ele é um mau professor.

UNIDADE · 5

p.118

접속법 반과거 연습 1

1. fumássemos	2. Saíssem	3. voltasse
4. puséssemos	5. abrisse	6. ficassem
7. desse	8. escutassem	9. viesse
10. estudassem	11. andasse	12. chegassem
13. tivesse	14. conseguisse	15. fosse

p.120

접속법 반과거 연습 2 : 접속법 현재를 접속법 반과거로 바꾸기

1. Ela quis que eu ficasse.

2. Duvidei que você viesse.

3. Fiz questão de que vocês me escutassem.

4. Ele sempre pediu uma bebida que não fosse gelada.

5. Exigimos que ela nos ouvisse.

6. Foi importante que ele pagasse a conta.

7. Ele desejou que ela fosse feliz.

8. Senti que ele não fosse feliz.

9. Foi melhor que você viesse.

10. Esperei que você me compreendesse.

11. Ela sorriu, embora tivesse problemas.

12. Fizemos tudo para que você fosse feliz.

13. Duvidamos que você soubesse fazê-lo.

14. Ele quis alguém que o ajudassee.

15. Ela saiu sem que a víssemos.

(참고)* 4번의 경우, 다음과 같이 표현할 수 있다.

Ele quer uma bebida que não seja bem gelada.

→ Ele quis uma bebida que não fosse bem gelada.

---

p.122

접속법 반과거 연습 3

1. Era provável que ele ficasse.

2. Era melhor que você esperassee.

3. Queríamos que você lesse a carta.

4. Não tínhamos certeza de que ele fosse honesto.

5. Eu esperava que você viesse.

6. Era importante que você lesse isso.

7. Gostava de você, embora você não gostasse de mim.

8. Ele levava uma vida confortável, embora ganhasse pouco.

9. Eu explicava devagar para que você entendesse.

10. Não ia, mesmo que vocês me pedissem.

11. Eu sempre ia embora antes que eles chegassem.

12. A mãe cantava para que a criança dormisse.

13. Ele precisava de alguém que o compreendesse.

14. Bastava que ele dissesse uma palavra.

15. Eu não conhecia ninguém que quisesse trabalhar aos domingos.

(참고)* 11번의 경우, 인칭부정법을 쓰는 것이 더 자연스럽다.

→ Eu sempre vou embora antes de eles chegarem.

---

p.124

접속법 반과거 연습 4

Ontem ela não quis falar comigo. Por quê? → Talvez ela estivesse cansada naquela hora.

아마도 그 순간 피곤했었나보다.

→ Talvez ela quisesse descansar.

아마도 쉬고 싶었나 보다.

→ Talvez ela já soubesse de tudo.

아마도 모든 것을 이미 알고 있었기 때문일거야.

→ Talvez ela estivesse doente.

아마도 아팠나보지.

접속법 시제 총복습

p.125

접속법 현재나 접속법 반과거 중 알맞은 시제 써넣기

1. dissesse
2. ame
3. pudessem
4. possam
5. tenham
6. disséssemos
7. tivesse
8. pudesse
9. espere
10. falasse
11. permita
12. saiba
13. esqueça
14. esquecesse
15. queira
16. ouvissem

> (참고)* 15번의 경우, 아래 두 문장과의 차이는 다음과 같다.
>
> → Você precisa ajudá-los mesmo que não queira.
>
> 비록 네가 원치 않는다 하더라도, 너는 그들을 도와주어야 한다.
>
> → Você precisa ajudá-los mesmo que eles não queiram.
>
> 비록 그들이 원치 않아도, 너는, 그들을 도와주어야 한다.

p.127

접속법 현재나 접속법 반과거로 문장 완성하기

1. Faço questão de que ele termine o trabalho.

나는 그가 그 일을 마무리하기를 원한다.

2. Não quero que ele entre aqui.

나는 그가 이곳에 들어오지 않기를 바란다.

3. Eles duvidaram que elas viessem.

그들은 그 여자들이 과연 올 것인지 의심했다.

4. Eles disseram que talvez ela fosse doente.

그들은 그녀가 아마도 아플지도 모른다고 말했다.

5. Ela diz que talvez ela viaje para o Brasil com o grupo de pesquisa.

그녀는 말한다. 혹시 그 연구 그룹과 브라질에 갈지도 모른다고.

6. Eles vieram para que nós os conhecêssemos.

그들은 우리가 자신들을 알게 하기 위해서 (= 우리에게 자신들을 소개시키기 위해서) 왔다.

7. Receio que todos venham à festa do aniversário da Joana.

나는 모든 사람들이 Joana의 생일파티에 올까 걱정이다.

Porque o espaço do restaurante onde eu reservei é muito limitado.

내가 예약한 식당이 제한적이기 때문이다.

8. Esperávamos que ela nos ajudasse.

우리는 그녀가 우리를 도와주기를 고대했(었)다.

9. Era provável que eles chegassem atrasado.

아마 그들이 늦게 도착할 개연성이 높다.

10. Convém que vocês fiquem aqui até a chuva passar.

비가 지나갈 때까지 (= 그칠 때까지), 너희들이 여기에 있는 것이 좋겠다.

11. Fique conosco mesmo que você não tenha dinheiro.

당신이 돈을 갖고있지 않더라도, 우리와 함께 지내십시다.

12. É pena que ela não entenda o assunto.

그녀가 그 주제를 이해하지 못하는 것이 안타깝다.

13. Fico aqui, contanto que eles me expliquem melhor a situação.

나는 여기에 있겠다. 그들이 내게 그 상황을 좀 더 잘 설명할 때까지.

14. Prefiro que vocês esqueçam o que eu disse.

나는 너희들이 내가 한 이야기를 잊길 바래.

15. Ele precisa de um mecânico que sabe resolver o problema de casa dos seus pais.

그는 기술자를 필요로 한다. 부모님의 집 문제를 해결할 수 있는,

16. Tomara que não chova hoje.

오늘 비가 오지 않으면 좋겠다

17. Foi pena que eles não conseguissem o emprego apesar de tantos esforços.

그들이 그렇게 많은 노력을 했음에도 불구하고, 직장을 얻지 못한 것이 참 안타까웠다.

18. Não acho que ela prepare jantar para nós.

나는, 그녀가 우리를 위해서 저녁을 준비할 것이라고는, 생각하지 않는다.

19. Não penso que ela investa o dinheiro na bolsa.

나는 그녀가 그 돈을 주식에 투자하리라고 생각하지 않는다.

20. Não encontrei ninguém que saiba falar português.

나는 포르투갈어를 말할 줄 하는 사람을 아무도 만나지 못했다.

관련문장 번호 써넣기 (Dar 동사를 사용한 표현들): 5　　1　　3　　9　　2　　8　　4　　6　　7

Dar 동사로 대체시키기

1. Eles estavam desanimados porque o projeto não deu certo.

2. Ele é tão engraçado que não dá ficar triste ao seu lado.

3. Este dinheiro só dá para comprar um apartamento pequeno.

4. Esta sala dá para a praia.

5. Estamos todos contentes porque nossa idéia deu certo.

6. Ela gosta da irmã e se dá bem com ela.

7. Vamos, dê bom-dia para ele!

8. Ele não dá para negócios, por isso a empresa não deu certo.

9. Você acha que a gente dá para comprar o carro com este dinheiro? Este dinheiro dá?

10. Vendo tanta coisa errada, não dá para ficar quieto.

직설법 과거미래

직설법 과거미래 용법 1: 마음은 있으나 현실적으로 불가능할 때

1. explicaria　　　　2. daria　　　　　　3. gostaria

4. abiria　　　　　　5. ficaria

직설법 과거미래 용법 2: "공손한 표현"을 하고자 할 때

1. Mostre-me seus documentos! → Você poderia me mostrar seus documentos?

2. Acabe logo este trabalho! → Você poderia acabar logo este trabalho?

3. Esperem-me lá fora. → Você poderia esperar-me lá fora?

4. Por favor, passe-me o açúcar. → Por favor, poderia me passar o açúcar?

5. Traga-me o café e a conta, por favor. → Você poderia me trazer o café e a conta, por favor?

6. Não faça barulho. → Você poderia não fazer barulho?

7. Diga-me que horas são. → Você poderia me dizer que horas são?

8. O chefe não está. Passe mais tarde. → O chefe não está. Você poderia passar mais tarde?

9. Estou com calor. Abra a janela. → Estou com calor. Você poderia abrir a janela?

10. Estamos atrasados. Ande mais depressa. → Estamos atrasados. Você poderia andar mais depressa?

p.143

조건절 과거 1

1. (falar/ouvir) → Se você falasse mais alto, ele te ouvira.

2. (estar/ajudar) → Se ela estivesse aqui conosco, ela nos ajudaria.

3. (gostar/conhecer) → Você com certeza gostaria dele se o conhecesse.

4. (receber/ficar) → Se eu recebesse uma carta hoje, ficaria muito contente.

5. (gastar/ter) → Se eles gastagassesm menos, teriam mais dinheiro no banco.

6. (dormir/trabalhar) → Se ele dormisse mais, trabalharia melhor.

7. (viajar/permitir) → Eu viajaria para a Europa este ano se meus negócios o permitisse.

8. (gostar/aceitar) → Ele gostaria de dançar com ela se ela aceitasse.

9. (ficar/receber) → Nós ficaríamos mais tranqüilos se recebéssemos notícias dos nossos filhos.

10. (ser/ter) → Minha vida seria mais fácil se eu tivesse um salário maior.

11. (ter/levar) → Se eu tivesse um carro, levaria minhas crianças para o Parque de Everlândia.

p.145

조건절 과거 2

1. (ter dinheiro /comprar) → Se eu tivesse dinheiro, compraria um carro novo.

2. (poder / jantar) → Se nós pudéssemos, jantaríamos com vocês.

3. (estar frio / ficar em casa) → Se estivesse frio, ficaríamos em casa.

4. (estar feliz / sorrir) → Se ela estivesse feliz, ela sorriria.

5. (ir ao médico / sarar) → Se você fosse ao médico, sararia.

6. (ser verão / ir à praia) → Se fosse verão, iríamos à praia.

7. (querer / ajudar) → Se quiséssemos, ele nos ajudaria.

8. (ler / gostar) → Se você lesse o livro, goataria.

9. (trabalhar / ficar rico) → Se ele trabalhasse no ramo de informática, ficaria rico.

p.146

조건절 과거 3 : 문장완성하기

1. Se estivesse frio ontem, poderíamos ficar em casa, lendo livros e ouvindo músicas.

   만일 어제 날씨가 추었다면, 우리는 집에서 책을 읽거나 음악을 들을 수 있었을 것이다.

2. Se eu pudessse escolher, moraria num apartamento.

   만일 내가 선택할 수 있다면, (나는) 아파트에서 살고싶다.

3. Se ela estivesse contente ontem, sorriria.

만일 어제 그녀가 만족했다면, (그녀가) 웃었을 것이다.

4. Se você lesse, gostaria deste livro, escrito por Jorde Amado.

만일 네가 Jorde Amado의 그 책을 읽었다면, (분명) 마음에 들어했을 거야.

5. Se eles trabalhassem direito com a empresa brasileira no ano passado, ficariam ricos.

만일 그들이 작년에 그 브라질 회사와 일을 제대로 했다면, 부자가 되었을거야.

6. Se vocês ouvissem os amigos, poderiam resolver problemas.

만일 너희들이 친구들의 말에 귀를 기울였다면, 문제를 해결할 수도 있었을거다.

7. Se você comesse mal e dormisse pouco (durante a viagem), ficaria doente.

만일 네가 (그 여행에서) 잘 먹지 못했거나 잘 자지 못했다면, 병이 났을거다

> (참고)* 7번의 경우, 접속법 미래를 쓸 수도 있다.
>
> → Se você comer mal e dormir pouco, ficaria doente.

p.147

조건절 과거 4 : 질문에 대답하기

1. Eu viajaria pelo mundo inteiro.

2. Eu jogaria na Europa.

→ Eu gostaria de fazer uma carreira na Europa.

→ Eu participaria de grandes jogos internacionais.

3. Eu compraria uma casa para a minha família.

→ Eu compraria uma casa na praia, e uma chícara na montanha.

→ Eu daria bolsa de estudo para os alunos pobres.

4. Ela teria muitos parques.

→ Eu criaria muitos parques.

→ Eu fortaleceria o sistema de internet.

5. Eu plantaria uma macieira.

→ Eu voltaria para a minha família.

→ Eu terminaria meu trabalho que estou fazendo.

p.148

조건절 과거 5 : 질문하기

1. O que você diria se um vizinho reclamasse do barulho?

→ O que você diria se um vizinho reclamasse do barulho de uma festa em sua casa?

2. Como você acenderia o fogo, se não tivesse fósforos?

→ Se não tivesse fósforos numa noite de muito frio num acampamento, como você acenderia o fogo?

3. Se os hotéis estar fechados, onde você dormiria?

   → Se à noite os hotéis numa cidade estranha estar fechados, onde você dormiria?

4. Se o piloto morrer de repente, o que você faria?

   → Se o piloto morrer de repente num helicóptero, o que você faria?

5. O que você faria à noite, numa estrada deserta, se acabasse a gasolina?

불규칙 동사의 직설법 현재와 접속법 현재

p.150

1) -ear로 끝나는 동사(passear, pentear, semear, bloquear, frear, recear)

1. me penteio	2. me penteiesse	3. passeie
4. freiei, freiesse	5. passeávamos	6. receio
7. passeou, receio	8. semeia	9. nos penteiemos
10. semearão		

> (참고)* 4번의 경우,
>
>   내용상 "만일 내가 멈추지 않았다면, 큰 사고가 났었을 것이다"라고 말할 수 있다.
>
>   Se eu não freiesse, o desastre teria ocorrido(=teria acontecido).

> (참고)* 10번의 경우, 내용상 plantar(야채나 나무를 심다) 동사를 쓰는 것이 더 적합하다.

2) -iar로 끝나는 동사 (copiar, pronunciar, renunciar, presenciar)

1. odeio	2. odeia	3. copiavam, odiava
4. odeia	5. pronunciem	6. odeia, odiamos

> (참고)* 4번의 경우, 내용상 culpar 동사를 쓸 수 있다.
>
>   → Vou dizer-lhe o que penso. Não me culpe por isso.

p.154

3) -uir로 끝나는 동사 (destruir, atribuir, retribuir, substituir, poluir)

1. constroem	2. destroem	3. substituem
4. construam	5. poluíram, destruíram	6. Destruiu, construído, reconstruí-la
7. constrói distribui	8. diminua	

> (참고) * 5번의 경우,
>
>   내용상 destruir a tranquilidade 대신 acabar a tranquilidade 를 쓸 수 있다.

불규칙동사의 직설법과 접속법 (현재와 과거) 총복습

1. meço, mede
2. Meça, mediu
3. vale
4. valha
5. valer
6. cabe
7. caiba
8. caibam
9. perdi
10. perderia
11. pderdesse
12. perco
13. perca
14. sigo, segue
15. Siga
16. consigo, consegue, consiga
17. consiga
18. conseguido
19. consigamos
20. conseguissem

불규칙동사의 명령법 총복습

1. Felipe, por favor, abra a porta porque a sala está abafada.

   Felipe, 부탁인데, 이 교실이 숨이 찰 정도로 답답하니까, 문 좀 열어줘.

2. Felipe, não perca a hora senão você perderá a primeira sessão do concerto.

   시간 잘 지켜봐(지각하지 마)! 아니면 콘서트의 첫번째 세션을 놓치게 될 거야.

3. Ouça o que eu estou dizendo para que você não se arrependa depois.

   나중에 후회하지 않기 위해서는, 내가 하는 말을 귀담아 들어야 한다.

   Ouçam o que ele está dizendo para que não perder o caminho.

   너희들이 길을 잃지 않기 위해서는, 그가 하는 말을 잘 들어야 한다.

4. Sinta-se à vontade pois aqui é seguro.

   편하게 있어, 여기는 안전하니까.

5. Descubra o que aconteceu senão a gente pode cometer um erro.

   무슨 일이 일어났는지 알아봐라, 그렇지 않으면 우리가 실수할 수 있다.

6. Fique em casa porque os avós vão chegar esta tarde.

   오늘 오후에 할아버지와 할머니께서 도착하실 거니까, 집에 있어라.

7. Meça a mesa senão não vai caber na sua cozinha.

   그 테이블의 사이즈를 재어보아라, 그렇지 않으면 너의 부엌에 들어가지 않을 수도 있다.

8. Não odeie matemática pois esta matéria é muito importante para a ciências exatas.

   수학을 너무 싫어하지 마라, 왜냐하면 이 과목은 이공계에서는 매우 중요하기 때문이다.

9. Não minta senão você não será perdoado.

   거짓말 하지마라! 그렇지 않으면 너는 용서받지 못하게 될 것이다.

10. Repita a informação para seus colegas pois ninguém a ouviu.

    그 정보를 동료들에게 반복해서 말해라! 왜냐하면 아무도 그것을 듣지못했으니까.

11. Não fuja senão o atirarei.

    도망가지 마라, 그렇지 않으면 너를 (총으로) 쏘겠다.

12. Não tussa durante o concerto porque incomoda o público e o pianista.

콘서트 중에 재채기 하지 마라, 왜냐하면 관중과 피아니스트에게 방해가 되니까.

13. Peça mais ingressos para a palestra pois o palestrante é muito famoso.

그 강연을 들을 수 있게 더 많은 입장권을 부탁해라, 왜냐하면 강연자가 매우 유명하기 때문이다.

14. Venha mais cedo senão você perderá a sua vez. (oportunidade)

더 일찍 오거라, 그렇지 않으면 너는 네게 주어진 기회를 잃게 될 것이다.

15. Acesse aquele site e procure pelo produto que você quer comprar.

그 사이트를 접속하여 네가 구매하고자 하는 제품을 찾아봐.

p.163

Sofia여사가 딸에게 남긴 메모를 명령법으로 바꾸보기

Ângela e Beatriz

Vou passar o dia fora.

Estou lhes lembrando o que vocês têm para hoje.

Primeiro, vocês façam suas lições e só depois brinquem com suas amigas.

Às onze e meia, vocês almocem e à uma hora vão para o colégio.

Vocês fiquem atentas e não cheguem atrasadas.

Para isto, vocês vistam-se e saiam com antecedência e ponham uma blusa limpa.

Vocês sejam comportadas durante as aulas e tenham todos os deveres prontos.

Chegando do colégio, se quiserem, vejam televisão.

Até o jantar. Beijos.

---

p. 164

(   )속의 동사를 명령법으로 바꾸어 넣기

1. (subir /descer /lambiscar)　　→ Baratinha, suba pelo copo, desça pela parte de dentro e lambisque o vinho.

2. (salvar)　　→ Gatinho, salve-me.

3. (sair)　　→ Que é isso, baratinha. saia já daí.

4. (acreditar)　　→ Gatinho, não acredite em barata velha e bêbada.

5. (ser)　　→ Gatinho, não seja tão imbecil.

6. (fugir)　　→ Não fuja!

7. (seguir)　　→ Siga ele!

(참고)* 5번의 경우, 사람에게는 "imbecil"보다는 "bobo"를 쓰는 것이 더 좋다.
　　→ João! não seja tão bobo.

p.176

조건절 미래 1

1. entrar	2. pudermos	3. estiver
4. for	5. souber	6. chegar
7. vendermos	8. estiverem	9. couber
10. quiser	11. der	12. tivermos
13. quiser	14 fizer	15. fizermos
16. fecharmos	17. estiver	18. vir
19. viermos (ou chegarmos)	20. pedirem	21. puder

> (참고)* 11번의 경우 dar licença 와 같은 뜻으로 permitir를 쓸 수 있다.
> → Sairei logo que o professor permitir.

p.179

조건절 미래 2

1. der	2. quiserem	3. chegar
4. estiver	5. estiver	6. disserem
7. pagarem	8. puder	9. mandarem
10. trouxerem		

p.181

조건절 미래 3   (관용어구 만들기)

1. Seja quem for	2. Doa a quem doer	3. Haja o que houver
4. Dê quanto der	5. Vá aonde for	6. Faça o que fizer
7. esteja onde estiver	8. Chova o quanto chover	9. seja ela qual for
10. digam o que disserem	11 custe o que custa	

p.183

조건절 미래 4 (관용어구 써넣기)

1. Custe o que custar	2. esteja onde estiver	3. Vá para onde for
4. aconteça o que acontecer		

목적격 인칭대명사의 위치

    1. Não lhe telefonei ontem.

    2. Diga-me o que sabe.

    3. Dei-as para meu melhor amigo.

    4. Nunca se esqueça do que lhe dissemos.

    5. Alguém se sentou na minha cadeira.

    6. Quando me chamaram, já era tarde.

    7. Dar-lhe-ia tudo para que dissesse a verdade.

    8. Tudo lhe daria para que me dissesse a verdade.

    9. Far-lhes-ei alguns favores.

    10. Não lhes farei nenhum favor.

    11. Embora nos conte muita coisa, ele não conta tudo.

    12. Peço-lhe que me ouça.

목적격 인칭대명사 (4)

이탤릭체로 쓰인 단어를 알맞은 목적격 대명사로 대체시키기

    1. Infelizmente não podemos ajudar nosso amigo.   → Infelizmente não o podemos ajudar.

                                                   → Infelizmente não podemos ajudá-lo.

    2. Fiz tudo para destruir as suspeitas.   → Fiz tudo para destruí-las.

    3. Veremos nosso filho alegre.   → Vê-lo-emos alegre.

    4. Levarei a mala comigo.   → Levá-la-ei comigo.

    5. Deixaremos os documentos na gaveta.   → Deixá-los-emos na gaveta.

    6. Escreveremos a carta amanhã.   → Escrevê-la-emos amanhã.

    7. Não mandaremos estas notícias hoje.   → Não as mandaremos hoje.

    8. Você sabia que recusei a oferta?   → Você sabia que a recusei?

    9. Se levarmos as crianças, não teremos sossego.   → Se as levarmos, não teremos sossego.

    10. Conte tudo para nós.   → Conte nos tudo.

    11. Tudo será negado aos nossos inimigos.   → Tudo lhes será negado.

    12. Nada posso dizer a você.   → Nada lhe posso dizer.

    13. Queremos as informações agora.   → Queremo-las agora.

    14. Vimos os rapazes correndo.   → Vimo-los correndo.

    15. Escutamos a mesma música três vezes.   → Escutamo-la três vezes.

    16. Os convidados beberam toda a cerveja.   → Os convidados beberam-na toda.

    17. Vocês deram os bilhetes a João?   → Vocês os deram a João?

                             혹은 Vocês deram-nos a João?

18. Consegui trocar a blusa. → Consegui trocá-la.

19. Quero ler o relatório mais uma vez. → Quero lê-lo mais uma vez.

20. Precisamos completar o exercício agora. → Precisamos completá-lo agora.

p.192

"반대의 뜻"을 나타내는 접두사(Prefixo) des-

1. Se desembrulhou, então embrulhe! 2. Se amarrou, então desamarre!

3. Se desfez, então faça! 4. Se desapareceu, então apareça!

5. Se descobriu, então cubra! 6. Se desmontou, então monte!

7. Se despenteou, então penteie!

> (참고)* 브라질에서는 동사 "despentear"는 거의 사용되지 않고, 단지 과거분사
> "despenteado"만 사용되고 있다.

전치사

p.189

단순 전치사 1

1. (com / sem), sem, após, sob, (de / para)

2. a, de, de, (com / sem), desde, (sob / após / durante / com)

3. até, (sem / por), com, (para / sem), em, (contra / por / segundo / conforme), (com / sem), (por / durante), (segundo / conforme)

> (참고)* 다음 두 문장의 차이는 다음과 같다.
> 초대된 사람들이 어제부터 도착하기 시작하였다.
> → Os convidados começaram a chegar desde ontem.
> 초대된 모든 사람들이 어제 도착하였다. (완료)
> → Todos os convidados têm chegado ontem.

p.194

단순 전치사 2

1. a / para, por, perante, de / em / sobre, contra, com

2. desde   3. após o / depois do / para o

4. durante   5. ao / perante

6. sem   7. Para / por / com

8. Com, sem

9. para ele -그를 위해 / por ele - 그를 대신해서 / sem ele - 그 없이는 / com ele - 그와 함께

10. conforme /segundo, contra   11. sem

12. de
13. com
14. apesar de, contra
15. Sob, com

> (참고)* 2번의 경우 다음의 두 문장과의 차이는 다음과 같다.
>
> Não venho aqui desde os meus 10 anos
>
> (나는 내가 열살이 된 이후부터는 한번도 여기에 오지 않았다).
>
> ≠ Não venho aqui há 10 anos = Não venho aqui durante 10 anos
>
> (나는 10년 동안 여기에 오지 않았다).

전치사 관형어구

1. para
2. Antes de
3. De acordo com / Conforme
4. (em cima da / em baixo da), (ao lado dos / ao redor dos / perto dos / dentro dos), (perto do / em baixo do)
5. antes do
6. (em lugar de / em vez de)
7. Apesar da
8. além de
9. por causa de
10. (perto de / junto a)

p.197

같은 뜻의 전치사 관용어구 연결하기

1. por isso   - por esse motivo
2. pelo menos   - no mínimo
3. em relação a   - a respeito de
4. exceto   - menos
5. graças a   - por causa de
6. quer dizer   - isto é
7. só que   - só que
8. a não ser que   - senão
9. portanto   - pois
10. entretanto   - mas

UNIDADE · 8

직설법 현재완료

p.206

직설법 현재완료 연습 1: 자유롭게 문장만들기

1. Ultimamente eu tenho trabalhado muito para terminar o relatório.
2. Ultimamente ela tem ficado em casa para tomar conta da mãe, que estava doente.
3. Ultimamente meu pai podia ter dormido até tarde, pois ninguém o atrapalhou.
4. Ultimamente eu tenho descansado bastante, pois meu marido viajou para exterior a trabalho.

부록 3_답안지 ● 403

5. Ultimamente eu tenho ido ao cinema com minha amiga que veio dos Estados Unidos.

6. Ultimamente ela não tem feito nada, senão tomar conta das suas filhas.

7. Ultimamente ele tem gastado muito dinheiro, montando o apartamento antes de casamento.

 → Ultimamente ela tem gastado muito dinheiro, fazendo compras no Shopping.

8. Ultimamente eu não tenho vindo aqui, pois estava ocupado.

 → Ultimamente eu não tenho vindo aqui, pois estava ocupada.

9. Ultimamente eu não tenho telefonado para ele, pois ele estava viajando.

 → Ultimamente eu não tenho telefonado para ele, pois ele estava muito nervoso.

10. Ultimamente eu tenho comido fora, pois tive tempo para cozinhar.

 → Ultimamente ele tem comido fora, pois tinha que montar um projeto.

 → Ultimamente ele tem comido fora, pois tinha compromissos em seguida.

p.208

직설법 현재완료 연습 2: O que vocês têm feito desde que chegaram?에 자유롭게 대답하기

1. Desde que chegamos, ele só tem estado doente.

2. Desde que chegamos, só temos tido problemas.

3. Desde que chegamos, seu pai só tem falado em vocês.

4. Desde que chegamos, nós temos escrito cartas para os soldados.

5. Desde que chegamos na praia, nós só temos comido e dormido.

6. Desde que chegamos aqui, nós só temos ouvido bobagens.

7. Desde que chegamos da viagem longa, nós só temos ficado em casa.

8. Desde que chegamos, só tem chovido.

9. Desde que chegamos, só tem feito frio.

10. Desde que chegamos, não tem feito sol.

p.211

알맞은 시제 써넣기 (직설법 현재완료와 단순과거 중 선택)

1. viemos	2. tem vindo	3. tenho perdido
4. fez	5. tem feito	6. têm tido
7. perdeu	8. telefonei	9. têm economizado
10. tenho visto		

p.213

직설법 현재완료로 문장 완성하기

1. Ela tem feito regime (=dieta) ultimamente.

 그녀는 최근에 다이어트를 해왔다.

2. Ela tem gastado muito nas roupas ultimamente.

   그녀는 최근에 옷에 많은 돈을 썼다.

3. Ele tem trabalhado muito ultimamente.

   그는 최근에 너무 많을 일을 했기 때문에...

4. Ultimamente ela teve bom resultado com o projeto.

   최근에 그녀의 프로젝트의 결과가 좋았기 때문에...

5. Ultimamente ela tem estado ocupada para montar a casa.

   최근에 그녀는 집에 가구를 들여다 놓느라고 바빴다.

최근 몇 달 동안 한 일에 대해 써보기 (직설법 현재완료로)

→ Eu tenho ficado em casa durante as férias.　　나는 방학동안에 집에 있었다.

→ Tenho lido alguns livros.　　나는 (최근에) 몇 권의 책을 읽었다.

→ Tenho arrumado a casa.　　나는 (최근에) 집을 정리했다.

→ Tenho participado de um concurso.　　나는 최근에 공개시험에 참가했다.

→ Tenho estudado outras matérias.　　나는 (최근에) 다른 과목을 공부했다.

→ Tenho passado algum tempo na casa dos meus pais.

　　나는 (최근에) 부모님 댁에서 시간을 보냈다.

직설법 미래완료

p.214

직설법 미래완료로 질문에 자유롭게 답하기

1. Terei lido até o dia.　　그 때까지는 그 책을 읽을 것입니다.

2. Até lá, eu já terminarei meu trabalho.　　그때까지는 제 일이 끝날 겁니다.

3. Até 5ª feira eu terei falado com os diretores.　　목요일까지 제가 부장님들과 얘기를 끝낼 것입니다.

4. Até lá, eu já terei dado a última aula.　　그때까지, 제 마지막 수업이 끝날 겁니다.

5. Meu advogado terá lido o contrato até lá.　　변호사가 그 때까지는 그 계약서를 읽을 겁니다.

p.215

직설법 미래완료로

5년 뒤 자신이 성취했을 일에 대해 써보기

→ Terei me formado e conseguido um bom emprego.

(5년 뒤 나는 대학을) 졸업하고 좋은 직장을 얻어 일을 하고 있을 것이다.

→ Terei me casado.

(5년 뒤 나는) 결혼했을 것이다.

→ Terei comprado um apartamento/ um carro.

(5년 뒤 나는) 집을 / 자동차를 갖고 있을 것이다.

→ Terei sido promovido no trabalho.

(5년 뒤 나는) 직장에서 승진해 있을 것이다.

→ Terei recebido uma oferta de trabalho de uma empresa concorrente.

(5년 뒤 나는) 경쟁력이 있는 좋은 회사로부터 (경력사원) 직장 제의를 받을 것이다.

p.216

직설법 미래완료로 빈칸 완성하기

1. terei conhecido	2. terá recebido	3. terá feito
4. teremos recuperado	5. teremos visto	6. terão aprendido
7. terei conseguido	8. terá gastado	9. terão vindo
10. terá chegado	11. terei lido	12. terei posto

직설법 과거미래완료

p.217

직설법 과거미래완료로 빈칸 완성하기

1. teria chegado	2. teríamos ficado	3. teria sido
4. teria feito	5. teria conseguido	6. teria aberto
7. teria saído	8. teria convencido	9. teria sarado
10. teriam obedecido.	11. teriam perdido	12. teria saído
13. teria visto	14. teríamos viajado	15. teria descoberto

p.220

직설법 과거미래완료로 작문하기

1. 어제 날이 좋았었다면 무슨 일을 했을지 써 보세요.

→ Eu teria ido à praia/ ao clube.　　　　　나는 바닷가에 갔을 것이다.

→ Teria lavado as roupas.　　　　　　　　나는 빨래를 했을 것이다.

→ Teria caminhado no parque.　　　　　　나는 공원을 걸었을 것이다.

→ Teria saído de casa para passear.　　　나는 집을 나서서 산책을 했을 것이다.

→ Teria dado uma volta ao redor de casa.　나는 집 근처를 한 바퀴 돌았을 것이다.

2. 당신이 후회되는 일에 대해 말해보세요.

→ Teria tratado bem o meu irmão.　　　　　내 형/동생에게 잘 해 주었을 것을.

→ Teria cuidado bem dos meus pais.　　　부모을 잘 돌보아 드렸을 것을.

→ Teria estudado mais e lido mais livros.　공부를 좀 더 하고 책을 더 많이 읽었을 것을.

→ Teria feito uma pós-graduação no exterior.　외국에서 대학원 코스를 밟았을 것을.

→ Teria escolhido uma outra profissão.   다른 직업을 선택했을 것을.

→ Teria aceito a oferta de trabalho.   직장 제안을 받아들였을 것을.

p.228

관련 번호 써넣기: 5 8 7 6 4 8 2 3 10 1

p.229

해외여행을 처음하는 친구에게 조언하는 편지내용 중, 가능한 부분을 deixar 와 deixar de~로 대체시키기

Deixa eu dar-lhe alguns conselhos.

Não deixe de sair do hotel sem seus documentos.

Não os deixe em lugar algum.

A língua estrangeira deixa fazer com que você fique confuso, mas não perca a calma.

Não deixe de aproveitar tudo o que o pais lhe oferecer.

Viajar é sempre uma grande experiência.

Deixe de trabalhar um ou dois dias antes da partida, assim você terá tempo de tomar as últimas providências com alguma tranquilidade.

p.232

접속법과 조건절의 복합시제 총복습

<접속법 현재완료>로 대답하기 1

I. Eu não trouxe. Talvez ele tenha trazido.

2. Eu não escrevi. Talvez ele tenha escrito.

3. Eu não levei. Talvez ela tenha levado.

4. Talvez ele tenha pago.

5. Talvez ele tenha visto.

p.233

<접속법 현재완료>로 대답하기 2

1. Tomara que eles tenham chegado ao aeroporto na hora certa.

2. Não é possível que ele tenha convidado todo mundo para a festa!

3. Embora ele tenha tido problemas, mas não desistiu.

4. Não acredito. Duvido que a Luciana tenha desistido da idéia.

5. Receio que ele tinha vendido a fazenda.

<접속법 과거완료>로 문장 바꾸기 1

1. Embora eu lhe tivesse escrito cartas de amor, nada mudou.

2. Embora eu o tivesse composto, mas nada mudou.

3. Embora eu a tivesse levado aos melhores restaurantes, mas ela nada mudou.

4. Embora eu lhe tivesse dado presentes caros, mas nada mudou.

5. Embora eu a tivesse convidado para um cruzeiro no Caribe, mas a situação nada mudou.

> (참고)* 접속법 과거완료에서 직접목적어와 간접목적어의 위치는 조동사인 **ter**동사 앞에 온다.

6. Embora eu o tivesse preparado para eles, mas eles não apareceram.

<접속법 과거완료>로 문장완성하기 2

1. Todo mundo duvidou que você tivesse tido coragem de protestar.

2. Pensei que vocês tivesse chegado às 6.

3. Eu não acreditei que você tivesse trabalhado mesmo no domingo.

4. Pensei que eles tivessem ido de avião.

5. Eu duvidei que ele tivesse feito o trabalho em três horas.

<조건절 과거 (접속법 과거완료)>로 문장 바꾸기

1. Se eu tivesse tido mais tempo, eu a teria convencido.

2. Se a gente tivesse falado com ele, já teria resolvido o problema.

3. Se não tivéssemos autorização, nós não teríamos entrado.

4. Se não tivesse a sua ajuda, eu não teria feito o que fiz.

5. Se tivesse tomado um avião, você já estaria lá.

6. Se dependesse de nós, tudo teria sido diferente.

7. Se tivesse feito sol, a gente teria ido ao clube.

8. Se tivesse chovido, o piquenique teria sido um fracasso.

9. Se tivessemos feito com jeito, , teríamos conseguido um desconto.

10. Se tivesse tomado um bom xarope, ele já teria acabado com esta tosse(a gripe).

<조건절 미래 (접속법 미래완료)> 로 Quando eles vão se casar? 질문에 대답하기 1

1. Só depois que tiverem alugado uma casa.

2. Só depois que tiverem comprado móveis.

3. Só depois que tiverem tido um aumento de salário.

4. Só depois que tiverem conseguido uma promoção.

5. Só depois que tiverem feito um bom pé de meia.

<조건절 미래 (접속법 미래완료)> 로 풀어쓰기 2

1. Quando vocês tiverem lido o livro, vocês farão um resumo com facilidade.

2. Quando eu tiver escrita a carta, eu a mandarei.

3. Assim que tivermos feitas as compras, poderemos ir para casa.

4. Depois que tiver feito as contas, você verá que nosso lucro é pequeno.

5. Logo que tiver acabado a reunião, ele irá embora.

6. Logo que tivermos comprado as passagens, poderemos tomar o trem.

7. Assim que tivermos feito os cálculos, poderemos dar o nosso preço.

8. Depois que tivermos posto a mesa, poderemos almoçar.

9. Assim que tiver atendido o último cliente, o dentista fechará o consultório.

10. Depois que tiver terminado os exames, terei tempo para viajar.

> (참고)* 3번의 경우, termos finalizado는 비인칭 부정법의 완료형이고,
> 다음의 tivermos feitas는 조건절 미래로, 시제는 접속법 미래완료이다.

<조건절 미래(접속법 미래완료)>로

Nossa casa está pronta. Quando poderemos nos mudar? 질문에 대답하기 3

1. Logo que o marceneiro tiver feito os armários.

2. Logo que a loja tiver entregue o fogão.

3. Logo que o jardineiro tiver plantado a grama.

4. Logo que os pintores tiverem pintado a casa.

5. Logo que a Companhia de Energia Elétrica tiver ligado a luz.

6. Logo que a faxineira tiver posto a casa em ordem.

<조건절 복합시제> 총복습

1. tenha insistido

2. tiver terminado o trabalho

3. tivesse recebido muito dinheiro

4. tivesse conseguido convencê-lo

5. tivesse insistido muito

6. tivessem chegado

7. tivesse visto

8. tiver concluido o trabalho

9. tivesse sido famosa

10. tiverem sido distribuídos

11. tiver recebido

12. tivesse entendido

13. tivesse perdido tempo

14. Embora ele tivesse feito muito sucesso / Embora ele tivesse sido famoso

p.250

간접화법 (1): 나중에 전할 때

평서문을 간접화법으로 바꾸기

1. "Eu moro num apartamento perto do centro e vou para o escritório a pé", explicou-me ela.
   → Ela explicou-me que ela morava num apartamento perto do centro e ia para o escritório a pé.
   → Ela me explicou que ela morava num apartamento perto do centro e ia para o escritório a pé.

   〈직설법 현재 → 직설법 반과거로〉

2. "Meu telefone está quebrado, por isso não pude telefonar-lhe ontem", disse-me ele.
   → Ele disse-me que seu telefone estava quebrado, por isso não podia ter telefonado-me no dia anterior.
   → Ele me disse que seu telefone estava quebrado, por isso não podia me ter telefonado no dia anterior.

   〈직설법 과거 → 직설법 과거완료로〉

3. "Amanhã sairemos bem cedo e só voltaremos no fim do dia", avisou-me ela.
   → Ela avisou-me que no dia seguinte eles sairiam bem cedo e só voltariam no fim do dia.
   → Ela me avisou que no dia seguinte eles sairiam bem cedo e só voltariam no fim do dia.

   〈직설법 미래 → 직설법 과거미래로〉

4. "Não quero que você fale sobre isto com ninguém", advertiu-me ela.
   → Ela advertiu-me que ela não queria que eu falasse sobre aquilo com ninguém.

   〈접속법 현재 → 접속법 과거로〉

5. "Quando eu tiver mais dinheiro, comprarei uma chácara. Adoro a vida no campo", disse ela.
   → Ela disse que quando ela tivesse mais dinheiro, compraria uma chácara. Adorava a vida no campo.

   〈접속법 미래 → 접속법 과거로〉

의문문을 간접화법으로 바꾸기

〈의문사가 있는 의문문일 경우 (que 대신) 의문사를 그대로 사용〉
〈의문사가 없는 의문문일 경우 (que 대신) se를 사용〉

1. "Quanto custou o conserto da máquina?", quis saber o marido.

   → O marido quis saber quanto tinha custado o conserto da máquina.

2. Meu filho perguntou, "A gente vai a pé até lá? Você sabe quando a gente vai chegar lá?"

   → Meu filho perguntou se a gente ia a pé até lá e se eu sabia quando a gente ia chegar lá.

3. "Vocês viram meu guarda-chuva?", perguntou Mariana.

   → Mariana perguntou se nós tivéssemos visto seu guarda-chuva.

4. A moça quis saber, " O que vocês farão agora?"

   → A moça quis saber o que nós faríamos naquele momento.

5. "Você quer que eu fique?", perguntou ela.

   → Ela perguntou se eu queria que ela ficasse.

명령문을 간접화법으로 바꾸기

〈(주절)과거〉 + 〈명사구 para + V (동사원형)〉
〈(주절)과거〉 + 〈명사절 que + 접속법 (과거)〉

1. A mãe disse para o menino. "Tire o cotovelo da mesa."

   → A mãe disse para o menino para tirar o cotovelo da mesa.

   → A mãe disse para o menino que tirasse o cotovelo da mesa.

2. O dentista falou para a mocinha. "Fique quieta e não feche a boca!"

   → O dentista falou para a mocinha para ficar quieta e não fechar a boca!"

   → O dentista falou para a mocinha que ficasse quieta e não fechasse a boca!"

3. Esteja aqui às 5 horas!, disse-me Carolina.

   → Carolina disse-me para estar lá às 5 horas!

   → Carolina me disse para estar lá às 5 horas!

   → Carolina disse-me que estivesse lá às 5 horas!

   → Carolina me disse que estivesse lá às 5 horas!

4. Tenha paciência! Não perca a cabeça!, aconselhou-me Virgínia.

   → Virgínia aconselhou-me para ter paciência! E para não perder a cabeça!

   → Virgínia me aconselhou para ter paciência! E para não perder a cabeça!

→ Virgínia aconselhou-me que eu tivesse paciência! E não perdesse a cabeça!

→ Virgínia me aconselhou que eu tivesse paciência! E não perdesse a cabeça!

5. João chamou a mulher: "Veja o que fiz!"

→ João chamou a mulher para ela ver o que ele tinha feito!

→ João chamou a mulher que ela tivesse visto o que ele tinha feito!

p.254

간접화법 (2): 곧바로 전할 때

간접화법으로 바꾸기 1 : 즉시 전할 때는 현재의 시제를 그대로 사용할 수 있다.

1. "Não estou entendendo nada", disse o aluno.

→ O aluno disse que ele não está entendendo nada.

그 학생은 아무 것도 이해하지 못했다고 말했다.

2. "Você fez tudo errado", está reclamando meu chefe.

→ Meu chefe está reclamando que eu fiz tudo errado.

나의 직장상사는 내가 한 일이 모두 잘못되었다고 항의하고 있다.

3. "Vocês fizeram tudo errado", está reclamando nosso chefe.

→ Nosso chefe está reclamando que nós tínhamos feito tudo errado.

우리의 직장상사는 우리가 한 일이 모두 잘못되었다고 불평을 토하고 있다.

4. "Amanhã vocês farão tudo de novo", disse ele.

→ Ele disse que no dia seguinte nós faremos tudo de novo.

그는 우리가 다음날 모든 것을 다시 해야 할 것이다라고 말했다,

5. "Isso vai dar certo?", ele perguntou.

→ Ele perguntou se aquilo vai dar certo.

그는 그 일이 제대로 될 것인를 물었다.

6. "Você não tem uma idéia melhor?", perguntou-me ele.

→ Ele me perguntou se eu não tenho uma idéia melho.

그는 내가 좀 더 좋은 생각을 갖고 있는 것은 아닌지를 물었다.

7. "Vamos ter problemas amanhã", avisou o zelador.

→ O zelador avisou que nós vamos ter problemas no dia seguinte.

그 건물 수위장은 우리에게 그 다음날 문제가 생기게 될 것이라고 미리 알려주었다.

8. "Por favor, tenha paciência. Não fique bravo comigo", pediu-me ela.

→ Ela me pediu para (eu) ter paciência e não para ficar bravo com ela.

그녀가 내게 부탁하기를 부디 인내심을 갖고 자신에게 화내지 말라고 했다.

9. "Ele está preocupado porque até agora ninguém telefonou", diz a secretária.

→ A secretária diz que ele está preocupado porque até naquele momento ninguém telefonou.

그 여비서가 말하기를 아무도 그 때까지 전화를 하지 않아서, 그가 걱정하고 있다고 했다.

10. "Não tive tempo para nada, por isso ainda não lhe escrevi", explicou-me o rapaz.

　　→ O rapaz explicou-me que não teve tempo para nada, por isso ainda lhe escreveu.

　　그 청년은 내게 설명하기를 시간이 없어서 내게/그(녀)에게 아직 편지를 쓰지 못했다고 했다.

간접화법으로 바꾸기 2

다음은 브라질 소설가 Erico Veríssimo의 작품 <시간과 바람(O Tempo e o Vento)> 중 "어느 Rodrigo 대장(Um Certo Capitão Rodrigo)"에서 발췌한 글을 간접화법으로 바꾸기

> O capitão Rodrigo, tomando seu terceiro copo, disse que garantia que estava gostando daquele lugar. Ele disse, também, que quando tinha entrado em Santa Fé, tinha pensado lá cosigo que podia ser que só passasse lá uma noite, mas também podia ser que passasse o resto da vida ...
> Um cheiro de lingüiça frita espalhava–se no ar.
> Rodrigo sorriu e começou a bater com a mão no balcão,
> perguntando ao amigo Nicolau, se aquela lingüiça vinha ou não vinha.
> Do fundo da casa, o vendeiro (respondeu / pediu) a Rodrigo (que tivesse paciência / para ter paciência).

p.257

간접화법으로 바꾸기 3: 연인들의 대화를 간접화법으로 바꾸기

Patricia (falou / confessou) que ela gostava muito do Leonardo.

Leonardo respondeu que ele era dela.

Então Patrícia perguntou a ele se ele achava que pudessem se casar aquele ano.

Aí Leonardo respondeu que ele achava que sim.

Patricia perguntou de novo se ele já tinha conversado com o chefe dele.

E ela perguntou de novo a ele se já havia dito que queria se casar e por isso precisava de aumento.

Leonardo disse que falou mas ele nem o tinha ouvido.

Patricia disse que não fazia mal e que iriam achar uma solução. O importante era que eles se amavam.

Leonardo disse que era (isso/aquilo) mesmo e que tinha certeza que tudo ia dar certo.

p.258

간접화법 4 : 부부들의 대화를 간접화법으로 바꾸기

A esposa disse que precisava de dinheiro para o supermercado.

O marido exclamou se era de novo e que o que ele havia dado no dia anterior tinha sido para um mês.

A esposa respondeu que ele não havia especificado de que ano.

p.262

수동태 (1)

1. Este programa é ouvido por ele.

2. As chaves são postas na gaveta por nós.

3. Os papéis foram postos no armário por nós.

4. As entrevistas eram dadas pelo Presidente às 4ªs feiras.

5. O relatório será escrito amanhã por nós. → O relatório será escrito por nós amanhã.

6. O possível será feito por mim.

7. Nenhuma notícia não é recebida até agora.

8. As horas extras não foram cobradas por mim.

9. O problema não seria entendido por ninguém.

10. Quero que o problema seja entendido por vocês.

11. O criminoso tem sido procurado pela polícia.

12. Os feridos estão sendo atendidos pelos médicos de plantão.

13. Não quero que este assunto seja comentado por vocês.

14. Lamentei que minhas palavras não fossem entendidas por ele.

15. A proposta ainda não tinha sido discutido pelos diretores, quando a reunião começou.

p.265

과거분사: 빈칸에 알맞은 과거분사 넣기

tinha acendido, acesas, tinha limpado, ser limpo, Foram entregues, tínhamos entregados

p.266

수동태 (2): 조동사가 있는 경우

1. Sinto muito. Nada pôde ser feito por mim.

2. Ele tem de ser recebido bem por vocês.

3. Estas crianças não devem ser enganadas por nós.

4. O trabalho precisa ser feito rapidamente.

5. As árvores devem ser protegidas.

6. O escritório deve ser pintado amanhã.

7. Tomara que o bilhete possa ser lido.

8. A porta deve ser trancada por você.

9. Talvez o acidente pudesse ser explicado por ele.

10. Duvido que o contrato precise ser assinado por você.

p.268

빈칸에 알맞은 시제로 수동태 써넣기

1. foram contratados	2. era feita	3. foi/é dada
4. foram feitos	5. foi feito	6. tem sido visto
7. será vendido	8. seria recebido	9. estão aumentados
10. foi sacudida	11. tiver sido informado	12. tinha sido avisado
13. tinha sido posta	14. fosse resolvido	15. for chegada

p.270

수동태 (3): 재귀대명사 –se를 사용하는 경우

1. Aluga-se uma casa na praia.

2. Admitam-se motoristas.

3. Dá-se a informação pelo presidente da Fundação de Cultura.

4. Dão-se as informações pelo presidente da Fundação de Cultura.

5. Procura-se uma secretária.

6. Alugam-se duas salas.

7. Perdeu-se um cão.

8. Perderam-se todos os documentos.

9. Pede-se silêncio naquela área.

10. Fala-se português aqui.

11. Mandam-se cartas pelo Correio.

12. Consertam-se móveis.

13. Atendem-se os clientes às 7 horas.

14. Ensinou-se português.

15. Viu-se tudo daqui em diante.

16. Viu-se tudo esses documentos daqui.

p.272

동사의 법(modo)과 시제(tempo) 표시

1. Nesta cidade vêem-se muitas casas antigas.	(수동태)	(직설법 현재)
2. Todos tinham lido a notícia.	(능동태)	(직설법 과거완료)
3. Calculara-se o custo da obra.	(수동태)	(직설법 대과거)
4. A Prefeitura teria desapropriado toda esta rua.	(능동태)	(직설법 과거미래완료)
5. Do trem, avistavam-se as árvores da cidade.	(수동태)	(직설법 반과거)
6. Plantou-se café em todo o estado de São Paulo.	(수동태)	(직설법 과거)
7. Aceitaram-me como representante da classe.	(수동태)	(직설법 과거)
8. Ele se vestiu rapidamente.	(수동태)	(직설법 과거)

9. Necessita-se de muita mão-de-obra para a colheita do café.

(수동태)　(직설법 현재　　)

10. Observem-se as normas de trânsito.　　(수동태)　(명령법 현재　　)

11. Todos os aparelhos tinham sido desligados.　(수동태)　(직설법 과거완료　)

12. Talvez ela não tenha entendido.　(능동태)　(접속법 과거완료　)

p.274

수동태 만들기 1

1. O livro foi lido pelos todos alunos.

2. Embora longo, este livro foi escrito em poucos meses.

3. Compram-se utensílios domesticos usados.

4. O dinheiro foi emprestado por um amigo meu.

5. Livros bons são sempre bem vendidos.

6. A biografia do ex-presidente Lula foi publicado em coreano.

7. Perdeu-se uma coleção de livros antigos.

8. Um prêmio foi dado pela comunidade para ele.

9. O livro não pode ser criticado por eles.

10. Guardavam-se 팔만대장경 no Templo 해인사.

팔만대장경 tinham sido guardados no Templo 해인사.

p.275

수동태 만들기 2

1. A casa foi comprada pela minha tia.

2. Aquela casa foi alugada por uma família coreana.

3. Depois que foi vendida, a casa foi demolida.

4. A casa dele está pintada tudo em verde.

5. O salário dela foi aumentado no mês passado.

6. Depois de terminada a construção, a casa será decorada.

7. O distrito começou a ser demolido pela Prefeitura.

8. Gosto pela moda que foi herdado da mãe e dos avós.

9. Eles foram vistos no centro da cidade.

10. Ele é ligado à Associação dos Alunos Estrangeiros da USP.

11. O internete tinha sido desligado ontem o dia inteiro.

12. Você já foi tocado tão gentilmente que teve que chorar?

13. A empresa está sendo administrada pelo filho do fundador.

14. Reformam-se casas velhas.

15. As velhas casas foram reformadas pelo novo arquiteto.

16. Constróem-se casas populares.

17. O Palácio foi construído sob o domínio de Luís XIV de França.

18. O 경복궁 foi reconstruído pelo 대원군 no final de século XIX.

p.276

능동태 만들기

1. Todos os presentes aceitaram as condições propostas.

2. Eles nos acolherarm carinhosamente na festa.

3. Um grupo de especialistas fará o trabalho.

4. O chefe do departamento consideraria a situação.

5. Todos os jornais tinham publicado a notícia.

6. Nós poderemos aceitar todos os candidatos.

  → Eles poderão aceitar todos os candidatos.

  → A empresa poderá aceitar todos os candidatos.

7. Nínguem nos viu.

8. Um jornalista traduziu o livro.

9. Qualquer pessoa daqui orientará você (= Qualquer pessoa daqui o orientará).

10. Eles venderam muitos livros ontem.

11. Eles iniciaram a reunião com muito atraso.

12. Nós vendemos estas lojas.

  → Eles vendem estas lojas.

13. Nós encerramos as inscrições ontem à tarde.

  → Eles encerraram as inscrições ontem à tarde.

14. Depois da festa, nós recolhemos o material jogado no chão.

  → Depois da festa, eles recolheram o material jogado no chão.

15. Naquele dia nós entrevistaríamos os últimos candidatos.

  → Naquele dia eles entrevistariam os últimos candidatos.

p.278

수동태로 바꾸기 1

1. É aconselhável que tudo seja controlado por um circuito fechado de televisão.

2. Se o fio de alta tensão fosse tocado, morreria eletrocutado.

3. Haverá sossego só quando medidas de segurança forem tomadas pelo condomínio.

4. Um exame demorado dos crachás deve sempre ser feito pelos guardas.

5. Inspeções rigorosas eram feitas periodicamente,no condomínio.

수동태로 바꾸기 2: 재귀동사 –se 를 사용한 수동태

    1. Construiu-se uma terceira cerca.

    2. Pulavam-se os muros e assaltavam-se as casas.

    3. Decidiram-se eletrificar os muros.

능동태로 바꾸기

    1. Um muro alto cercava toda a área.

    2. Eles fizeram um apelo e reforçaram a guarda.

    3. Além do controle das entradas, eles passaram a fazer um rigoroso controle das saídas.

UNIDADE · 2

인칭부정법 (1)

반드시 사용해야 하는 경우: 부정법의 행위자가 주절의 주어와 다를 때

1. dizermos	2. ficarem	3. Irmos
4. sermos	5. terem	6. pormos

인칭부정법 (2) : 생략해도 좋은 경우 (부정법의 행위자가 주절의 주어와 같을 때)

    1. por não querer(em) dar explicações   2. Por estar(em) sem dinheiro

    3. Para fazer(mos) nosso trabalho   4. Sem ter(em) certeza

    5. Para não ter(em) problemas   6. Sem dar(mos) / oferecer(mos)

인칭부정법 (3) : 목적을 나타내는 부사구 문장 전체를 복수로 바꿀 경우

    1. Elas pediram para nós ficarmos.

    2. Eles disseram para vocês telefonarem.

    3. Nós pedimos para eles chegarem logo.

    4. Elas sempre pedem para nós ajudarmos.

    5. É bom vocês irem embora.

    6. Os ônibus pararam para os passageiros descerem.

    7. Os carros pararam para nós passarmos.

8. Elas choraram por estarem tristes.

9. Vimos o acidente sem podermos ajudar.

10. Antes de fechar o negócio, conversem comigo.

p.284

인칭부정법 (4) : 부사구를 부사절로 바꾸기

1. Ela explicou de novo para que ele compreendesse.

2. Eu ri porque eu estava alegre.

3. Eu tomei um táxi porque eu estava atrasado.

4. Ele insiste para que eu aceite.

5. Vou trancar as portas porque eu estou com medo.

6. Ela mudou de idéia sem que ela me tenha consultado.

→ Ela mudou de idéia sem que ela me tivesse consultado.

p.285

관련단어 연결하기 (3)

Esportes	2. o estádio	6. o esqui
	7. o time	8. o campeão
	13. acampar	14. a piscina
	16. a autoestrada	18. o vôlei
	24. o judô	26. o atletismo
	30. o tênis	33. a bola
Turismo	3. a areia	4. o monumento
	5. o passeio	19. a excursão
	20. o feriado	21. a reserva natural
	23. a mata	28. o barco a vela
	29. o piloto	31. o programa
	34. A máquina fotográfica	
Artes	1. o artesanato	9. o concerto
	10. a cerâmica	11. o espetáculo
	12. o conto	15. a exposição
	17. o estilo	22. a personagem
	25. a estátua	27. o romance
	32. o músico	

p.286

(전치사를 동반하지 않고) 조동사처럼 쓰이는 동사: <동사 + V(동사원형)>

1. Ela consegui perder peso.

2. Eu tembém decidi fazer regime, fazendo mais exercícios.

3. Ela deseja viajar ao exterior.

4. Ela deve juntar dinheiro.

5. Ela evita comer fora.

6. Minha mãe odeia comer fora. Ela sempre prepara comida em casa.

7. Assim ela pode viajar para a praia.

8. Meu pai precisa fazer dieta, pois ele é diabético.

9. Eu prefiro tomar chá quente mesmo no verão.

10. Meu filho pretende ser um médico.

11. Ele procura fazer bico à noite para ajudar a família.

12. Ela quis emagracer 5 kg em dois meses.

13. Ela sabe cozinhar.

14. A atriz não tenciona regressar à televisão no próximo futuro.

15. Ele tenta me beijar.

p.287

전치사를 동반하는 동사 (1)   <동사 + 전치사 + V(동사원형)>

1. O bebe acabou de dormir.

2. Ela acabou por aceitar a proposta do casamento dele.

3. Ela acabou com ele.

4. O médico me aconselhou a nadar.

5. Ela já se acostumou a andar 7 km por dia.

6. Ela ajuda a mãe dela a preparar a festa do aniversário do pai.

7. Ela aprendeu a falar inglês com amigos estrangeiros aqui na Coréia.

8. Ela se arriscou a sua vida a salvar seus filhos.

9. Ela se cansou de dormir sozinha, esperando por ele.

10. Ela começou a usar o computador.

11. Ela concordou em passear com seus pais no final de semana.

12. Ela consentiu em visitar seus avós uma vez por mês.

13. Meu avô continua a jogar golfe.

14. Ele deixou de fumar.

15. Ela desistiu de particicpar da conferência.

16. O chefe discordou de aumentar o salário dos funcionários.

17. Ele ensinou a esquiar para o grupo.

18. Ele se esqueceu completamente de participar da reunião.

19. Ela gosta de bater papo com suas amigas.

20. Ele insistiu em comprar aquele brinquedo.

21. Ela se lembrou de ter recebido um recado dele pelo telefone.

22. Ela estava morrendo de rir de que seu filho fez.

23. A professora obriga os alunos a falar em português durante a aula.

24. Ele parou de fumar.

25. A mãe pediu à sua filha para limpar a casa.

26. Ela só pensa em namorar.

27. Ele tem se preparado para trabalhar naquela fima.

28. A família dele se recusou a aceitar aquele dinheiro.

29. Ela sonha em ter um bebe.

30. Ele terminou de ler o livro.

p.288

전치사를 동반하는 동사 (2): <동사 + 전치사 + N(명사)>

1. Eu acredito nela.

2. Ela agradou aos seus pais.

3. Ele anda de carro.

4. Ela se cansou dos seus filhos.

5. Ela se casou com um homem de quem ela não gostou.

6. Ele concordou com a minha idéia.

7. Eu conto com a sua presença na festa do meu aniversário.

8. Ele tem que cuidar do seu pai que é idoso.

9. Tudo depende dele.

10. Ele não desiste do pai dele.

11. Mas seus irmaõs discordaram da idéia dele.

12. Ele precisava falar com a tia.

13. Ela (falou da / sobre a) mãe dela.

　　→ Ela falou do caso da mãe dela. → Ela falou sobre o caso da mãe dela.

14. O cachorrinho fugiu da casa dela.

16. Ela gostou do livro.

17. Ela se interessou pelo autor.

18. Eu lutei com meus colegas.

19. Eu estava morrendo de fome.

20. Eu estou pensando nele.

21. Ele não respondou a minha carta.

22. Eu sonho com uma vida no campo.

23. Ele vive de álcool.

전치사를 동반하는 형용사 (1) : <형용사 + 전치사 + V(동사원형)>

1. O ambiente da firma é agradável de trabalhar.

2. Ele é alegre (em / por) receber o presente.

3. Ela está ansiosa (por / de / para) conhecer ele.

4. Ela está apta a trabalhar.

5. Os avós ficaram contentes (em / por) receber sua carta.

6. Ele é favorável a fazer o projeto. Mas ela é contrária (a fazer o projeto).

7. É duro de ganhar dinheiro. Mas acho que este trabalho é fácil de fazer.

   Não há trabalho difícil de fazer, se nós cooperarmos.

8. O modo de fazer este trabalho é igual a fazer aquele (trabalho).

9. Estamos interessados (em) aprender a nadar.

10. Eu estou satisfeito (por /em) terminar o projeto.

11. Fiquei triste (por /em) ir embora.

12. Sem sua ajuda, ela é capaz de fazer tudo.

p.289

전치사를 동반하는 형용사 (2) : <형용사 + 전치사 + N(명사)>

1. Esta notícia foi agradável (para /a) todos membros do grupo.

2. Eles estavam alegres com a notícia. → Eles estavam alegres pela notícia.

3. Eles estavam ansiosos pela notícia. → Eu também estava ansiosa da notícia.

4. Eles estão aptos a cargo.

5. Minha filha ficou muito contente com a sua presença.

   → Minha filha ficou muito contente pela sua presença.

6. Meus pais estão contrários a (eu) viajar com ela.

   → Eles são sempre contrários às minhas idéias.

7. Nosso chefe não é favorável (para /a) mudanças.

8. Ele é igual a seu pai.

9. Eu estou interessado no Brasil..

10. Neste ponto, elea é parecida com a mãe dela.

11. Esta media não é prejudicial (para /a) o povo.

12. Os alunos ficaram satisfeitos com o resultado da prova.

422 ● 브라질 · 포르투갈어 첫걸음 Ⅱ

13. A redação da Laura é semelhante à da Marta.

14. Eu estou triste com a atitude dela. → Eu estou triste pela atitude dela.

p.290

전치사 총복습

전치사 1 : <동사 + 전치사 + V(동사원형)>

1. Todos começaram (a) falar ao mesmo tempo.

2. Ele ajudou-me (a) colocar tudo na estante.

3. Não gosto (de) viajar com estranhos.

4. Não podemos deixar (de) ir à sua festa.

5. O diretor, afinal, consentiu (em) nos receber.

6. Estas crianças não gostam (de) trabalhar.

7. O público morreu (de) rir com as piadas deste cômico.

8. Temos (que / de) ensinar os novos funcionários (a) trabalhar com estas máquinas.

9. Já era tarde quando nos lembramos (de) enviar-lhes um e-mail.

10. Ele cansou-se (de) ajudar-nos (a) fazer nosso trabalho.

p.291

전치사 2 : <동사 + 전치사 + N(명사)>

1. Este trabalho depende (de) nós. Não podemos desistir (dele).

2. Ela só pensa (nele) porque gosta muito (dele). Ela sonha (com) ele todas as noites.

3. Luiz se interessa (por) tudo.

4. Eu conto (com) você. Não fuja (de) mim!

5. Não pude responder (a) sua carta antes

6. Ontem sonhei (com) você e hoje só estou pensando (em) você.

7. Preciso falar (com) você (sobre) aquele problema.

8. Espero que ele se lembre (de) mim.

9. Pode viajar tranquila. Nós cuidaremos (da) casa e (dos) garotos.

10. Minha filha vai se casar (com) um rapaz de muito futuro.

p.292

전치사 3 : <형용사 + 전치사 + V(동사원형)>

1. Estamos ansiosos (por) conhecer o país.

2. Não sei se já estamos aptos (a) prestar o exame.

3. Ela ficou contentíssima (em / por) receber sua carta.

4. Eu estou interessada (em) aprender japonês.

5. Fiquei triste (por) ter de ir embora.

6. Se a experiência não for bem sucedida, ele é capaz (de) abandonar tudo.

7. Ele é contrário (a) viajarmos agora.

8. Não estou interessado (em) participar deste projeto.

9. Ele está satisfeito (por / em) mudar para outro país.

10. Este trabalho não é dificil (de) fazer. Quando as instruções são claras, qualquer trabalho é fácil (de) fazer.

p.293

전치사 4 : <형용사 + 전치사 + N(명사)>

1. Ela ficou muito contente (com) sua carta.

2. Neste ponto, ele é parecido (com) a mãe.

3. Eles estão aptos a cargo.

4. Estou ansioso (por / de) notícias deles.

5. Esta fotografia é igual (à) outra.

6. Esta notícia não foi agradável (para) ninguém.

7. Nosso chefe não é favorável (para / a) mudanças.

8. Estamos interessados (em) livros antigos.

9. Eles são sempre contrários (às) nossas sugestões e (aos) nossos planos.

10. Será que o público ficará satisfeito (com) as medidas do governo?

p.294

전치사 5 : 필요한 곳에만 알맞은 전치사 넣기

Depois que Marta aprendeu (a) falar inglês e francês, achou que estava apta (a) trabalhar.

Decidiu arranjar um emprego.

Estava ansiosa (para) ganhar seu próprio dinheiro.

Ela não queria nem pensar (em) trabalhar num escritório.

Ela não gostava (de) ficar horas e horas sentada numa sala fechada batendo relatórios.

Ela sonhava (com) um trabalho sem rotina e morria (de) medo de não o encontrar.

Então ela começou (a) ler anúncios de jornal.

Como os anúncios eram muitos, Marta pediu a Mônica, sua irmã (para) ajudar.

Mônica ajudou Marta (para) selecionar os anúncios mais interessantes.

Às vezes Mônica ficava cansada (da) tarefa e reclamava Marta tentava compreendê-la.

p.296

직유법 (Smiles)　직유법 1 :　5　4　7　3　2　1　6
　　　　　　　　　직유법 2 :　4　3　6　5　2　1

직유법 3 : 문장 완성하기

1. Ele estava tão cansado que caiu na cama e dormiu como uma pedra.

2. Ela fez um regime rigoroso e agora está magra como um palito.

3. Não consegui enxergar nada. A rua estava escura como breu.

4. Eu nem o vi direito. Ele passou por aqui rápido como um raio.

5. Fale mais alto. Ele não está te escutando Ele é surdo como uma porta.

6. O susto foi tão grande que meia hora depois eu ainda estava tremendo como vara verde.

7. Não consigo carregar sua mala, João. Ela é pesada como chumbo.

8. Preciso tirar outra fotografia Nesta eu estou feio como o diabo.

9. Não tenho dúvidas. É isso mesmo o que vai acontecer. É tão certo como dois e dois são quarto.

10. Depois do trabalho, as mãos do mecânico ficam pretas como carvão.

부록 4

참고 문헌

Almeida, Nílson Teixeira de(2008), *Gramática da Língua Portuguesa para concursos,* vestibulares, ENEM, colégio técnicos e militares, Editora Saraiva, 7a ed.

Coudry, Pierre, Elizabeth Fontão(1989), *Fala Brasil: Português para estrangeiros,* Editora Pontes.

Fernandes, Gláucia Roberta Rocha; Ferreira, Telma de Lurdes São Bento & Ramos, Vera Lúcia(2008), *Muito Prazer: Fale o portguguês do Brasil,* Editora Disal.

Laroca, Maria Nazaré de.; Bara, Nadime & Pereia Sonia Maria da Cunha (1991), *Aprendendo Português do Brasil: Um curso para estrangeiros,* Editora Pontes.

Lima, Emma Eberlein & Iunes, Samira A.(2010), *Falando··· Lendo··· Escrevendo··· Português: Um curso para estrangeiros,* Editora E.P.U., 2a ed. 8 publicação.

Lima, Emma Eberlein; Rohrmnn, Lutz Ishihara Tkok; Bergweiler, Cristian Gozález & Iunes, Samira A(1991), *Avenida Brasil: Curso básico de Português para estrangeiros,* Editora E.P.U. & Editora Pedagógica e Universitária Ltda.

Mesquita, Roberto Melo(2001), *Gramática da Língua Portuguesa,* Editora Saraiva, 8a ed(1999). 3 tiragem(2001).

Neto, Pasquale Cipro & Infante, Ulisses(1999), *Gramática da Língua Portuguesa,* Editora Scipione.

Ponce, Maria Harumi; Burim, Silvia Andrade & Florissi, Susanna(2004), *Bem-Vindo!: a língua portuguesa no mundo da communicação,* Editora SBS. 6a ed.